二十一世纪普通高等院校实用规划教材·物流系列

U0368650

物流设施与设备
(第 2 版)

蒋 亮 主 编

王志山 李庆斌 白晓光 副主编

清华大学出版社
北京

内 容 简 介

本书以介绍物流行业常用、适用、实用的设施与设备为宗旨，通过大量文字、图表和视频资料以及知识拓展等内容系统地介绍了物流作业中使用的设施与设备。全书共分 7 章，具体内容包括物流设施与设备概述、运输设备与应用、仓储设备与应用、装卸搬运设备与应用、集装箱装卸搬运设备与应用、流通加工设备与应用、物流信息技术装备等内容。本书图文并茂、通俗易懂，同时还配有知识拓展、案例和复习思考题等内容。

本书可作为本科院校、高等职业院校以及成人高等院校等各类院校物流管理专业学生的学习用书，也可作为物流从业人员的培训教材或供对物流专业感兴趣的人士自学参考使用。

本书封面贴有清华大学出版社防伪标签，无标签者不得销售。

版权所有，侵权必究。举报：010-62782989，beiqinquan@tup.tsinghua.edu.cn。

图书在版编目(CIP)数据

物流设施与设备/蒋亮主编. —2 版. —北京：清华大学出版社，2018(2024.6 重印)
(二十一世纪普通高等院校实用规划教材·物流系列)
ISBN 978-7-302-49648-9

Ⅰ. ①物… Ⅱ. ①蒋… Ⅲ. ①物流—设备管理—高等学校—教材 Ⅳ. ①F252

中国版本图书馆 CIP 数据核字(2018)第 033878 号

责任编辑：姚　娜　吴艳华
封面设计：刘孝琼
责任校对：张彦彬
责任印制：杨　艳
出版发行：清华大学出版社
　　　　网　　　址：https://www.tup.com.cn, https://www.wqxuetang.com
　　　　地　　　址：北京清华大学学研大厦 A 座　　　邮　　编：100084
　　　　社 总 机：010-83470000　　　　邮　　购：010-62786544
　　　　投稿与读者服务：010-62776969, c-service@tup.tsinghua.edu.cn
　　　　质量反馈：010-62772015, zhiliang@tup.tsinghua.edu.cn
　　　　课件下载：https://www.tup.com.cn, 010-62791865
印 装 者：三河市龙大印装有限公司
经　　销：全国新华书店
开　　本：185mm×260mm　　印　张：18.5　　字　数：452 千字
版　　次：2012 年 8 月第 1 版　2018 年 5 月第 2 版　印　次：2024 年 6 月第 11 次印刷
定　　价：58.00 元

产品编号：077127-04

再 版 前 言

物流行业是一个知识与技术、硬件与软件相结合的行业，而技术和硬件的水平主要体现在不同种类的物流设施与设备上。物流作业的整个过程必须通过相应的设备来完成，没有设施与设备可以说就没有高效的物流系统。因此，对于物流专业的学生来说，对设施与设备的熟悉和掌握是非常必要的，这就需要学习"物流设施与设备"这门课程。

本书的第 1 版是在 2012 年 8 月出版的，第 2 版是 2018 年出版的，时至今日已经 5 年了，一方面，十九大以来的五年，是极不寻常、极不平凡的五年，我国的经济实力实现历史性的跃升。物流行业在这几年中也发生了很大的变化，建成了世界最大的高速铁路网、高速公路网，机场港口、水利、能源、信息等基础设施建设取得重大成就，所用的各种设施与设备也在不断地升级换代，我们需要与时俱进；另一方面，第 1 版书中很多的数据、图表也已经是 5 年前的资料了，没能及时更新导致时效性差，本书就显得过时了，无法适应当前的教学要求。所以，在第 1 版的基础上，结合物流行业近况，对本书进行改版。第 2 版的更新还是主要介绍了物流运输设备与应用、仓储设备与应用、装卸搬运设备与应用、集装箱装卸搬运设备与运用、流通加工设备与应用、物流信息技术装备等不同领域的物流作业设施与设备。同时，为了更好地介绍各种设备，第 2 版增加了大量的实物图片和视频，将视频资料通过二维码的方式加载到书本中，读者可以通过扫描二维码来观看设备的视频资料，直观生动，通俗易懂。另外，第 2 版的更新又加入了连续输送设备的内容，每章又添加了课堂思考，还对全书所有时效性的数据进行了更新。总之，本书把学习目标定位在对设备基本了解和实际应用上，使读者能够通过对设备的认知来解决实际工作问题，体现出设备是工具的特性。

近年来，电商物流、物流园区、配送中心、第四方物流等物流业态在我国高速发展，与此同时，物流设施与设备的现代化水平也随之不断提高，越来越趋于大型化、自动化和智能化。可见，对于物流专业来说，对设备的熟悉和掌握是非常必要的，物流设施的规划和布局、物流设备的选择和合理配置都直接影响着物流功能的实现，并影响整个物流系统的效率。因此，正确理解物流设施与设备的地位和作用，掌握各类设备的概念、分类、特点和用途，正确使用和管理物流设施与设备，是对每一个从事物流管理的专业技术人员的基本要求。

本书由蒋亮任主编并最终定稿。其中第一章、第二章、第五章由天津科技大学蒋亮老师编写，第三章由天津冶金职业技术学院李庆斌老师编写，第四章、第六章由天津科技大学王志山老师编写，第七章由天津轻工职业技术学院白晓光老师编写。清华大学出版社的编辑审阅了全部文稿，并提出了许多宝贵的建议，在此谨致谢意。

本课程建议在教学过程中采取多媒体的教学手段，通过展现图片、视频来让学生更加直观地认识每种设施与设备，另外还可以配合相关的实训课程来进行设备的实际操作，真正做到理论与实际相结合，提高学生的技能水平。

经过本书编写团队再一次地分工协作和不断修改完善，第 2 版更新也加入了很多的素材和知识拓展，加之出版社科学、严谨的工作流程和对教材内容的严格要求，保证了本书的质量。但由于作者水平与行业研究程度的局限，本书疏漏和不当之处，请广大读者批评指正。

编 者

第1版前言

物流行业是一个知识与技术、硬件与软件相结合的行业，而技术和硬件的水平主要体现在不同种类的物流设施与设备上。物流作业的整个过程必须通过相应的设备来完成，没有设施与设备可以说就没有高效的物流系统。因此，对于物流专业的学生来说，对设施与设备的熟悉和掌握是非常必要的，这就需要学习"物流设施与设备"这门课程。

本书介绍了物流运输设备与应用、仓储设备与应用、装卸搬运设备与应用、集装箱装卸搬运设备与运用、流通加工设备与应用、物流信息技术装备等不同领域的物流作业设施与设备。考虑到物流设施与设备学习起来是比较枯燥、难懂的，本书采用了大量图片来直观地介绍各种设备，还提供了相关的知识拓展、复习思考题，力求做到通俗易懂，把学习目标定位在对设备的应用上，使读者能够通过对设备的基本了解来解决实际工作问题，体现出设备是工具的特性。

近年来，物流中心、配送中心、第三方物流等行业在我国蓬勃兴起并快速发展，与此同时，物流设施与设备的现代化水平也随之不断提高，越来越趋于大型化、自动化和智能化。可见，对于物流专业来说，对设备的熟悉和掌握是非常必要的，物流设施的布局和水平、物流设备的选择和合理配置都直接影响着物流功能的实现，并影响整个物流系统的效率。因此，正确理解物流设施与设备的地位和作用，掌握各类设备的概念、分类、特点和用途，正确使用和管理物流设施与设备，是对每一个从事物流管理的专业技术人员的基本要求。

本书由蒋亮任主编并最终定稿。其中第一章、第五章由天津开发区职业技术学院蒋亮编写，第二章由天津轻工职业技术学院赵彦玮编写，第三章由天津冶金职业技术学院李庆斌编写，第四章、第六章由天津开发区职业技术学院王志山编写，第七章由天津轻工职业技术学院李颖编写。王志山老师审阅了全部文稿，并提出了许多宝贵的建议，在此谨致谢意。

本课程建议在教学过程中采取多媒体的教学手段，通过展现图片来让学生更加直观地认识每种设施与设备，另外还可以配合相关的实训课程来进行设备的实际操作，真正做到理论与实际相结合，提高学生的技能水平。

经过本书编写团队的分工协作和不断修改完善，加之出版社科学、严谨的工作流程和对教材内容的严格要求，保证了本书的质量。但由于作者水平与行业研究程度的局限，本书疏漏和不当之处，请广大读者批评指正。

编　者

目录

第一章
物流设施与设备概述

学习目标

- 理解物流设施与设备的特点和作用；

- 了解物流设施与设备的类型以及设备的管理；

- 掌握各类物流设施与设备的发展历程和当前状况，并能够分析今后的发展趋势。

物流设施与设备是指进行各项物流活动和物流作业需要的设施和设备的总称。其中、物流活动包括运输、仓储、包装、装卸搬运、流通加工、配送、信息处理等；物流作业包括入库出库作业、订单处理作业、盘点作业、补货拣货作业、运输作业、上架作业等。

中国有句古话：工欲善其事，必先利其器，这里的"器"就是指工具。对于物流行业来说，物流设施与设备是完成各项物流活动的工具与手段，应用在每个物流作业环节，贯穿于整个物流系统，是组织物流活动的物质技术基础，也是物流技术与服务水平的重要体现。

可以肯定地说，没有各种物流设施与设备的支撑，就没有稳定、高效的物流，离开一定的物质技术条件，任何物流活动都将无法进行。因此，对物流设施与设备进行学习是非常有必要的。

第一节　物流设施与设备的特点和作用

一、物流设施与设备的特点

物流设施与设备是物流技术水平高低的重要标志，体现了现代物流技术的发展。我国近年来的物流设施与设备大型化、自动化程度较高，其特点主要表现在以下几个方面。

(一)设备功能性较强，设备间配合性较高

设备功能性是指设备可用于多种作业活动。例如，叉车具备水平搬运、堆垛/取货、装货/卸货、拣选等作业功能；重型托盘货架可根据存储单元集装设备的特性加装隔挡、钢层板(木层板)、金属丝网层、仓储笼导轨、油桶架等功能性附件，满足不同单元集装设备形式的货物存储。

设备间配合性是指物流系统的各环节具备统一的规范，从而可实现有效的衔接。例如，集装箱与装卸机具、装卸场所、运输车辆的配合性；托盘与运输设备空间尺寸和仓储货架尺寸的配合性。

(二)连续化、大型化、高速化、智能化

1. 连续化

带式输送机是煤矿最理想的高效连续运输设备，与其他运输设备(如机车类)相比，具有输送距离长、运量大、连续输送等优点，而且运行可靠，易于实现自动化和集中化控制。

视频 1-1　徐工四千吨履带起重机

2. 大型化

由徐工集团与中石化第十建设有限公司联合研发的世界上单台起重能力最大的 XGC88000 履带起重机，最大额定起重力矩 88 000 吨米，创造了"全球起重能力最大、工

况覆盖最全、安全可靠性更强、运输效率最优、经济适用性最高"五项纪录,是全球第一个成功实现销售的 4000 吨级履带吊产品。

3. 高速化

自动分拣系统是先进配送中心所必需的设施条件之一,具有很高的分拣效率,通常每小时可分拣商品 6 000～12 000 箱,是提高物流配送效率的一项关键因素。

4. 智能化

视频 1-2　AS/RS 系统

智能仓储是由立体货架、有轨巷道堆垛机、出入库托盘输送机系统、尺寸检测条码阅读系统、通信系统、自动控制系统、计算机监控系统、计算机管理系统以及其他辅助设备组成的自动化立体仓库(AS/RS),运用一流的集成化、智能化的物流理念,采用先进的控制、总线、通信和信息技术,通过以上设备的协调运行,可按照用户的需要完成指定货物的自动有序、快速准确、高效地入库出库作业。

(三)能源密集型的设备居多,能源消耗大

物流设备中有很大一部分都是大型化设备,其能源消耗很大。例如,港口的装卸生产能耗占港口总能耗比例最大,主要能源品种为柴油和电力,是影响港口能耗的最大因素。又如集装箱码头的生产用能占总能耗的 80%以上,而生产用能中,主要装卸设备(岸桥、场桥)的用能量最大,其中岸桥用电占装卸生产用能的 20%～30%,轮胎起吊耗用柴油占装卸生产用能的 40%～50%。

(四)物流设备投资和使用费用较高,属于资金密集型

物流设备的价值一般较高,对企业的投资负担较重。例如,托盘价格普遍在 50～200 元,标准集装箱价格在 3 万～5 万元,叉车价格在 5 万～10 万元,运输车辆价格在 30 万～50 万元,货运船舶和飞机的价格更要以千万元和亿元来计算。可见,物流设备需要大量资金的投入。

(五)更加注重节能环保

ProLogis(普洛斯)公司被认为是世界上最大的物流基础设施——仓库的开发商,其仓库的建造采用较为先进的技术,如光电太阳能电池板和风力涡轮机,低能耗的制热和制冷系统,以及利用循环雨水进行绿化灌溉。该公司还发现仓库中消耗能源最严重的部分是照明设备,于是通过安装窗户和天窗,利用更天然的光源和荧光灯来代替白炽灯,从而节省了电能。

视频 1-3　胜斐迩托盘堆垛机 Exyz

再例如,胜斐迩托盘堆垛机 Exyz,可节省约 20%的能耗。名字中的 E 就表示在能量损耗和性能方面的高效率。该堆垛

机在节能设计方面主要有以下四点。

一是通过最小化自重设计和内置平衡重，减少垂直方向的驱动，从而降低能耗。

二是具有独特的防晃动系统，降低堆垛机存取循环时间和能量消耗。

三是运用 DC 直流连接和主供电反馈技术，堆垛机在水平和垂直方向运动时，可互相转换能源，回收利用剩余能量，节约了超过 50%的能耗。

四是升降结构的导轮使用高密度复合材料，而非一般使用的尼龙材料，这种材料使摩擦损耗最小化，显著降低了设备运行时产生的噪音污染。

二、物流设施与设备的地位和作用

物流设施与设备在物流系统中的地位和作用可以概括为以下几个方面。

(一)进行物流活动的物质技术基础

物流设施与设备是进行物流活动的物质技术基础，是实现物流功能的技术保证，也是实现物流现代化、科学化、自动化的重要技术。

(二)物流企业的重要资产

物流设备资产是物流企业的主要组成部分，是物流企业服务能力的重要支撑。设备资产在企业中占有很大的比重，一般为 60%~70%，特别是大型、重型的稀有、高精度、全自动和成套设备的技术含量和价值更高。

(三)涉及物流活动的每一环节，可提高物流系统效率

物流之所以能够有效地提供给生产者物资、交付客户商品，就是由于物流基础设施提高了物流效率。在运输过程中，装卸机械在货物的搬运转移中节省了人力和时间，计算机和通信设备的快捷和准确为物流提供了信息服务，多式联运、集装箱运输、城市配送的可靠等都大大提高了物流系统的效率。

(四)企业实力的重要标志

装备水平的高低是衡量企业发展实力的重要标志。无论是美国的 FedEx、UPS，还是德国的 DHL、荷兰的 TNT(已被 FedEx 收购)，这些企业都拥有先进的物流管理技术，一向重视对物流装备的控制权，甚至自己买飞机做快递。

例如，FedEx 目前是波音 777、波音 767、波音 757、波音 737、MD-11 机种的最大营运商，总共有 643 架飞机，约有 44 000 辆专用货车。

UPS 自有全货机 237 架，租用飞机 305 架，包裹运输车、有篷货车、拖拉机与摩托车共 10.3 万辆，其中新能源汽车 6 000 余辆；公司服务的机场数为国内 400 个，国际 377 个；另外，还拥有一条大型铁路，总部设在美国路易斯维尔的 UPS 世界港是目前世界上最大的物流中转中心。

【知识拓展1-1】我国最大的民营快递企业顺丰速运于2017年2月24日在深圳证券交易所敲钟上市，市值一度达到3000亿元，董事长王卫一跃成为炙手可热的超级富豪。与之相比的世界快递巨头UPS在2017年的市值达到900亿美元，折合人民币大约为6000亿元以上，是顺丰的两倍，但相比两家的资产和经营实力，相差不只是两倍。具体数据如下。

2021年，顺丰的营业收入是2071.87亿元，高居民营快递之首。紧随之后的，是"三通一达"，其中，圆通为451.55亿元；申通为252.5亿元；中通为304亿元；韵达为417.29亿元。

2021年，国际快递巨头UPS的营业收入高达972亿美元，折合人民币约为6200亿元，相当于顺丰和"三通一达"营业收入总和的2倍。

截至2021年末，顺丰自有全货机68架，数量国内第一。UPS自有全货机288架，租用飞机307架，共595架。

顺丰运输车辆9.5万辆干支线；UPS运输车辆12.3万辆，其中新能源汽车13000余辆。

顺丰员工59.7万人(包括在编员工17.7万人，编外收派员42万人)，UPS 53.4万人(包括在编员工和小时工)。

顺丰日均包裹量2890万件；UPS日均包裹量2470万件。

(资料来源：中国证券网，顺丰快递官网)

第二节　物流设施与设备的类型

一、物流基础设施

物流基础设施是指满足物流组织与管理需要的、具有综合或单一功能的场所或组织的统称，主要包括公路、铁路、港口、机场、流通中心以及网络通信基础等。

物流基础设施网络主要由物流节点和线路两个基本元素组成。

(一)物流节点

物流节点包括物流专业设施和物流功能设施。

(1) 物流专业设施是指企业相对集中或货流较为集中的区域，包括物流园区、物流中心、配送中心等。

(2) 物流功能设施是指在物流基础设施网络的不同环节满足物流运作单个功能或多项功能的设施，主要包括分散在不同运输领域和商贸领域的货场、仓库、港口等设施。

(二)线路

线路主要是指铁路、公路、水运、航空和管道运输线路。

二、物流设备

物流设备是指进行各项物流活动所需的机械设备、器具等可供长期使用，并在使用中基本保持原有实物形态的物质资料，不包括建筑物、装卸站台等物流基础设施。

(一)物流设备的类型

按设备所完成的物流作业为标准，物流设备可分为以下几种类型。

1. 运输设备

根据运输方式的不同，运输设备可分为载货汽车、铁道货车、水运设备、空运设备和管道设备等。

(1) 载货汽车：如厢式货车、罐式货车、自卸车、半挂牵引车、冷藏车。

(2) 铁道货车：如平车、罐车、粮食漏斗车、敞车、篷车、保温车、特种车、长大货物车。

(3) 水运设备：如杂货船、散货船、冷藏船、油轮、液化气船、集装箱船、滚装船、载驳船。

(4) 空运设备：如飞机、直升机。

(5) 管道设备：如管道、吊管器、对口器、逆变焊机、管道内喷涂机、管道内涂层补口车、管道内焊口磨光车、管道内窥车。

2. 仓储设备

仓储设备主要包括存储设备、物料搬运设备、单元输送设备、分拣设备、计量设备、数据采集设备和安全设备等。这些设备可以组成自动化、半自动化、机械化的商业仓库来堆放、存取和分拣承运物品。

(1) 存储设备：如货架(托盘货架、悬臂式货架、重力式货架、旋转式货架、拣选式货架)、堆垛机、提升机、水平式回转自动库、垂直式回转自动库、托盘式自动库。

(2) 物料搬运设备：如搬运机器人、自动导向车。

(3) 单元输送设备：如重力式输送机、动力式输送机、综合输送系统。

(4) 分拣设备：如堆块分拣系统、交叉带分拣系统、轨道台车分拣机、摇臂式分拣系统、斜导轮式分拣机、垂直式分拣系统、智能分拣机器人。

(5) 计量设备：如电子台秤、地重衡、轨道衡、自动检重秤。

(6) 数据采集设备：如条码识别系统、无线射频识别(RFID)系统、数据终端。

(7) 安全设备：如火灾自动报警设备、防盗报警设备、消防器材。

3. 装卸搬运设备

装卸搬运设备是指用来搬移、升降、装卸和短距离输送物料的设备，是物流机械设备的重要组成部分。从用途和结构特征来看，装卸搬运设备主要包括起重机械、运输机械、装卸机械、工业车辆、管道气力输送装置等。

(1) 起重机械：如轻型起重设备、门式起重机、桥式起重机、悬臂式起重机、垂直提升机械。

(2) 运输机械：如连续运输机械、非连续运输机械。

(3) 装卸机械：如汽车吊、塔吊、桥吊、门吊、浮吊、叉车、铲车、装载机。

(4) 工业车辆：如起升车辆、固定平台搬运车、牵引车、推顶车、电动平车。

(5) 管道气力输送装置：如液体和气体管道气力输送机、散料管道气力输送机。

4．包装设备

包装设备是指完成全部或部分包装过程的机器设备。包装设备是使产品包装实现机械化、自动化的根本保证，主要包括填充设备、罐装设备、封口设备、裹包设备、贴标设备、清洗设备、干燥设备、杀菌设备等。

5．集装单元器具

集装单元器具主要包括集装箱、托盘、周转箱和其他集装单元器具。货物经过集装器具的集装或组合包装后，具有较高的灵活性，随时都处于准备运行的状态，有利于实现储存、装卸搬运、运输和包装的一体化，达到物流作业的机械化和标准化。

6．流通加工设备

流通加工设备主要包括金属加工设备(如剪板机、卷板机、折弯机、校平机、切割机)、搅拌混合设备(如混凝土搅拌机)、木材加工设备等。

(二)物流设备的配置与选择

选择物流设备时要遵循生产作业上安全适用、技术上先进、经济上合理、无污染或污染小等原则。

1．适用性原则

适用性是针对物流设备是否具有运送货物的能力而言的，包括适应性和实用性。物流企业在选择物流设备时，要充分考虑到物流作业的实际需要，所选设备要符合货物的特性和货运量的大小，能够在不同的作业条件下灵活方便地操作。实用性涉及恰当选择设备功能的问题。物流设备并不是功能越多越好，因为在实际作业中，并不需要太多的功能，如果设备不能被充分利用，则会造成资源和资金的浪费。同样，功能太少也会导致物流企业的效率低下。因此要根据实际情况，正确选择设备功能。

2．先进性原则

先进性主要是指设备技术的先进性，主要体现在自动化程度、环境保护、操作条件等方面。需要注意的是，先进性必须服务于适用性，尤其是要确保设备的实用性，以取得经济效益的最大化。

3．最小成本原则

最小成本主要是指设备的使用费用低，整个寿命周期的成本低。有时候，先进性和低成本会发生冲突，这就需要物流企业在充分考虑适用性的基础上，进行权衡，作出合理选择。

4．可靠性和安全性原则

可靠性和安全性正日益成为选择设备、衡量设备好坏的主要因素。可靠性是指设备按要求完成规定功能的能力，是设备功能在时间上的稳定性和保持性。但是可靠性不是越高越好，必须考虑到成本问题。安全性要求设备在使用过程中保证人身及货物的安全，并且尽可能地不危害环境，符合环保要求，噪声少，污染小。

(三)物流设备的管理

物流设备管理的基本任务是，通过经济、技术、组织措施，逐步做到对物流设备的设计、制造、购置、安装、使用、维修、改造、报废、更新全过程的管理，以获得设备寿命周期费用最经济、设备综合产能最高的理想目标。

【知识拓展1-2】设备寿命周期是指设备从开始投入使用时起，一直到因设备功能完全丧失而最终退出使用的总的时间长度，如图1-1所示。设备的寿命通常是设备进行更新和改造的重要决策依据。设备更新改造通常是为提高产品质量、促进产品升级换代、节约能源而进行的。其中，设备更新也可以是从设备经济寿命来考虑，设备改造有时也是从延长设备的技术寿命、经济寿命的目的出发的。

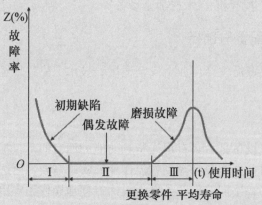

图1-1 设备寿命周期

比如说，按照国家现行的汽车报废年限规定，重、中、轻型载货车的使用年限为10年。5年之内跑100万公里或者发动机工作超过14 000小时、对于总成件没有过任何大修或者更换，这已经是非常好的运营状况了。以安徽的南北快运物流公司为例，该公司在2006年买的一辆FH12沃尔沃卡车，到2011年运行里程将近210万公里，5年的时间创造了一个非常高的运营记录，把车辆的经济寿命发挥到了极致。

1．物流设备管理的内容

(1) 正确地选购设备，为企业提供最优的技术装备。为此，设备管理部门必须掌握本企业各类设备的技术发展动向，包括设备的型号、规格、性能、用途、效率、价格、供应情况等，以便于进行合理选购。

(2) 在节省设备维修费用的条件下，保证机器设备始终处于良好的技术状态。

(3) 做好现有设备的改造更新工作，不断提高企业技术装备的现代化水平，使企业的生产活动稳固地建立在最佳的物质技术基础上。

2．物流设备管理的分类

物流设备管理分为自有设备管理和租赁设备管理。自有设备按照设备折旧、使用台班进行自有设备费用的核算；租赁设备费用则按照租赁时间和单价进行核算。

1) 自有设备管理

对于自有设备，物流系统可根据设备使用计划来合理调配设备资源，提高设备使用效率。自有设备管理主要包括使用计划制订、采购管理、设备台账管理、设备日常管理、设备费核算等。

2) 租赁设备管理

对于租赁设备，物流系统主要针对项目物流，根据项目预算和整体进度计划，结合自有设备情况制订设备租赁计划，确保项目顺利完成，并根据租赁数量、租出时间、退租时间、租赁单价核算租赁费。租赁设备管理主要包括租赁计划制订、租赁合同管理、设备进场出场管理、租赁费用结算等。

3．物流设备管理的意义

(1) 物流设备管理是物流企业内部管理的重点。

设备无论从企业资产的占有率上，还是从管理工作的内容上，以及企业市场竞争能力的体现上，都占有相当大的比重和十分重要的位置。管好、用好设备，提高设备管理水平对促进企业的进步与发展有着十分重要的意义。

(2) 物流设备管理是物流企业生产经营顺利进行的保证。

"工欲善其事，必先利其器"，物流作业的顺畅、高效必须建立在具备先进物流设备及良好的物流设备管理水平之上。若疏于管理，会使生产成本增加，失去市场竞争能力，造成极大的浪费。

(3) 物流设备管理是物流企业提高效益的基础。

提高劳动生产率，关键是要提高设备的生产效率。企业内部多数人是围绕设备工作的，要提高这些人的工作效率，前提是要提高设备生产效率，减少设备故障，提高设备利用率。

减少消耗、降低物流成本更是设备管理的主要内容。物流活动中，资源的消耗大部分是在设备上的，设备状态不好会增大资源消耗。

课堂思考 1-1

(1) 如何降低设备的故障发生？

(2) 如何减少设备的资源消耗？

(3) 设备出现故障给企业带来的直接损失和间接损失是指什么？

第三节　物流设施与设备的现状及发展趋势

一、物流设施与设备的发展历程及现状

(一)铁路

铁路是近代文明的产物。19 世纪，工业革命的发展推动了交通运输业的革命和发展，蒸汽机的出现及应用为铁路运输以蒸汽机车为动力奠定了基础。英国首先于 1825 年建成世界上第一条公用铁路——斯托克顿至达林顿铁路。十几年后，大约在鸦片战争时期，有关铁路的信息和知识开始传入中国。

1. 铁路发展历程

中国铁路迄今已有 100 多年的历史：从第一条营业铁路——上海吴淞铁路——1876 年通车之时算起，已经是 146 年了；从自办的第一条铁路——唐胥铁路——1881 年通车之时算起，也有 142 年了。

1949 年年底，中国大陆原有铁路基本均被铁道部接管，主要干线基本修复并连接成一个整体。从 1953 年实施第一个五年建设计划开始，新中国的铁路事业进入了有计划的大规模建设的时期。全路广大职工积极推广中长铁路经验，开展"满载、超轴、五百公里"运动，使运输生产"更上一层楼"；从 1952 年建成新中国成立后的第一条铁路——成渝铁路算起，到 1957 年第一个五年建设计划完成为止，新中国先后建成干支线 6 100 公里，新增的营业里程占全部营业里程的 18%以上。

1982 年，我国将铁路的改革开放从"包、放、联、通、多"五个方面侧重展开：在"利改税"的基础上，实行各种形式的经济承包责任制；逐步下放权力，使企业有更多的自主权；加强铁路内外各行业各部门之间的联系；保证铁路运输安全畅通；以运输为中心，搞好多种经营。

2002 年 12 月，我国建成了第一条速度达 200 公里/时、全长 404 公里的铁路客运专线，标志着我国铁路开始步入高速化时代，不仅在我国铁路发展史上具有里程碑意义，而且为我国高铁发展奠定了坚实的技术基础。

视频 1-4、1-5、1-6　中国高铁

2008 年 8 月 1 日开通的时速 350 公里的京津城际铁路是第一条公认的、没有争议的高铁，并在 2009 年试行的《高速铁路设计规范(试用)》中规定了高速铁路(HSR)的定义："新

建铁路旅客列车设计最高行车速度达到 250km/h 及以上的铁路"。

2．铁路运输现状

1）客货运输

据国家交通运输部统计，截至 2021 年年底，全国铁路旅客发送量完成 26.12 亿人，比 2020 年增加 4.08 亿人，增长 18.5%。2021 年全国铁路客运量，如表 1-1 所示；2016—2021 年全国铁路旅客发运量和周转量，如图 1-2 所示。

表 1-1 2021 年全国铁路客运量

指 标	单 位	2016 年完成	比 2015 年/±%
旅客发送量	万人	261 171	18.5
国家铁路	万人	253 287	16.9
旅客周转量	亿人公里	9 567.81	15.7
国家铁路	亿人公里	9 559.09	15.8

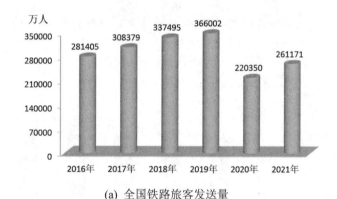

(a) 全国铁路旅客发送量

(b) 全国铁路旅客周转量

图 1-2 2016—2021 年全国铁路旅客发运量和周转量

2021 年全国铁路货运总发送量完成 47.74 亿吨，比 2020 年增加 2.21 亿吨，增长 4.9%。2021 年全国铁路货运量，如表 1-2 所示；2016—2021 年全国铁路货运总发送量和总周转量，如图 1-3 所示。

表 1-2　2021 年全国铁路货运量

指　标	单　位	2021 年完成	比 2020 年/±%
货物总发送量	万吨	477 372	4.9
国家铁路	万吨	372 563	4.0
货物总周转量	亿吨公里	33 238.00	8.9
国家铁路	亿吨公里	29 950.01	9.3

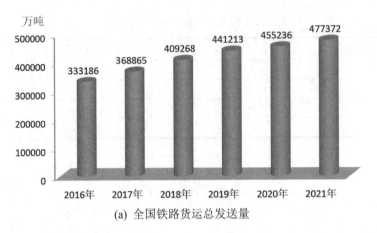

(a) 全国铁路货运总发送量

(b) 全国铁路货运总周转量

图 1-3　2016—2021 年全国铁路货运总发送量和总周转量

2) 固定资产投资

截至 2021 年年底，全国铁路固定资产投资完成 7 489 亿元，投产新线 4 208 公里，其中高速铁路超过 2168 公里。全国铁路营业里程达到 15 万公里，其中，高速铁路营业里程达到 4 万公里；复线里程 8.9 万公里，复线率 59.5%；电气化里程 11 万公里，电化率 73.3%。西部地区铁路营业里程 6.1 万公里。全国铁路营业里程如图 1-4 所示。

2021 年末全国拥有铁路机车 2.2 万台，其中内燃机车 0.8 万台、电力机车 1.4 万台。拥有铁路客车 7.8 万辆，其中动车组 4 153 标准组、33 221 辆。拥有铁路货车 96.6 万辆。[①]

---

① 数据来源：国家铁路局官网，www.nra.gov.cn.。

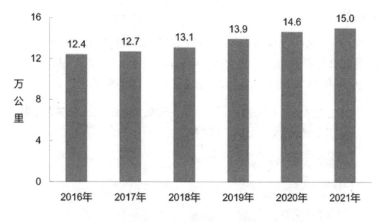

图 1-4　全国铁路营业里程

(二)公路

新中国成立以来，我们的公路建设发生了翻天覆地的变化。在新中国成立初期，我国的公路只有 8 万公里，到 2021 年年底，我国公路总里程已经超过了 528.07 万公里，高速公路达到了 16.91 万公里，居世界第一位。

1. 公路发展历程

世界公路的发展大致经历了以下四个发展阶段。

第一阶段从 19 世纪末到 30 年代，是各国公路的普及阶段。这期间随着汽车的大量使用，大多数国家是在原有乡村大道的基础上，按照汽车行驶的要求改建与加铺路面，构成基本的道路网，达到大部分城市都能通行汽车的要求。

第二阶段从 20 世纪 30 年代到 50 年代，是各国公路的改善阶段。这期间由于汽车保有量的迅速增加，公路交通需求增长很快，各国除进一步改善公路条件外，开始考虑城市间、地区间公路的有效连接，着手高速公路和干线公路的规划。英、美、德、法等国都相继提出了以高速公路为主的干线公路发展规划，并通过立法，从法律和资金来源等方面给予保障。

第三阶段从 20 世纪 50 年代到 80 年代，是各国高速公路和干线公路的高速发展阶段。这期间各国大力推进高速公路和干线公路规划的实施与建设，并基本形成以道路使用者税费体系作为公路建设资金来源的筹资模式。日本等国为解决建设资金不足等问题，还通过组建"建设公团"修建收费道路来促进高等级公路的发展。各国经过几十年的发展，已基本形成了以高速公路为骨架的干线公路网，为公路运输的发展奠定了基础。

第四阶段为 20 世纪 80 年代末 90 年代初至今，是各国公路的综合发展阶段。这期间各国在已经建成发达的公路网络的基础上，维护改造已有的路、桥设施和进一步完善公路网络系统，重点解决车流合理导向、车辆运行安全以及环境保护等问题，以提高公路网络的综合通行能力和服务水平。此外，各国还特别重视公路环保设施的建设，在公路建设和运营过程中对环境和生态进行保护，如在通过居民区的路段建设防噪墙等，以减小汽车行驶噪声影响，又如设置动物等专用通道，以保证公路沿线动物的生活不受大的影响。

2．公路运输现状

截至 2021 年年底，我国全国公路网总里程达到 528.07 万公里，其中高速公路通车里程达到 16.91 万公里，农村公路通车里程达到 446.6 万公里，总里程和高速里程已经排在世界第一位。2016—2021 年全国公路总里程及公路密度如图 1-5 所示。

图 1-5　2016—2021 年全国公路总里程及公路密度

【知识拓展 1-3】中国在 2015 年年底成为公路总里程和高速公路里程最长的国家，超过了美国成为世界第一。西欧各国和日本，由于国土面积小，公路网基础好，高速公路也逐步成网，公路运输一直为内陆运输的主力。相比之下，印度、巴西等发展中大国公路里程较少，道路质量差，公路铺面率低，汽车运输在整个交通运输体系中的地位和作用远低于美、日以及西欧诸国。

2021 年全球高速公路里程排名如下。

第一名——中国：2021 年高速公路总里程已经达到 169 100 公里。

第二名——美国：2021 年高速公路总长度 95 932 公里。

第三名——欧盟：共修建了高速公路 84 190 公里。

第四名——西班牙：拥有高速公路 17 109 公里。

第五名——加拿大：拥有高速公路 17 041 公里。

第六名——德国：拥有高速公路 12 996 公里。

第七名——英国：拥有高速公路 12 442 公里。

第八名——法国：拥有高速公路 11 671 公里。

第九名——巴西：拥有高速公路 11 018 公里。

第十名——墨西哥：拥有高速公路 9 544 公里。

此外，我们的邻国俄罗斯 6 768 公里、日本 8 050 公里、韩国 4 767 公里、印度 1 643 公里、蒙古只有 32 公里。

(资料来源：百度百科)

2021 年末全国拥有公路营运汽车 1 231.96 万辆，比上年末增长 5.2%。分结构看，拥有载客汽车 58.70 万辆；拥有载货汽车 1 173.26 万辆，其中，普通货车 406.94 万辆、专用货车 60.39 万辆、牵引车 346.68 万辆、挂车 359.25 万辆。[①]2016—2021 年全国载货汽车拥有量，如图 1-6 所示。

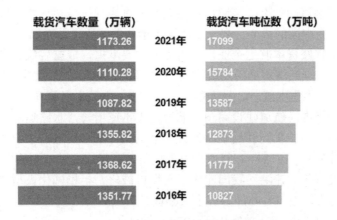

图 1-6 2016—2021 年全国载货汽车拥有量

货运量方面，截至 2021 年年底，中国公路货物运输量为 391.39 亿吨，同比增长 14.2%。2021 年营业性货运量各种运输方式构成情况，如图 1-7 所示。

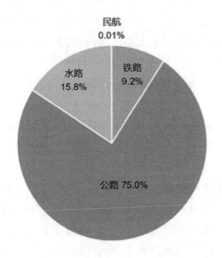

图 1-7 2021 年营业性货运量各种运输方式构成

(三)水运

水运是使用船舶运送客货的一种运输方式。水运主要承担大数量、长距离的运输，是在干线运输中起主力作用的运输形式。

1. 水运发展历程

新中国成立以来，我国水运事业发展大体走过了以下四个阶段。

---

① 数据来源：中华人民共和国交通运输部网站 www.mot.gov.cn。

1) 第一阶段：艰苦创业、起步发展(1949—1978 年)

新中国成立前夕，运输船舶技术状况普遍较差，且大都是不能出海的老旧、木质小船，港口设施处于极端落后的状态，装卸作业主要靠人挑肩扛，航道失修失养，淤积严重，水运事业百废待兴。新中国的成立，揭开了我国水运业发展历史的新篇章。

交通部接收了官僚资本航运企业，接管沿海主要港口，成立各级航务机构，开展重点海港的建设，促进区域经济贸易的发展。"一五"期间，水运生产资料所有制的社会主义改造基本完成，建立了"集中统一、分级管理、政企合一"的水运管理体制。20 世纪 50 年代中后期，我国掀起了内河航道建设高潮，航道里程迅速增长，水路运输在全国交通运输业中的比重有了提高。随着我国开始全面建设社会主义，水路货运需求急剧增长，出现了压货、压港、压船的现象。1973 年，周恩来总理提出"三年改变港口面貌"，迎来了第一次港口建设高潮。经过三年大建港，我国建成了一批机械化、半机械化大型专业码头泊位，并着手建设集装箱码头，港口吞吐能力有了大幅提高。

2) 第二阶段：积极探索、放宽搞活(1978—1992 年)

这一时期，我国水路交通基础设施仍然严重滞后，运输装备水平落后，运输保障能力不强，成为制约经济社会发展的瓶颈。为了扭转被动局面，水运行业作了一系列开创性、基础性的探索。

一是率先创办对外开放的"窗口"——蛇口工业区。1979 年 2 月，经国务院批准，由交通部驻港企业——招商局在深圳宝安县蛇口公社境内建立工业区，将国内较廉价的土地和劳动力与国外的资金、先进技术和原材料充分利用并结合起来。蛇口工业区第一次按国际惯例引入外商和引进外资，最先打破计划经济体制下的大锅饭，实行了新的经济管理体制。

二是不断搞活水路运输市场。20 世纪 80 年代，交通部打破传统的计划经济体制，稳步推进水运经营主体多元化，使水运业初步形成了多种经济成分并存、多种经营方式并举的格局。

三是加快推进多元化的投资新格局，改革港口管理体制。1984 年在天津港进行管理体制改革试点，并逐步在全国推开，实现了由交通部直接管理向交通部和地方共同管理、以地方政府管理为主的双重管理体制转变。此外，通过进行投融资体制改革，实行"谁建、谁用、谁受益"的政策，充分利用国内外多方面的资金，形成了多元化的投资格局。

3) 第三阶段：求实奋进、深化改革(1992—2002 年)

这一时期的主要工作分为以下两个方面。

一是积极培育和发展水路运输和建设市场。1992 年，交通部发布《关于深化改革、扩大开放、加快交通发展的若干意见》，进一步加大交通运输改革开放力度。1992 年以中国远洋运输总公司和中国长江轮船总公司为班底，分别组建中国远洋运输集团、中国长江航运集团；1997 年，适时将部属企业合并重组了中国海运集团、中国港湾建设集团。

二是深化水路交通管理体制改革。1998 年，交通部与直属水路交通企业全面脱钩，深化港口管理体制改革，将原由交通部管理的港口和双重领导港口全部交由地方管理，对港务局实施政企分开，组建自主经营、自负盈亏、自我发展、自我约束的港口企业，并设立港口行政管理机构。

4) 第四阶段：与时俱进、科学发展(2002 年至今)

这一时期，国务院先后批准实施了《全国沿海港口布局规划》《全国内河航道与港口布局规划》《长江三角洲、珠江三角洲、渤海湾三区域沿海港口建设规划》等规划，形成了较为完整的水路交通长远发展规划体系。在规划的指导下，一批大型专业化原油、铁矿石、煤炭、集装箱码头和深水航道工程相继建成并投入使用，上海、天津、大连国际航运中心建设取得新进展。水路运输结构大大优化，黄金水道建设步伐加快，内河航运运能充分发挥，船舶运力更新改造步伐加快，集约化、专业化经营水平明显提升。

2．水运发展现状

目前，我国航运业形成了布局合理、功能齐全、优势互补的港口体系，沿海港口基本建成煤、矿、油、箱、粮五大运输系统，具备靠泊装卸 30 万吨级散货船、35 万吨级油轮、1 万个标准箱集装箱船的能力，内河航道基本形成"两横一纵两网"的国家高等级航道网，水运供给能力显著提高。截至 2021 年年底，全国港口生产用码头泊位 20 867 个，万吨级以上深水泊位从无到有，发展到 2 659 个。内河航道通航里程 12.71 万公里，各水系内河航道通航里程分别为：长江水系 64 883 公里，珠江水系 16 450 公里，黄河水系 3 533 公里，黑龙江水系 8 211 公里，京杭运河 1 438 公里，闽江水系 1 973 公里，淮河水系 17 507 公里。

水路货物运输量、货物周转量在综合运输体系中分别占 12%和 63%，承担了 90%以上的外贸货物运输量，内河干线和沿海水运在"北煤南运""北粮南运"、油矿中转等大宗货物运输中发挥了主通道作用，对产业布局调整和区域经济发展发挥了重要作用。

截至 2021 年年底，全国拥有水上运输船舶 12.59 万艘。中国远洋运输(集团)总公司综合运力 8 168 万吨载重量/1 082 艘，排名世界第一位。截至 2021 年年底，我国共计拥有集装箱箱位 288.44 万 TEU，其中中远海运集团(COSCO Group) 在全球班轮公司运力中排名第 4 位。

2021 年年底，全国港口完成货物吞吐量 155.45 亿吨，比上年增长 6.8%，货物吞吐量超过亿吨的港口由 2009 年的 20 个增加到 28 个，泉州港和江阴港首次进入亿吨大港行列。港口集装箱吞吐量完成 2.83 亿 TEU，比上年增长 7.0%。在全球货物吞吐量排名中，宁波舟山港、上海港保持世界第一大港、第二大港地位。2016 年，宁波舟山港年货物吞吐量突破 9 亿吨，成为全球首个"9 亿吨"大港，以超过上海港 2 亿吨的绝对优势，继续稳居全国乃至全球第一大港口宝座。

【知识拓展 1-4】集装箱运输的发展历程

集装箱在我国南方及香港地区被称为货柜，英文为 Container 或 Box，即一种可以装货的容器或盒子。集装箱是由美国人发明并使用的，1921 年 3 月 19 日它最早出现在美国纽约铁路运输总公司。英国人也不甘落后，于 8 年后，即 1929 年开始了英国—欧洲大陆海陆直达集装箱联运。但这些都只是局部的、小规模的使用。

集装箱大量运用始于越南战争。当时美国人用集装箱大量运输作战物资，效果甚佳，虽然最终美国也没有打赢这场战争。1956 年美国首次在内河船舶上试用集装箱运输。1966 年美国海陆(Sealand)公司在北大西洋航线上开始使用改装的集装箱船 FairLand 号，为集装箱直达联运的历史开创了新的一页。

国际集装箱运输的发展历程分为以下三个阶段。

(1) 萌芽阶段。以 1966 年美国在大西洋航线开辟装运集装箱的定期班轮为标志，世界各国在其他主要航线开始效仿，先后持续了 10 年。

(2) 1977 年进入大发展阶段，个别发达国家、远东中等发达国家及个别发展中国家集装箱运量急剧增长。

(3) 20 世纪 80 年代中期进入全球普及成熟时期，形成了以太平洋地区为中心的集装箱运输网络。

此外，集装箱运输船舶也在不断地改型换代。

(1) 第一代船型为 750TEU(标准箱)以下的内河运输船舶。

(2) 1966 年第二代集装箱船开始用于国际海运，船型为 750TEU～1 500TEU。

(3) 20 世纪 70 年代初第三代集装箱船开始用于跨洋国际海运，船型为 1 500TEU～2 400TEU。

(4) 20 世纪 80 年代第四代集装箱船开始用于环球国际海运，船型为 2 400TEU～3 800TEU。

(5) 20 世纪 90 年代中期环球国际海运公司开始结成航运联盟，用于集装箱运输的船舶进一步大型化，出现了 3 800TEU～5 250TEU 的第五代船舶。

(6) 20 世纪末，超过 6 000TEU 的第六代船舶开始投入营运。经逐步改进、发展，目前投入营运的超大型集装箱的船载箱能力已达到 14 000TEU、10 万载质吨。

(7) 21 世纪，人类历史上第一艘 20 000+TEU 的超级集装箱船诞生，船长达到 400 米，船宽达 58.8 米，型深达 32.8 米，最大载箱量为 20 150TEU。

(资料来源: 中国船舶网，www.chinaship.cn)

(四)航空

人类的航空历史可以追溯到很久以前，甚至连古人用的石头和矛、古希腊阿尔希塔斯所制造的机械鸽、澳大利亚的飞去来器、中国的孔明灯和风筝等都与航空的发展有关系。

1. 航空运输发展历程

1949 年 11 月 2 日，中国民用航空局成立，揭开了我国民航事业发展的新篇章。中国民航发展至今主要历经了以下四个阶段。

1) 第一阶段(1949—1978 年)

1949 年 11 月 2 日，中共中央政治局会议决定，在人民革命军事委员会下设民用航空局，受空军指导。1949 年 11 月 9 日，中国航空公司总经理刘敬宜、陈卓林率公司员工在香港光荣起义，并率领 12 架飞机回到北京、天津，为新中国民航建设提供了一定的物资和技术力量。1950 年，新中国民航初创时，仅有 30 多架小型飞机，年旅客运输量仅 1 万人，运输总周转量仅 157 万吨公里。

1958 年，国务院通知：中国民用航空局自 2 月 27 日起划归交通部领导。

1962 年，民航局名称改为"中国民用航空总局"，由交通部属改为国务院直属局，其业务工作、党政工作、干部人事工作等均归空军负责管理。

1978 年，航空旅客运输量仅为 231 万人，运输总周转量为 3 亿吨公里。

2) 第二阶段(1978—1987 年)

1978 年，邓小平同志指示民航要用经济观点管理，指出"民航一定要企业化"。同年 3 月 5 日，中国政府决定民航脱离军队建制，把中国民航局从隶属于空军改为国务院直属机构，实行企业化管理。这期间中国民航局是政企合一，既是主管民航事务的政府部门，又是以"中国民航(CAAC)"名义直接经营航空运输、通用航空业务的全国性企业。

3) 第三阶段(1987—2002 年)

1987 年，中国政府决定对民航业进行以航空公司与机场分设为特征的体制改革，主要是将原民航北京、上海、广州、西安、成都、沈阳 6 个地区管理局的航空运输和通用航空相关业务、资产和人员分离出来，组建了 6 个国家骨干航空公司，实行自主经营、自负盈亏、平等竞争。这 6 个国家骨干航空公司是：中国国际航空公司、中国东方航空公司、中国南方航空公司、中国西南航空公司、中国西北航空公司和中国北方航空公司。

航空运输服务保障系统也按专业化分工的要求相应进行了改革。1990 年，在原民航各级供油部门的基础上组建了专门从事航空油料供应保障业务的中国航空油料总公司，该公司通过设在各机场的分支机构为航空公司提供油料供应。属于这类性质的单位还有从事航空器材(飞机、发动机等)进出口业务的中国航空器材公司；从事全国计算机订票销售系统管理与开发的计算机信息中心；为各航空公司提供航空运输国际结算服务的航空结算中心；以及飞机维修公司、航空食品公司等。

4) 第四阶段(2002 年至今)

2002 年 3 月，中国政府决定对中国民航业再次进行重组，主要内容如下。

(1) 航空公司与服务保障企业重组合并。2002 年 10 月正式成立六大集团公司，分别是：中国航空集团公司、东方航空集团公司、南方航空集团公司、中国民航信息集团公司和中国航空油料集团公司和中国航空器材进出口集团公司。成立后的集团公司与民航总局脱钩，交由中央管理。

(2) 机场实行属地管理。按照政企分开、属地管理的原则，民航总局直接管理的机场下放所在省(区、市)管理，相关资产、负债和人员一并划转。首都机场、西藏自治区的区内民用机场继续由民航总局管理。

2. 航空运输现状

2021 年，全行业完成运输总周转量 856.75 亿吨公里，比上年增长 7.3%。国内航线完成运输总周转量 641.14 亿吨公里，比上年增长 9.1%，其中港澳台航线完成 3.01 亿吨公里，比上年下降 5.5%；国际航线完成运输总周转量 215.61 亿吨公里，比上年增长 2.3%。2017—2021 年民航运输总周转量，如图 1-8 所示。

2021 年，全行业完成货邮运输量 731.84 万吨，比上年增长 8.2%。国内航线完成货邮运输量 465.14 万吨，比上年增长 2.6%，其中港澳台航线完成 18.99 万吨，比上年增长 8.0%；国际航线完成货邮运输量 266.70 万吨，比上年增长 19.6%。2017—2021 年民航货邮运输量，如图 1-9 所示。

2021 年，全国民航运输机场完成旅客吞吐量 9.07 亿人次，比上年增长 5.9%。年旅客吞吐量 100 万人次以上的运输机场 96 个，其中，北京、上海和广州三大城市机场旅客吞吐量占全部境内机场旅客吞吐量的 18.0%。2021 年旅客吞吐量 100 万人次以上的机场数量，如表 1-3 所示。

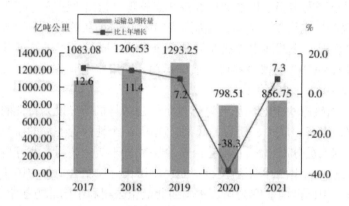

图 1-8　2017—2021 年民航运输总周转量

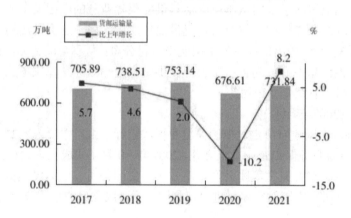

图 1-9　2017—2021 年民航货邮运输量

表 1-3　2021 年旅客吞吐量 100 万人次以上的机场数量

年旅客吞吐量	机场数量/个	比上年增加/个	吞吐量占全国比例/%
1 000 万人次以上	29	2	70.8%
100 万～1 000 万人次	67	9	24.0%

截至 2021 年年底，民航全行业运输飞机期末在册架数 4 054 架，比上年增加 151 架。我国共有颁证运输机场 248 个，比上年增加 7 个，如表 1-4 所示。2021 年新增机场分别为：荆州沙市机场、九江庐山机场、菏泽牡丹机场、芜湖宣州机场、成都天府机场、郴州北湖机场、韶关丹霞机场。

截至 2021 年年底，我国共有运输航空公司 65 家，比上年增加 1 家，按不同所有制类别划分：国有控股公司 39 家，民营和民营控股公司 26 家。在全部运输航空公司中，全货运航空公司 12 家，中外合资航空公司 9 家，上市公司 8 家。2021 年各航空(集团)公司运输总周转量比重，如图 1-10 所示。

表 1-4　2021 年各地区运输机场数量

地　区	运输机场数量/个	占全国比例/%
全国	248	100
其中：东部地区	56	22.6
中部地区	40	16.1
西部地区	125	50.4
东北地区	27	10.9

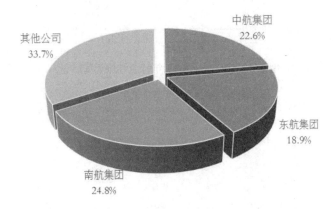

图 1-10　2021 年各航空(集团)公司运输总周转量比重

课堂思考 1-2：

图 1-11～图 1-14 分别是我国 2014—2018 年四种运输方式营业性的客运量、旅客周转量、货运量、货物周转量的数据，根据这些数据能够反映出在不同的指标下每种运输方式发挥的效力是不同的，对比并阐述其各自的特点和不同？

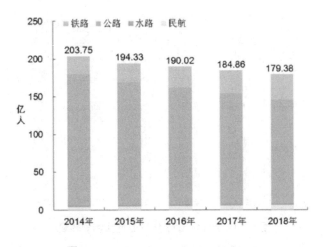

图 1-11　2014—2018 年营业性客运量

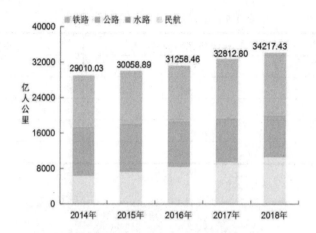

图 1-12　2014—2018 年营业性旅客周转量

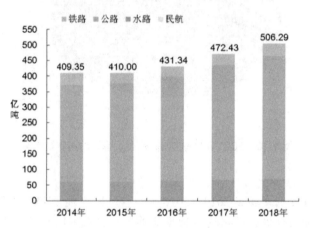

图 1-13　2014-2018 年营业性货运量

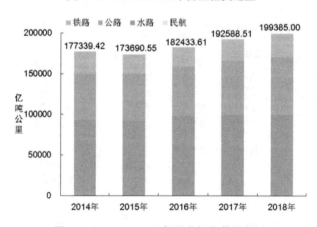

图 1-14　2014-2018 年营业性货物周转量

(五)仓储设施

目前,我国仓储设施具有以下几个方面的发展特点。

(1) 老旧仓储设施的更新改造、异地新建成为普遍现象。

北京商储公司在三台山仓库区新建 2 万平方米立体仓库，2008 年投入运营，主要为"奔驰"提供零部件的入厂物流；西安商储公司对城内仓库区实施商业开发的同时，在城乡接合部新征土地新建 3.5 万平方米立体库，已经全部投入使用；沈阳储运集团公司近几年来在原库区共改造新建立体库 3 万平方米。

(2) 运输公司、快递公司与非资产的物流公司为了向综合物流企业发展、增强企业核心竞争力，纷纷投资建设仓储设施。

中海集团旗下中海集运控股的洋山国际集装箱储运有限公司于 2008 年奠基，2010 年正式开业运营。该基地位于临港物流园区，总投资 1.8 亿元，规划用地 197 亩。

中远物流青岛仓储中心 2008 年奠基，2009 年 3 月正式投入使用。该基地位于青岛市高新区新材料工业园地，总投资 4 000 万美元，建设现代化高标准仓库共计 12 万平方米，已成为山东省最大的现代化仓储物流中心。

DHL 在上海浦东国际机场建设北亚枢纽转运中心，该中心是敦豪全球包括德国和美国在内的三个枢纽中心之一，敦豪通过北亚枢纽转运中心，将来自不同地点的快件在此重新分拣，并分配至各地的敦豪网络。

UPS 上海国际转运中心 2008 年正式启用。该转运中心将中国与 UPS 的国际网络连接起来，并在世界范围内极大地提升快递和大宗货运的处理效率。该中心也坐落在上海浦东国际机场，共配备了 117 条运送带和 47 个入坞港，货物分拣能力可达到每小时 1.7 万件。

(3) 仓储地产企业的仓库设施布局日趋网络化，促进了我国仓库设施建设的专业化与标准化。

深圳赤湾石油基地股份公司"深基地"，以"宝湾物流"为品牌开发仓储地产，已经成为我国仓储地产业最大的内资企业。

普洛斯作为全球最大的工业地产商，2003 年开始在中国境内开发仓储地产，也是目前境内最大的外资仓储地产企业，在中国 38 个主要城市投资、建设并管理着 252 个物流园，总建筑面积 2 871 万平方米。

视频 1-7　普洛斯物流

(4) 投资建设物流(配送)中心，成为许多大型生产与商贸企业优化供应链、提高供应链效率的重要策略。

2008 年 6 月，卓越亚马逊新北京运营中心启动运营。该中心位于北京亦庄经济开发区，占地面积达 4 万平方米，是之前运营中心面积的 2.5 倍，商品仓储能力增大了 3 倍，从之前的 300 万件单品扩充到了 1 200 万件单品。该中心采用了亚马逊公司先进的全球库存管理系统。新系统的应用提高了运营中心的客户订单处理能力及处理效率，月均处理订单量可达到原来的 4 倍。

九州通集团北京大兴现代医药物流中心于 2008 年竣工投产运营，总投资 1.6 亿元，总建筑面积 32 000 平方米，其中分拣中心建筑面积 8 000 平方米。中心安装了高速出库自动分拣机、高速复核分拣机、电子标签拣选系统、手持扫描终端设备、周转箱输送线、双层托盘输送线、自动化堆垛机和移载小车等自动化设备。北京现代医药物流中心药品储存量达到 40 万箱，日均吞吐能力达到 15 000 箱，峰值吞吐量达到 25 000 箱，营销网络覆盖北京及周边地区,订单配送时间控制在24小时内,药品出库差错率控制在万分之三以内。

苏宁电器已经建成北京、杭州、江苏三大物流基地,并在沈阳、天津、北京、无锡、成都、重庆、徐州、苏州、上海等地同步开工9个物流基地。目前,苏宁电器已在全国建设总计80多家物流中心,实现全国的现代物流配送。

(5)"物流园区"的规划建设此起彼伏,由口岸城市到内地城市,由大城市到中小城市,由商贸、加工、物流一体化综合园区到各类专业(钢材、化工、粮食)园区,带动了各种类型仓库的建设,从整体上提高了我国仓库设施的水平。

2010年,宁夏投资33.9亿元建设宁东基地物流园区,占地4 018亩,包括两个物流园区、三个产业运输物流中心、一个生产资料仓储中心及若干专业货运站,主要服务于煤炭、煤化工、电力、新材料这四大主导产业的生产和流通。

(6)全自动立体仓库主要在一些大型生产与流通企业内部建造和使用,以节能环保为目的的"绿色仓库"在个别企业成功使用。

我国第一座自动化立体仓库(高15米)由北京起重机械所设计所建造,于1980年投入运行。2002年,仓储物流集成商日本大福在中国成立第一家子公司。2012年,亚马逊收购仓储物流机器人公司Kiva,仓储物流机器人逐渐成为中国各大电商、物流企业的布局重点。2014年,京东建成首座"亚洲一号仓"。40多年来,自动化立体仓库主要应用于冷冻食品、家电、电子、医药、烟草以及军事等领域。截至2022年6月底,中国智能仓储业注册公司(所有开业状态)总计达到了6 911家,约占整体仓储行业的1.7%。

沃尔玛定制建造的天津配送中心位于天津市北辰科技园高新大道,于2008年10月8日建成投入使用,占地面积约10万平方米,库房面积4.3万平方米,库房为整体、高平台结构,库房中间设有3个消防通道(在库内),分为3个货架储区(北侧,高度大于9米,采用四层立体货架)和4个收货、分拣、配送区(南侧,高度在8米左右)。在收货区分别配置72个收货门和72个发货门,整个库房没有窗户。

(7)冷库、危险品仓库近年来建设速度加快,出现一批大型冷库群与新的危险品仓库区。

依托华中最大的农副产品大市场,武汉白沙洲市场新建20万吨冷库,设立冷冻食品、海鲜、干鲜、板栗四大专业市场。重庆农垦集团精心筹划的万吨冷储物流是目前西部最大的冷储物流市场。

世界最大的专业性港口罐储经营企业——荷兰皇家孚宝集团(Vopak)在天津滨海新区临港工业区投资30亿元建设储运原油、成品油、液相和气相化工品的罐区和码头。

文档1-1　荷兰皇家孚宝集团

二、物流设施与设备的发展趋势

物流设施与设备伴随着用户需求的变化和科学技术水平的提高而发展变化,其发展呈现以下特点。

(一)信息化程度不断提高

目前,越来越多的物流设备供应商已从单纯提供硬件设备,转向提供包括控制软件在内的整体物流系统,并且加装电脑控制装置,实现了对物流设备的实时监控,提高了运作效率。

现场总线、无线通信、数据识别与处理、互联网等高新技术与物流设备的有效结合是物流设备信息化程度不断提高的具体体现。例如，运用无线数据终端，可以将货物接收、储存、提取、补货等信息及时传递给控制系统，实现对库存的准确掌控，通过联网计算机指挥操作物流装备可将差错率几乎降为零，缩短了系统反应时间。若将无线数据传输系统与客户计算机系统相连，实现共同运作，则可为客户提供实时信息管理，全面提高客户服务水平。

(二)多样性与专业化

为满足不同行业、不同客户对不同功能的要求，物流设备的样式繁多，专业化程度较高。物流设备也由全行业通用型转向针对不同行业特点设计制造，由不分场合转向适应不同环境、不同工况要求，由一机多用转向专机专用。

世界著名叉车企业永恒力公司拥有 580 多种不同车型，以满足客户的各种实际需要。此外，自动立体库、分拣设备、货架等也都有按行业、用途、规模等不同标准细分的多种形式产品。许多厂商还可根据用户特殊情况为其量身定做各种物流设备，体现了更高的专业化水平。

(三)系统性与可扩展性

客户对物流设备的系统整合要求越来越高，配置设备时倾向选择同一家公司的产品，目的是使系统容易整合且效果最佳。例如，大福、村田、冈村、西门子德马泰克等公司都可自行设计生产全部物流设备，满足客户整体要求。同时，客户对物流系统的投入往往不是一步到位，而是按需配置，预留能力，这就要考虑今后系统的可扩展性。

(四)智能化与人性化

科技的进步使物流设备越来越重视智能化与人性化设计，降低工人的劳动强度，改善劳动条件，使操作更轻松自如。

世界领先的林德公司推出多项改进设计，使叉车更具人性化。例如，叉车的低重心设计，使上下更加方便；侧向座椅设置，使驾驶叉车更容易；自动对中功能与故障自我诊断功能，使叉车更加智能化。

再如，堆垛机的地上控制盘操作界面采用大屏幕触摸屏、人机对话方式，堆垛机的各种状态与操作步骤均能清楚地显示出来，即使初次使用也能操作自如。

(五)绿色化与节能化

随着全球环境的恶化与人们环境意识的增强，我国坚持绿水青山就是金山银山的理念，全方位、全地域、全过程加强生态环境保护，因而有些企业在选用物流设备时会优先考虑对环境污染小的绿色产品或节能产品。因此，有远见的物流设备供应商也开始关注环保问题，采取有效措施达到环保要求，如采用新的装置与合理的设计，降低设备的振动、噪声与能源消耗量等。

复习思考题

一、名词解释

物流设施与设备　设备寿命周期

二、选择题

1. (　　)是物流技术水平的重要标志。
   A. 物流组织　　　B. 物流计划　　　C. 物流设施　　　D. 物流基础信息平台
2. 下列关于物流设施与设备表述，错误的是(　　)。
   A. 是物流系统的物质技术基础　　　B. 是物流系统的重要资产
   C. 直接影响到销售活动　　　　　　D. 是物流技术水平的重要标志
3. 下列选项中，属于物流设备的是(　　)。
   A. 叉车　　　　　B. 集装箱　　　C. 托盘　　　　D. 物流基础信息平台
4. 货架、托盘、计量设备等属于(　　)。
   A. 仓储设施　　　B. 装卸搬运设施　C. 运输设施　　　D. 包装设施
5. 目前，我国铁路营业总里程在世界排第(　　)位。
   A. 1　　　　　　B. 2　　　　　　C. 3　　　　　　D. 4
6. 目前，我国公路里程在世界排第(　　)位。
   A. 1　　　　　　B. 2　　　　　　C. 3　　　　　　D. 4

三、问答题

1. 简述物流设施与设备的作用。
2. 简述我国铁路发展的基本情况。
3. 简述我国公路发展的基本情况。

第二章
运输设备与应用

学习目标

- 要求对运输设备的基本概念、分类、合理选择、正确配置、合理使用有一定的认识;

- 掌握常见的集中物流运输设备的特征、结构、应用,进而具备一定的实际工作能力;

- 了解现代化交通运输的种类,能分析不同运输方式的优缺点及使用条件。

衣、食、住、行是人类生活的四大基本要素，其中无论哪一项都与交通运输息息相关。自古以来，人类深受交通运输闭塞的困扰，生产、生活受到极大限制。时至今日，世界各国交通运输已相当发达，不仅可以满足客货运输的不同需求，而且快速、舒适、方便、安全、可靠。

现代交通运输主要包括公路、铁路、水路、航空和管道五种运输方式，它们各有其不同的技术经济特征与使用范围。随着科学技术进步和社会需求的变化，各种运输方式的技术装备和组织工作不断更新，技术经济性能和使用范围也在不断变化，新型交通工具不断产生。

第一节 公 路 运 输

一、公路运输概述

我国高速公路起步于 1988 年，大规模建设从 1995 年开始。2004 年经国务院审议通过了《国家高速公路网规划》，这是中国历史上第一个"终极"的高速公路骨架布局，同时也是中国公路网中最高层次的公路通道。《国家高速公路网规划》采用放射线与纵横网格相结合的布局方案，形成由中心城市向外放射以及横贯东西、纵贯南北的大通道，由 7 条首都放射线、9 条南北纵向线和 18 条东西横向线组成，简称为"7918 网"，总规模约 8.5 万公里。截至 2021 年年底，全国公路总里程 528.07 万公里，比上年增加 8.26 万公里。

"十一五"期间，交通部着手组织实施国家高速公路网规划，2007 年年底已全面建成"五纵七横"国道主干线，人口在 20 万以上的城市高速公路连接率将达到 90%。截至 2021年年底，我国高速公路总里程达 16.91 万公里。东部地区基本形成高速公路网，长江三角洲、珠江三角洲和京津冀地区形成较完善的城际高速公路网，国家高速公路网骨架基本形成。

(一)我国公路的分类

公路按使用性质可分为国家公路、省公路、县公路、乡公路(简称为国道、省道、县道、乡道)以及专用公路五个行政等级。一般把国道和省道称为干线，县道和乡道称为支线。

(1) 国道是指具有全国性政治、经济意义的主要干线公路，包括重要的国际公路，国防公路，连接首都与各省、自治区、直辖市首府的公路，连接各大经济中心、港站枢纽、商品生产基地和战略要地的公路。

(2) 省道是指具有全省(自治区、直辖市)政治、经济意义，并由公路主管部门负责修建、养护和管理的干践公路。国道中跨省的高速公路由交通部批准的专门机构负责修建、养护和管理。

(3) 县道是指具有全县(县级市)政治、经济意义，连接县城和县内主要乡(镇)、主要商品生产和集散地的公路，以及不属于国道、省道的县际公路。县道由县、市公路主管部门负责修建、养护和管理。

(4) 乡道是指主要为乡(镇)村经济、文化、行政服务的公路，以及不属于县道以上公路的乡与乡之间及乡与外部联络的公路。乡道由乡(镇)人民政府负责修建、养护和管理。

(5) 专用公路是指专供或主要供厂矿、林区、农场、油田、旅游区、军事要地等与外部联系的公路。专用公路由专用单位负责修建、养护和管理，也可委托当地公路部门修建、养护和管理。

截至 2021 年年底，我国国道里程 37.54 万公里，省道里程 38.75 万公里，农村公路里程 446.60 万公里，其中县道里程 67.95 万公里，乡道里程 122.30 万公里，村道里程 256.35 万公里。

【知识拓展 2-1】我国的国道编号根据地理走向分为三类：一类是以北京为中心的放射线国道，其编号为 1××，如北京到沈阳的干线公路，编号 101 国道；第二类是南北走向国道(纵线国道)，其编号为 2××，如鹤岗到大连的干线公路，编号为 201 国道，山海关到深圳的干线公路为 205 国道；第三类是东西走向的国道(横线国道)，其编号为 3××，比如绥芬河到满洲里的公路为 301 国道，杭州到沈家门的公路为 329 国道。国道编号示意如图 2-1 所示。

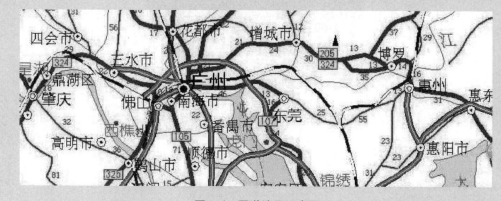

图 2-1　国道编号示意图

(资料来源：中国证券网，顺丰快递官网)

(二)我国公路的技术等级

根据我国技术标准，公路划分为高速公路、一级公路、二级公路、三级公路和四级公路五个等级，如表 2-1 所示。

表 2-1　我国公路的技术等级

公路等级	使用性质和任务	车 道 数	年平均昼夜交通量
高速公路	具有特别重要的政治、经济意义，专供汽车分道行驶，全部控制出入	单向 3 车道以上	25 000 辆以上
一级公路	连接重要政治、经济中心，通往重点工矿区，可供汽车分道行驶，部分控制出入	4 车道	5 000～25 000 辆
二级公路	连接政治、经济中心或大工矿区的干线公路，或运输任务繁忙的城郊公路	2 车道	4 500～7 000 辆或 2 000～5 000 辆
三级公路	沟通县以上城市的一般干线公路	2 车道	200～2 000 辆
四级公路	沟通县、乡、村等的支线公路	2 车道以下	200 辆以下

截至 2021 年年底，全国四级及以上等级公路里程 506.19 万公里，比上年末增加 11.74 万公里，占公路总里程 95.9%，提高了 0.7%。二级及以上等级公路里程 72.36 万公里，增加 2.13 万公里，占公路总里程 13.7%，提高了 0.2%。高速公路里程 16.91 万公里，增加 0.81 万公里。2021 年全国公路里程技术等级构成，如图 2-2 所示。

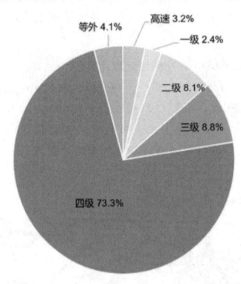

图 2-2　2021 年全国公路里程技术等级构成

(三)公路运输的特点

相比其他运输方式，公路运输具有以下几个方面的特点。

1. 机动灵活，适应性强

由于公路运输网一般比铁路、水路运输网的密度要大十几倍，分布面也广，因此，公路运输车辆几乎可以无处不到。公路运输在时间方面的机动性也比较大，车辆可随时调度、装运，各环节之间的衔接时间较短。尤其是公路运输对客、货运量的多少具有很强的适应性，汽车的载重吨位有小(0.25～1t)有大(200～300t)，既可以单车辆独立运输，也可以由若干车辆组成车队同时运输，这一点对抢险、救灾工作和军事运输具有特别重要的意义。

2. 可实现"门到门"直达运输

由于汽车体积较小，中途一般也不需要换装，除了可沿分布较广的路网运行外，还可离开路网深入到工厂企业、农村田间、城市居民住宅等地，即可以把旅客和货物从始发地门口直接运送到目的地门口，实现"门到门"直达运输。这是其他运输方式无法与公路运输相比的特点之一。

3. 在中、短途运输中，运送速度较快

由于公路运输可以实现"门到门"直达运输，中途不需要倒运、转乘就可以直接将客货运达目的地，因此，与其他运输方式相比，在中、短途运输中，其客、货在途时间较短，运送速度较快。

4. 原始投资少，资金周转快

公路运输与铁路、水路、航空等运输方式相比，所需固定设施简单，车辆购置费用一般也比较低，因此，投资兴办容易，投资回收期短。据有关资料表明，在正常经营情况下，公路运输的投资每年可周转 1～3 次，而铁路运输则需要 3～4 年才能周转一次。

5. 掌握车辆驾驶技术较易

与火车司机或飞机驾驶员的培训要求来说，汽车驾驶技术比较容易掌握，对驾驶员各方面素质的要求相对也比较低。

6. 运量较小，运输成本较高

视频 2-1　世界最大的卡车

目前，世界上最大的汽车是俄罗斯机械制造商别拉斯于 2013 年推出的 75 710 矿用自卸车，长 20.6 米，自重 450 吨，载重 450 吨左右，但是如此载重量仍比火车、轮船少得多；由于汽车载重量小，行驶阻力比铁路大 9～14 倍，所消耗的燃料又是价格较高的液体汽油或柴油，因此，除了航空运输外，汽车运输是成本最高的运输方式。

7. 运行持续性较差

据有关统计资料表明，在各种现代运输方式中，公路运输的平均运距是最短的，运行持续性较差。例如，我国 2015 年公路平均客运运距为 66km，货运运距为 184km；铁路平均客运运距为 523km，货运运距为 764km；水路货运平均运距为 1 495 km。

8. 安全性较低，环境污染较严重

据历史记载，自汽车诞生以来，汽车已经吞噬掉 3 000 多万人的生命，特别是从 20 世纪 90 年代开始，死于汽车交通事故的人数急剧增加，平均每年达 50 多万人，这个数字超过了艾滋病、战争和结核病人每年的死亡人数。汽车所排出的尾气和引起的噪声也严重地威胁着人类的健康，是大城市环境污染的污染源之一。

【知识拓展 2-2】2018 年 1 月 9 日，在国际消费类电子产品展览会(CES)上，一个来自中国长沙的包裹，乘坐飞机跨越太平洋之后，通过无人驾驶车队的接力式运送，抵达美国拉斯维加斯举办的 CES 现场。该包裹是百度在本届 CES 上正式对外展示的智能驾驶商业化解决方案。在现场的演示视频中，多辆 Apollo 自动驾驶物流车跑出园区、跑进城市、跑上高速，"护送"几只玩具小熊猫乘坐飞机跨越太平洋，安全抵达美国。

百度自动驾驶平台 Apollo 实现了干线物流、支线物流、终端物流等全物流场景覆盖，完成全球首次自动驾驶物流闭环。此外，百度还发布了智能驾驶系统 Apollo3.5 版本，该技术已经可以支持复杂城市道路自动驾驶，可以适应包括市中心和住宅小区等在内的复杂城市道路包含窄车道、无信号灯路口通行、借道错车行驶等多种路况。百度自动驾驶物流车辆，如图 2-3 所示。

图 2-3　百度自动驾驶物流车辆

课堂思考 2-1:

哪些因素影响自动驾驶的普及?

(四)高速公路的定义及其基本构成

高速公路是指能适应年平均昼夜小客车交通量为 2 500 辆以上、专供汽车分道高速行驶,并全部控制出入的公路。高速公路主要由路基、路面、桥梁、隧道、涵洞等基本构造物和其他辅助构造物及设施组成。

二、公路运输工具

公路运输工具主要指运输车辆,公路上所使用的运输车辆主要是汽车。汽车主要分为客车、载货汽车和专用运输车辆。在物流运输中,物流企业用到的主要是载货汽车。

(一)载货汽车的种类

选择车辆时,要根据货物的种类、特点及运输批量等对车辆的类型和主要使用性能等进行合理的选择。选配车辆必须遵循技术上先进、经济上合理、生产上适用、维修上方便的基本原则。

载货汽车按用途和使用条件可分为普通载货汽车和专用载货汽车两大类。普通载货汽车是指具有栏板式车厢,用于运载普通货物的汽车;专用载货汽车是指装置有专用设备、具备专用功能、承担专门运输任务的汽车,如汽车列车、厢式货车、冷藏保温车、罐式车、自卸车等。

1. 普通栏板式货车

普通栏板式货车具有整车重心低、载重量适中的特点,适合于装运百货和杂品,如

图 2-4 所示。

图 2-4 普通栏板式货车

2. 厢式货车

在物流领域，由于厢式货车结构简单，利用率高，适应性强，是应用前景最广泛的一种车型。由于其小巧灵便，无论大街小巷均可长驱直入，真正实现"门到门"的运输方式，如图 2-5 所示。

图 2-5 厢式货车

3. 自卸车

自卸车可以自动后翻或侧翻使货物自动卸下，具有较大的动力和较强的通过能力，是矿山和建筑工地上物流运输的理想车种，如图 2-6 所示。

4. 罐式车

罐式车装有罐状容器，密封性强，一般用于运送易挥发、易燃、危险品和粉状物料等，如图 2-7 所示。

图 2-6 自卸车

图 2-7 罐式车

5. 汽车列车

汽车列车是指一辆汽车(货车或牵引车)与一辆或一辆以上挂车的组合。汽车和牵引车为汽车列车的驱动车节，称为主车；被主车牵引的从动车节称为挂车，如图2-8所示。

图 2-8　汽车列车

6. 冷藏保温车

冷藏保温车是指装有冷冻或保温设备的厢式货车，通过制冷装置为货物提供最适宜的温度和湿度条件，用来满足对温度、湿度有特殊要求的货物运输需要，如图2-9所示。

图 2-9　冷藏保温车

7. 集装箱运输车

集装箱运输车是指专门用来运输集装箱的专用汽车。它主要用于港口码头、铁路货场与集装箱堆场之间的运输，如图2-10所示。

图 2-10　集装箱运输车

(二)汽车的主要使用性能和技术参数

1. 汽车的主要使用性能

汽车的使用性能是指汽车能够适应使用条件而表现出最大工作效能的能力。它既是评价和选择汽车的主要标准，又是正确使用汽车的基本依据。

1) 动力性

动力性是汽车主要的使用性能之一。只有汽车的动力性好，才有可能提高平均行车速度。汽车的平均行车速度越高，单位时间内完成的货运周转量(百吨公里、千人公里)越大，运输生产率就越高。

2) 燃油经济性

汽车的燃油经济性是指汽车以最小的燃油消耗量完成单位运输工作的能力，它是汽车的主要使用性能之一。

货运企业的燃油经济性考核指标常用 L/100t·km 为单位，它表示每完成 100 吨公里的货物周转量所用燃油的升数。

3) 行驶安全性

汽车的行驶安全性包括主动安全性和被动安全性。

(1) 主动安全性：是指汽车本身防止或减少公路交通事故的能力。它主要与汽车的制动性、操纵稳定性、驾驶的舒适性、视野和灯光等因素有关，此外，动力性中的超车加速时间短，也对行车安全有利。

(2) 被动安全性：是指汽车发生车祸后，汽车本身减轻人员受伤和货物受损的能力。

4) 操纵稳定性

在驾驶员不感到过分紧张和疲劳的条件下，汽车按照驾驶员给定方向行驶的能力，以及对各种企图改变其行驶方向的外界干扰的抵抗能力，称为汽车的操纵稳定性。

5) 舒适性

汽车的舒适性包括行驶平顺性、噪声、空气调节和货车跑长途在驾驶室有卧铺等内容。

6) 通过性

汽车的通过性是指汽车以足够高的平均速度通过不良道路、无路地带和克服障碍的能力。

课堂思考 2-2：

以上使用性能想要达到较好的状态，需注意哪些事项？

2．汽车的主要技术参数

1) 质量参数

(1) 整车装备质量(kg)：汽车完全装备好的质量。

(2) 最大总质量(kg)：汽车满载时的总质量，包括整车装备质量和最大装载质量。

(3) 最大装载质量：最大总质量和整车装备质量之差。

(4) 最大轴载质量：汽车单轴所承载的最大总质量。

2) 汽车的尺寸参数

汽车的尺寸参数包括车长(L)、车宽(B)、轴宽(b)、车高(H)、轴距(L_1、L_2)、轮距(A_1、A_2)、前悬(S_1)、后悬(S_2)、最小离地间隙(C)、接近角(a_1)、离去角(a_2)，如图 2-11 所示。

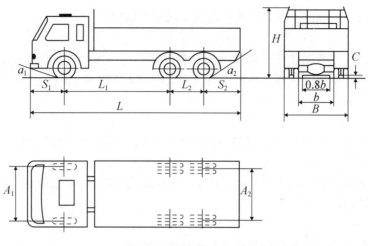

图 2-11　汽车尺寸参数

3) 汽车的性能参数

(1) 最高车速：汽车在平坦公路上行驶时所能达到的最高速度。

(2) 最大爬坡度：汽车满载时所能爬上的最大坡度(或最大坡道角)。

(3) 平均燃料消耗量：汽车在公路上行驶时平均的燃料消耗量(L/100km)。

三、公路运输站

公路运输站是公路运输办理客货运输业务及仓储保管、车辆保养修理以及为用户提供相关服务的场所，是汽车运输企业的生产与技术基地。公路运输站一般包括客运站、货运站、停车场(库)、保修场(站)、加油站及食宿站等。

目前，我国汽车运输的货运形式大致可分为整车货运、快速货运、零担货运和集装箱货运四种。与这四种运输形式对应的货运站可分为整车货运站、快速货运站、零担货运站、集装箱货运站和由上述两种或两种以上货运站组成的综合型货运站。

第二节　铁　路　运　输

一、铁路运输概述

铁路运输是一种陆上运输方式，以两条平行的铁轨引导火车。2021 年年底我国铁路营运里程达到了 15 万公里。据国家发改委公布的《中长期铁路网规划》(2035 年)显示，计划到 2025 年全国铁路网规模将达到 16.5 万公里，其中高速铁路达到 5 万公里，覆盖 80%以上的大城市；到 2030 年，全国铁路网规模将达到 18.5 万公里左右，其中高速铁路达到 6 万公里，网络覆盖及路网质量更加优化；到 2035 年，全国铁路网规模将达到 20 万公里左右，其中高速铁路达到 7 万公里，铁路率先实现现代化，实现城区 20 万人口以上城市铁路全覆盖。

(一)铁路运输的特点

1.铁路运输的优点

铁路作为一种最有效的交通运输方式，相对于其他运输方式具有以下优点。

(1) 运输能力大，适合于大批量低值产品的长距离运输。

(2) 单车装载量大，几乎能承运任何商品，可以不受重量和容积的限制。

(3) 车速较高，平均车速在五种基本运输方式中排在第二位，仅次于航空运输。

(4) 受气候和自然条件影响较小，在运输的频繁程度方面占优势。

(5) 可以方便地实现驮背运输、集装箱运输及多式联运。

2.铁路运输的缺点

铁路运输的以上优点是其他运输方式不能比拟的，但是铁路运输也存在着相应的缺陷，具体如下。

(1) 铁路线路是专用的，固定成本很高，原始投资较大，建设周期较长。

(2) 铁路按列车组织运行，在运输过程中需要有列车的编组、解体和中转改编等作业环节，占用时间较长，因而增加了货物在途中的时间。

(3) 由于装卸次数多，货物损毁或丢失事故通常比其他运输方式多。

(4) 不能实现"门到门"的运输，通常要依靠其他运输方式配合才能完成运输任务，除非托运人和收货人均有铁路支线。

(二)铁路运输的分类

铁路货物运输根据托运货物的重量、体积、形态，分为整车运输、零担运输和集装箱运输三种运输方式。

1.整车运输

一般来说，一批货物按照它的重量或体积需要单独使用一辆或一辆以上的货车装运，或者虽然不能装满一辆货车，但是由于货物的性质、形状或运送条件等原因，必须单独使用一辆货车装运时，都应以整车的方式运输。

2.零担运输

如果货物按照它的性质、形状，运送条件不需要单独使用一辆货车运输，可以与其他几批货物拼装一辆货车运送时，则按零担的方式运输。

3.集装箱运输

在铁路货物运输中，符合集装箱运输条件的可按集装箱托运。符合集装箱运输条件的货物为：以贵重、易碎、怕湿货物为主的"适箱货物"，以及其他适合集装箱运输的货物。

二、铁路运输线路

(一)我国铁路等级

铁路等级是铁路的基本标准。设计铁路时，首先要确定铁路等级。铁路技术标准和装备类型都要根据铁路等级去选定。

我国《铁路线路设计规范》(GB50090—2006)规定铁路等级应根据铁路在铁路网中的作用、性质、旅客列车设计行车速度和确定客货运量。我国铁路共分为四个等级，如表 2-2 所示。

表 2-2 我国铁路等级

等 级	铁路在铁路网中的意义	近期[①]年客货运量[②]
Ⅰ级铁路	在铁路网中起骨干作用的铁路	≥20Mt
Ⅱ级铁路	在铁路网中起联络、辅助作用的铁路	<20Mt 且≥10Mt
Ⅲ级铁路	为某一地区或企业服务的铁路	<10Mt 且≥5Mt
Ⅳ级铁路	为某一地区或企业服务的铁路	<5Mt

注：①近期指交付运营后第 10 年；②年客货运量为重车方向的货运量与由客车对数折算的货运量之和，1 对/日旅客列车按 1.0Mt(Mt：百万吨)年货运量折算。

(二)铁路线路的构成

铁路线路是由路基、桥隧建筑物和轨道组成的一个整体工程结构。

1．路基

1) 路基的基本形式

路基的基本形式主要有路堤和路堑两种。

(1) 路堤：当铺设轨道的路基面高于天然地面时，路基以填筑的方式构成，这种路基称为路堤。

(2) 路堑：当铺设轨道的路基面低于天然地面时，路基以开挖的方式构成，这种路基称为路堑。

2) 路基的排水设备

为保持路基经常处于干燥、坚固和稳定的状态，路基上通常设有一套完整的排水设备。

3) 路基的防护

为了保证路基的坚实稳固，以及防止路堤和路堑边坡坍塌，应进行防护和加固，如加设挡土墙和护坡。

2．桥隧建筑物

桥隧建筑物是桥梁、隧道、涵洞、明渠、天桥、地道、跨线桥和调节河流建筑物等的总称。

3. 轨道的构成

轨道结构如图 2-12 所示。

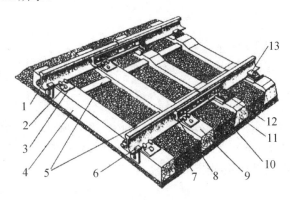

图 2-12　轨道结构

1—钢轨；2—普通道钉；3—垫板；4，9—枕木；5—防爬撑；6—防爬器；

7—道床；8—鱼尾板；10—螺栓；11—钢筋混凝土轨枕；

12—扣板式中间连接零件；13—弹片式中间连接零件

(1) 钢轨：采用稳定性良好的"工"字形宽底式钢轨，由轨头、轨腰和轨底三部分组成。

(2) 轨枕：又称枕木。轨枕既要支承钢轨，又要保持钢轨的位置，还要把钢轨传递来的巨大压力再传递给道床。

(3) 连接零件：包括钢轨接头连接零件(夹板)和中间连接零件(钢轨与轨枕)。

(4) 道床：承受轨枕上的载荷并均匀传给路基，缓和车轮对钢轨的冲击，排除轨道中的雨水和保持轨道稳定性，一般用碎石道砟(坚硬、稳定和不易风化)。

(5) 防爬设备：列车运行时纵向力使钢轨产生的纵向移动称为爬行。防爬措施有：加强钢轨与轨枕间的扣压力和道床阻力；设置防爬器和防爬撑。

(6) 道岔：铁路线路和线路间连接和交叉设备的总称。

(7) 无缝线路：是指将若干标准长度钢轨焊接成 800m 或 1 000m 的长钢轨，再在铺设现场焊接成更长的钢轨。其特点是接头少、行车平稳、轨道磨耗小、养护工作量小。

(8) 宽混凝土轨枕和整体道床：宽混凝土轨枕的外形和普通钢筋混凝土轨枕相似，但比普通钢筋混凝土轨枕宽而且稍薄，它在线路上是连续铺设的。也可将路基、道床、轨枕三个基础部分用钢筋混凝土一次浇铸成型，称为整体道床。其特点是线路稳定性好，受力条件好，有利于高速行车，可减少维护工作量。

【知识拓展 2-3】高速铁路使用无砟轨道，又称为无碴轨道，是指采用混凝土、沥青混合料等整体基础取代散粒碎石道床的轨道结构。普通铁路轨道是在小块石头堆砌的基础上，再铺设枕木或水泥枕木，被称为有砟轨道。京沪高铁用的是无砟轨道，路基不用碎石，铁轨、轨枕直接铺在混凝土路上，整条线路水平误差不超过 0.1mm。在轨道方面，大量采用长距离无缝钢轨，因而在高铁上几乎听不到传统火车哐当哐当的声音。没有了钢轨接缝，对于列车速度的提高

视频 2-2　无砟轨道

也有帮助，而且道岔都采用高速可动心道岔，其通过速度比普通道岔高很多。在我国，设计时速超过250km/h的高速铁路使用无砟轨道，设计时速200～250km/h的客运专线很多使用的是有砟轨道。

课堂思考 2-3：

传统轨道和无砟轨道在结构和铺设过程方面大致有哪些区别？

4. 限界

限界是为了确保机车车辆在铁路线路上运行的安全，防止机车车辆撞击邻近线路的建筑物和设备，而对机车车辆和接近线路的建筑物、设备规定的不允许超越的轮廓尺寸线。

限界主要分为基本限界和超限限界。

1) 基本限界

基本限界包括机车车辆限界和建筑接近限界，如图 2-13 所示。

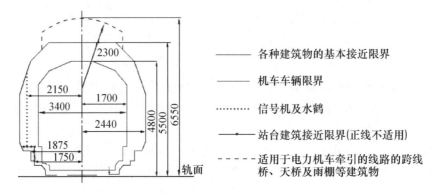

图 2-13　基本限界

(1) 机车车辆限界：是机车车辆横断面的最大极限。

(2) 建筑接近限界：是一个和线路中心线垂直的横断面，它规定了保证机车车辆安全通行所必需的横断面的最小尺寸。

2) 超限限界

货物任何部分的高度和宽度超过机车车辆限界时，称为超限限界。根据货物超限的程度可把超限限界分为一级超限限界、二级超限限界，如图 2-14 所示。

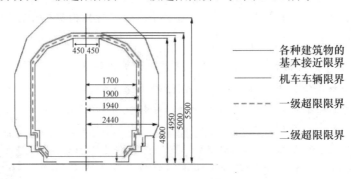

图 2-14　超限限界

三、运输车辆

铁路车辆是运送旅客和货物的工具。一般车辆没有动力装置，需要把车辆连挂成列，由机车牵引，才能在轨道上运行。

(一)铁路运输车辆的种类

(1) 铁路运输车辆按用途可分为客车、货车和特种车辆。

(2) 铁路运输车辆按轴数可分为四轴车、六轴车和多轴车。

(3) 铁路运输车辆按载重可分为50t、60t 和75t。

(4) 车体是供旅客乘坐和装载货物的部分。运送对象不同，车体的构造也不同。铁路运输车辆按车体构造及运送对象可分为以下几类。

① 棚车(P)：适用于运送比较贵重和怕湿的货物，如日用品、仪器、粮食等。大多数棚车是通用型的，如图 2-15 所示。为了固定装运某种货物，还有一些专用的棚车，如家畜车就是专门用来运送家畜的。

② 敞车(C)：主要用于运送煤、矿石、钢材等不怕湿的货物。必要时，在所装运的货物上加盖防水篷布，也可代替棚车装运怕湿货物。敞车具有很大的通用性，是货车中数量最多的一种，如图 2-16 所示。

图 2-15　棚车

图 2-16　敞车

③ 平车(N)：适用于运送重量、体积或长度较大的货物，如钢材、木材、汽车、机器等，也可借助集装箱装运其他的货物。

④ 保温车(B)：主要用于运送鲜活、易腐的货物，如鱼、肉、禽、蛋、水果、蔬菜等。我国自行设计制造的 B19 机械保温车，每 5 辆一组，由 1 辆发电车和 4 辆货物车组成，适合易腐货物产地多、批量不大的特点。

保温车的车体与棚车相似，车墙板内填充绝缘材料，如图 2-17 所示。较先进的机械保温车内装有制冷机，可自动控制车内温度。

⑤ 罐车(G)：适用于装运液体或气体的货物，如油和水等各种液体、液化气等。罐车车体为圆筒形，罐车上设有装卸口，还装有安全阀，有的还设有空气包，如图 2-18 所示。但由于只适用于一种货物，所以其通用性较差。

⑥ 守车(S)：供运转车长工作时间乘坐用，挂于货物列车尾部。守车车体墙板内装有绝热材料，车内还设有瞭望窗、办公用的桌椅等设备。

图 2-17　保温车

图 2-18　罐车

⑦ 客车：客车车体采用薄壁筒型结构，由车底架、侧墙、车顶、外端墙和内端墙、门窗等组成。

【知识拓展 2-4】目前世界上最大的载重列车是北车齐齐哈尔轨道交通装备有限责任公司设计制造的世界最大轴重和牵引吨位最大、自重最轻、配置最高的 Q 系列 40 吨轴重不锈钢矿石车，并且交付给世界矿业巨头——澳大利亚必和必拓公司。其列车编组为 240 辆，单车载重最高达 155 吨，牵引吨位高达 3.8 万吨，自重仅 20.5 吨。

文档 2-1　世界最大载重铁路货车

(二)车辆的标记

1．车辆编码

为了更好地认识和管理车辆，适应全国铁路用微机联网管理的需要，应对营运中的每一辆车进行编码。编码的主要内容为车种、车型、车号。

车种编码原则上用该车种汉语拼音名称中关键的一个或两个大写字母表示。其中，客车用两个字母(个别用三个)，货车用一个字母，具体如表 2-3 所示。

表 2-3　车辆编码对照表

| 客　车 | | | | 货　车 | | | |
顺号	车　种	代码	车号范围	顺号	车　种	代码	车号范围
1	软座车	RZ	10 000～19 999	1	棚车	P	3 000 000～3 499 999
2	硬座车	YZ	20 000～49 999	2	敞车	C	4 000 000～4 899 999
3	软卧车	RW	50 000～59 999	3	平车	N	5 000 000～5 099 999
4	硬卧车	YW	60 000～89 999	4	罐车	G	6 000 000～6 309 999
5	餐车	CA	90 000～94 999	5	保温车	B	7 000 000～7 231 999
6	行李车	XL	3000～6999	6	守车	S	9 000 000～9 049 999
7	邮政车	UZ	7000～9999	7	特种车	T	8 065 000～8 074 999
8	代用座车	ZP	——	8	长大货物车	D	5 600 000～5 699 999
9	硬座双座客车	YZS	——	9	自备车	——	0000001～0999999

车型编码用大写汉语拼音字母和数字混合表示(见图 2-19)，依次由以下三部分组成。

(1) 车辆所属的车辆编码，用一位大写字母表示，作为车型编码的首部。

(2) 车辆的重量系列或顺序系列，用一位或两位数字或大写字母表示。

(3) 车辆的材质或结构，用一位或两位大写字母表示。

图 2-19　车型编码组成结构

2．车辆标记

为了表示车辆的类型和特征，满足运用、检修和统计上的需要，每一辆铁路车辆上均应具有规定的各种标记。

1) 运用标记

(1) 自重、载重及容积：自重为车辆本身的全部重量，以 t 为单位；载重即车辆允许的最大装载重量，以 t 为单位；容积是货车内部可以容纳货物的体积，以 m^3 为单位，并应在括号内注明"内长×内宽×内高"的尺寸。

(2) 车辆全长及换长：车辆全长为车辆两端钩舌内侧间的距离，以 m 为单位。换长是为了编组列车统计工作的方便，将车辆全长换算成辆数来表示长度，换算时以 11m 为标准，即

$$换长 = \frac{车辆全长}{11m}$$　(计算中保留一位小数，尾数四舍五入)

(3) 车辆设备、用途标记(主要指货车)，具体如下。

① ⓂⒸ：表示可以参加国际联运的客货车。

② 📡：表示禁止通过机械化驼峰的货车。

③ ⚐：表示具有车窗、床托等的棚车，可以运送人员。

④ 🔘：表示具有拴马环或其他拴马装置的货车。

2) 产权标记

(1) 国徽：凡参加国际联运的客车须在侧墙外中部悬挂国徽。

(2) 路徽：凡产权归铁道部的车辆均应在侧墙或端墙适当的部位涂刷路徽，表示人民铁道。货车还应在侧梁适当部位安装产权牌。

(3) 路外厂矿企业自备车的产权标志：在侧墙或其他相应部位用汉字涂打上"××企业自备车"字样，并注明该企业所在地的特殊到站。

(4) 配属标记：所有客车以及个别固定配属的货车必须涂刷所属局、段的简称。

四、铁路车站

铁路车站既是铁路办理客货运输的基地，又是铁路系统的一个基层生产单位。

1．车站的作用和任务

在车站上，除办理旅客和货物运输的各项作业以外，还办理和列车运行有关的各项工

作。为了完成上述作业，车站上设有客货运输设备及与列车运行有关的各项技术设备，还配备了客运、货运、行车、装卸等方面的工作人员。

2．车站的分类

(1) 按任务量和在国家政治、经济的地位不同，车站可分为特等站、一等站、二等站、三等站、四等站和五等站。全国共有 5 000 多个不同等级的车站。

(2) 按技术作业的不同，车站可分为中间站、区段站和编组站。

(3) 按业务性质的不同，车站可分为客运站、货运站和客货运站。

3．站界

为了保证行车安全和分清工作责任，车站和它两端所衔接的区间应有明确的界限。在单线铁路上，以车站两端进站信号机柱的中心线为界。在复线铁路上，站界是按上下行正线分别确定的，即一端以进站信号机柱中心线为界，另一端以站界标中心线为界。

第三节　水　路　运　输

一、水路运输概述

水路运输是利用船舶、排筏和其他浮运工具，在江、河、湖泊、人工水道以及海洋上运送旅客和货物的一种运输方式。它是我国综合运输体系中的重要组成部分，并且正日益显示出它的巨大作用。

(一)水路运输的主要分类

水路运输按其航行的区域，大体上可划分为沿海运输、远洋运输和内河运输三种形式。

(1) 沿海运输。沿海运输是指利用船舶在我国沿海区域各地之间从事的运输。

(2) 远洋运输。远洋运输通常是指除沿海运输以外的所有海上运输。

(3) 内河运输。内河运输是指利用船舶、排筏和其他浮运工具，在江、河、湖泊、水库及人工水道上从事的运输。

(二)水路运输的特点

由于水运主要利用江、河、湖泊和海洋的"天然航道"来进行，并可以利用其天然的有利条件，实现大吨位、长距离的运输，因此，其主要有如下特点。

(1) 水路运输运量大，成本低，非常适合于大宗货物的运输。

(2) 水上航道四通八达，通航能力几乎不受限制，而且省投资。

(3) 水路运输是开展国际贸易的主要方式，是对外发展经济和友好往来的主要交通工具。

(4) 与其他运输方式相比，水路运输速度较慢，受自然气候和条件的影响较大。

二、水路运输线路

(一)航道与航标

航道是指供船舶航行的水道，航标是指引导船舶安全行驶的标志。

1．海上航道

海上航道属自然水道，其通过能力几乎不受限制。每一海区的地理、水文情况都反映在该区的海图上。

2．内河航道

内河航道大部分是利用天然水道加上引航的航标设施构成的。内河航道与海上航道相比，其通行条件是有很大差别的，反映在不同的通航水深(如各航区水深不同)、不同的通行时间(如有的区段不能夜行)和不同的通行方式(如单向或双向过船)等。因此，在进行综合规划时，还应考虑航道分级和航道标准化。

3．人工航道

人工航道是指由人工开凿，主要用于船舶通航的河流，又称运河。人工航道一般都开凿在几个水系或海洋的交界处，可以使船舶缩短航行路程，降低运输费用，方便人们生产和生活，扩大船舶航行的范围，进而形成一定规模的水运网络。一些著名的国际通航运河对世界航运的发展和船舶尺度的限制影响很大，其中主要有苏伊士运河、巴拿马运河和基尔运河。我国有世界上最古老、最长的人工运河——京杭大运河。京杭大运河全长 1 794 公里，横跨北京、天津两市，直穿河北、山东、江苏、浙江四省，从内陆将海河、黄河、淮河、长江和钱塘江五大水系沟通，是我国国内水运的大动脉。

(二)航道的航行条件

因海上航道的通过能力一般不受限制，故此处着重于内河航道的航行条件。影响航道通行能力的主要因素有航道的深度、宽度、转弯半径、水流速度、潮汐、季节性水位变化、过船建筑物尺度，以及航道的气象条件及地理环境，这些因素对港口建设、船型选择及运输组织往往具有决定性影响。为了保证船舶正常安全航行和获得一定的运输效益，航道必须具备一定的航行条件。

1．有足够的航道深度

航道深度是河流通航的基本条件之一，它常常是限制船舶吨位和通过能力的主要因素。航道深度是指全航线中所具有的最小通航保证深度，它取决于航道上关键性的区段和浅滩上的水深。航道深浅是选择船舶吃水量和载重量时的主要因素。航道深度增加，可以航行吃水深、载重量大的船舶，但增加航道深度必然会使整治和维护航道的费用增加。

2．有足够的航道宽度

航道宽度视航道等级而定。通常单线航行的情况极少，双线航行最普遍，在运输繁忙的航道上还应考虑三线航行。

3．有适宜的航道转弯半径

航道转弯半径是指航道中心线上的最小曲率半径。一般航道转弯半径不得小于最大航行船舶长度的 4～5 倍。

4．有合理的航道许可流速

航道许可流速是指航线上的最大流速。船舶航行时，上水行驶和下水行驶的航线往往不同，下水行驶时应就流速大的主流行驶，上水行驶时则应尽量避开流速大的水区而在缓流区内行驶。

在对航道航行条件的要求中，最主要的因素是航道深度，因为无论江河、湖海还是水库，只要有足够的水深，船舶航行一般没有大的问题。因此，在大多数情况下总是根据航道深度来设计港口、选择船舶和组织运输。

三、水路运输设备

运输船舶是指载运旅客和货物的船舶，通常又称为商船。在几千年的发展史中，船舶大致经历了舟筏、木帆及蒸汽机船三个阶段，目前正处于以柴油机为主要动力的钢船时代。船舶的种类若按用途来分主要分为客船和货船。

1．客船

客船是专门用于载运旅客及其行李和邮件的运输船舶；而以载运旅客为主，兼运一定数量货物的运输船舶则称为客货船。客船必须具有良好的航行性能，并为旅客提供舒适的居住和生活条件。例如，大型国际客船设有影剧院、花园、咖啡馆、图书馆、医院、理发厅、百货商场和银行等，还设有供旅客体育活动使用的游泳池、球场、健身房和运动场等。因此，客船一般有较大的甲板面积和舱室面积，其长度比一般同吨位货船长，上层建筑庞大，甲板层数较多，一般约有 8～9 层，最多可达十几层。

对客船的要求，首先是安全可靠，既要有良好的适航性和居住条件，又要有较快的航行速度。客船都是用于定期定点的航线，有远洋客船、近海客船、沿海客船和内河客船之分。远洋客船的排水量一般都在万吨以上，近海客船的排水量约为 5 000～10 000 吨，沿海客船的排水量一般在 5 000 吨以下，内河客船更小些。

【知识拓展 2-5】海洋客船主要包括远洋、近海与沿海几种形式。这类船舶一般吨位大、航速高、设备齐全。在航空运输兴起之前，国际邮件主要靠这类船舶输送，故又称为邮船。远洋客船的吨位一般在 2 万～3 万总吨，最大的可达 7 万总吨(均为重量吨)；航速较高，约 29 节左右，最高可达 36 节。近海、沿海客船的吨位在 1 万总吨左右，航速为 18～20 节。船的速度单位是"节"，1 节=1.852 公里/小时。

课堂思考 2-4：

根据船的速度单位，分析船和其他运输工具在速度上的差距？

2. 货船

货船是专门运输各种货物的船只。根据所运货物的不同，货船可分为以下几类。

1) 杂货船

杂货船是装载一般包装、袋装、箱装和桶装的普通货物船，如图2-20所示。

图2-20 杂货船

万吨货船一般都是双层甲板船，有4~6个货舱，每个货舱的甲板上有货舱口，货舱口上装有能起重5~20吨的吊货杆。有些船上还备有起吊重货的重型吊杆，起重能力可达60~150吨。有些货船上为了提高装卸效率，还装有回转式的起吊车。

杂货船按机舱位置的不同，分为中机型船、尾机型船和中后机型船。中机型船的机舱设在船体中央；尾机型船的机舱设在船的尾部；中后机型船的机舱设在偏尾部方向。

近年来发展了一种多用途的干货船，它既可运载一般的包装杂货，又可装运散货和集装箱货等。这种货船比装运单一货物的一般杂货船适应性大，运输效率高。

2) 散货船

散货船是专门用来装运煤、矿砂、盐、谷物等散装货物的船舶，如图2-21所示。与杂货船不同的是，它运输的货物品种单一，货源充足，装载量大。依照不同的散货品种，装卸时可采用大抓斗、吸粮机、装煤机、皮带输送机等专门的机械，不像杂货船那样装的是包装或箱装等杂货，规格大小不一，理货时间长，运输效率低。因此，散货船比杂货船的运输效率高，装卸速度快。

散货船的特点是，驾驶室和机舱都设在尾部；货舱口比杂货船的货舱口大；内底板和舷侧用斜边板连接，使货物能顺利地向舱中央集中；有较多的压载水舱，作为空载返航时压载之用。

对于装运粮食、煤、矿砂等大宗货物的散货船来说，通常分为以下几个级别。

(1) 好望角型船，总载重量为150 000吨级左右的散货船。该船型以运输铁矿石为主，由于尺度限制无法通过巴拿马运河和苏伊士运河，因而需绕行南非的好望角和南美的合恩角。

(2) 巴拿马型，总载重量为60 000吨级，该型船是指在满载情况下可以通过巴拿马运河的最大型散货船。

(3) 轻便型散货船，总载重量为 40 000 吨级的船舶。

(4) 小型散货船，总载重量为 20 000～27 000 吨级，是可驶入美国五大湖泊的最大船型。

图 2-21　散货船

3) 集装箱船

集装箱船是用来专门装运规格统一的标准货箱的船舶，如图 2-22 所示。各种货物在装船前已装入标准货箱内，然后再装船，在装卸过程中不再出现单件货物，便于装卸。由于集装箱运输提高了运输效率，减轻了劳动强度，加速了车船周转，降低了运输成本，因此，集装箱船在近几十年来发展很快。集装箱的装卸通常是由岸上起重机进行，因此，绝大多数集装箱船上不设起货设备。集装箱船的船舱设在尾部或中部偏后。

图 2-22　集装箱船

集装箱船根据装载情况的不同，可分为全集装箱船、半集装箱船和兼用集装箱船三大类。

(1) 全集装箱船：全部货舱和甲板上均可装载集装箱，舱内装有格栅式货架，以适于集装箱的堆放，适应于货源充足而平衡的航线。

(2) 半集装箱船：一部分货舱设计成专供装载集装箱，另一部分货舱可供装载一般杂货，适应于集装箱联运业务不太多或货源不甚稳定的航线。

(3) 兼用集装箱船：又称集装箱两用船，既可装载集装箱也可装载其他包装货物、汽车等。舱内备有简易可拆装的设备，当不装运集装箱而要装运一般杂货时，可将其拆下。

【知识拓展 2-6】自 1968 年以来，1530TEU-19000+ TEU 集装箱船的运输能力增长了大约 1 200%，即 12 倍，如图 2-23 所示。自 2017 年起，全球最大的在运营集装箱船的运力已经超过 20 000TEU，进入 20 000+时代。2022 年 6 月 22 日，全球最大的 24000TEU 超大型集装箱船在我国上海崇明区的中国船舶集团有限公司旗下沪东中华造船(集团)有限公司签字交付，成为全球最大集装箱船。这艘船总长 399.99m，宽 61.5m，高 70m，载重约 24 万吨，全速奔跑时速度可达 41 公里/小时以上。

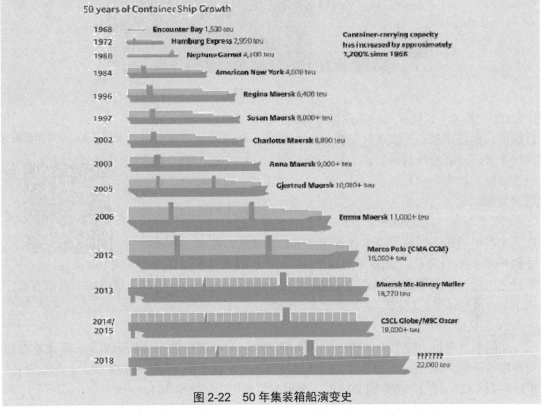

图 2-22　50 年集装箱船演变史

文档 2-2　全球集装箱船排行榜　　　视频 2-3　我国首艘 2 万箱级集装箱船

4) 载驳船

类似于集装箱运输方式的还有载驳船，如图 2-24 所示。它是将货物预先装载在特制的统一的货驳上，由载驳船将货驳运至目的地后，卸至水面，由拖船拖走，其装卸效率与集装箱船比又有所提高。目前较常用的载驳船主要有"拉希"(Lash)式和"西比"(Seabee)式两种。

图 2-24　载驳船

(1) "拉希"式载驳船：又称普通载驳船，是数量最多的一种载驳船。单层甲板、无双层底舱内为分格结构，每一驳格可堆装四层子驳，甲板上堆装两层。为便于装载驳船，在甲板上沿两舷设置轨道，并有可沿轨道纵向移动的门式起重机，以便起吊子驳进出货舱。

视频 2-4　拖船和驳船

(2) "西比"式载驳船：又称海蜂式载驳船，是一种双舷、双底、多层甲板船。甲板上沿纵向设运送子驳的轨道，尾部设升降井和升降平台(升降机)，起重量可达 2 000 吨。子驳通过尾部升降平台进出母船，而不是用门式起重机吊装进出母船，当子驳被提升至甲板同一水平面后，用小车将驳船滚动运到指定位置停放。

5) 滚装船

滚装船又称滚上滚下船，船舶靠码头装卸时，先从船尾放下跳板到岸上，再由拖车把货箱拖入船舱，如图 2-25 所示。它的结构特殊，上甲板平整，无舷弧和梁拱，无起货设备，甲板层数多(2～4 层)，货舱内支柱少，甲板为纵通甲板，航速为 16～18 节。

图 2-25　滚装船

滚装船装运的货物主要是汽车和集装箱。这种船本身无须装卸设备，装卸时，在船的尾部、舷侧或首部有跳板放到码头上，汽车或者是集装箱(装在拖车上的)直接开进或开出船舱，实现货物的装卸。

滚装船的上层建筑高大，最上层的露天甲板平坦，无起货设备。货舱内设有多层纵通甲板，汽车或拖车可以通过坡道或升降平台进入各层舱内。滚装船对码头要求低，装卸效率高，船速较快，但舱容利用率低，造价高。

6) 油船

油船是主要用来装运液体货物的船舶，如图 2-26 所示。油船根据所装油品种类的不同，可分为原油油船、成品油油船。原油/成品油兼运船、油/化学品兼运船和非石油的油类运输船等。为了防火防爆，油船甲板上不允许用带电拖动设备，通常用蒸汽机。油船的船速不高，为 13～17 节。

图 2-26　油船

油船的特点是机舱都设在船尾，船壳被分隔成数个贮油舱，由油管贯通各油舱。油舱大多采用纵向式结构，并设有纵向舱壁，在未装满货时也能保持船舶的平稳性。目前，世界上最大的油轮载重吨位已达到 60 多万吨。

7) 冷藏船

冷藏船是专门运输鲜活易腐货物的船舶。例如装运新鲜的鸡、鸭、鱼、肉、蛋、水果、蔬菜和冷冻食品等。专用的冷藏船航速较高，船的吨位不大，通常在数百吨到数千吨。

8) 木材船

木材船是专门用于装载木材或原木的船舶，如图 2-27 所示。这种船舱口大，舱内无梁柱及其他妨碍装卸的设备，船舱及甲板上均可装载木材。为防止甲板上的木材被海浪冲出舷外，在船舷两侧一般设置不低于 1m 的舷墙。

图 2-27　木材船

9) 液化气船

液化气船如图 2-28 所示，又包括液化天然气船、液化石油气船和液体化学品船。

视频 2-5　超级 LNG 船

(1) 液化天然气船(LNG)：液化天然气主要是甲烷，在常压下极低温(-165℃)冷冻才能使天然气液化，液化后的体积只有气态时的 1/600，因而便于运输。液化天然气船的液舱有严格的隔热结构，形状有球场形和矩形。

图 2-28　液化气船

(2) 液化石油气船：液化石油气船分为全加压式液化石油气船、全冷冻式液化石油气船和半加压半冷冻式液化石油气船三种。

(3) 液体化学品船：液体化学品多数有毒、易燃、腐蚀性强，且品种多。因此，液体化学品船多为双层底，货舱多且小。

课堂思考 2-5：

为什么说液化气船是所有货船中最危险、建造难度最大的船舶？

10) 半潜船

半潜船也称半潜式母船，是专门从事运输大型海上石油钻井平台、大型舰船、潜艇、龙门吊、预制桥梁构件等超长超重但又无法分割吊运的超大型设备的特种海运船舶，如图 2-29 所示。

图 2-29　半潜船

半潜船在工作时，会像潜水艇一样，通过调整船身压载水量，能够平稳地将一个足球场大小的船身甲板潜入 10～30m 深的水下，只露出船楼建筑。然后，等需要装运的货物(如游艇、潜艇、驳船、钻井平台等)拖拽到已经潜入水下的装货甲板上方时，启动大型空气压缩机或调载泵，将半潜船身压载水舱的压载水排出船体，使船身连同甲板上的承载货物一起浮出水面，然后绑扎固定就可以跨海越洋将货物运至世界各地的客户手中。

视频2-6　世界上最大的半潜船

世界上主要有四家公司经营半潜船业务，处于寡头垄断状态。除了中远航运外，另外三家是荷兰道克维斯(DOCKWISE)航运公司、挪威 OCEAN HEAVYLIFT(OHT)公司和荷兰 FAIRSTAR 公司。

四、港口

港口是水运生产的一个重要环节。船舶的装卸、补给、修理工作和船员的修整等都要在港口进行。无论河港或海港，其最基本的功能就是为船舶进行装卸搬运工作。

(一)港口的分类

1. 按用途分类

(1) 商港：主要供旅客上下和货物装卸转运的港口，又可分为一般商港和专业商港。一般商港是指用于旅客运输和装卸转运各种货物的商港，如上海港、天津港等；专业商港是指专门进行某一种货物的装卸,或以某种货物为主的商港,如秦皇岛港主要以煤炭和石油装卸为主等。

(2) 渔港:专为渔船服务的港口。渔船在这里停靠,并卸下捕获物,同时进行淡水、冰块、燃料及其他物资的补给。

(3) 工业港:固定为某一工业企业服务的港口,其专门负责该企业的原料、产品及所需物资的装卸转运工作。

(4) 军港:专供海军舰船使用的港口。

(5) 避风港:供在大风情况下船舶临时避风的港口。这里很少有完善的停靠设施,通常仅有一些简单的设备。

2. 按地理位置分类

(1) 海港:在自然地理条件和水文气象方面具有海洋性质,而且是为海船服务的港口。海港又可细分为三种:①海湾港,是指位于海湾内,常有岛屿等天然屏障作保护,不需要或只需要较少的人工防护即可防御风浪侵袭的港口;②海峡港,是指位于大陆和岛屿或岛屿与岛屿之间的海峡地段的港口;③河口港,是指位于海河流河口地段的港口。

(2) 河港:是指位于沿河两岸,并且具有河流水文特性的港口。

(3) 湖港与水库港:是指位于湖泊和水库岸边的港口。

【知识拓展 2-5】洋山深水港区位于杭州湾口外的浙江省嵊泗崎岖列岛,由大、小洋山等数十个岛屿组成,是中国首个在微小岛上建设的港口。洋山港西北距上海市浦东新区芦潮港约 32 公里,南至宁波北仑港约 90 公里,向东经黄泽洋水道直通外海,距国际航线仅45 海里,是距上海最近的深水良港。

2005 年 12 月 10 日,洋山深水港区(一期工程)顺利开港,为中国最大的集装箱深水港。国际港口协会会长皮特斯特鲁伊斯先后三次来洋山港,感叹:"我走过世界上所有大港,也见过一些建在海岛的港口,但像依托洋山这样的孤岛,在离大陆如此远的地方,建规模如此大的现代化港口,殊为罕见。"由于洋山深水港的加入,2010 年,上海港完成集装箱吞吐量 2 907 万标准箱,首次超越新加坡成为全球最繁忙的集装箱港口。

(资料来源:百度百科 www.baike.baidu.com)

(二)港口的组成

港口由水域和陆域两大部分组成。水域是供船舶进出港,以及在港内运转、锚泊和装卸作业使用的,因此要求水域有足够的水深和面积,水面基本平静,流速和缓,以便船舶的安全操作;陆域是供旅客上下船,以及货物的装卸、堆存和转运使用的,因此,陆域必须有适当的高程、岸线长度和纵深,以便在这里安置装卸设备、仓库和堆场、铁路、公路,以及各种必要的生产、生活设施等。

第四节 航 空 运 输

一、航空运输概述

航空运输是使用飞机或其他航空器进行运输的一种形式。由于其突出的高速直达性，使之在交通系统中具有特殊的地位并且拥有很大的发展潜力。

(一)航空运输体系

航空运输体系包括飞机、机场、空中交通管理系统和飞行航线四个部分。这四个部分有机结合，分工协作，共同完成航空运输的各项业务活动。

(1) 飞机：是航空运输的主要运载工具。按运输类型的不同，民用飞机可分为运送旅客和货物的各种运输机和为工农业生产作业飞行、抢险救灾、教学训练等服务的通用航空飞机两大类。按最大起飞重量的不同，民用飞机可分为大型、中型和小型飞机。按航程远近的不同，民用飞机可分为远程、中程和短程飞机。

(2) 机场：是提供飞机起飞、着陆、停驻、维护、补充给养及组织飞行保障活动的场所，也是旅客和货物的起点、终点或转折点。

(3) 空中交通管理系统：是为了保证航空器飞行安全及提高空域和机场飞行区的利用效率而设置的各种助航设备和空中交通管制机构及规则。

(4) 飞行航线：是航空运输的线路，即由空管部门设定的飞机从一个机场飞抵另一个机场的通道。航路是用于国与国之间、跨省市航空运输的飞行航线，规定其宽度为20km。

航空运输体系除了上述四个基本组成部分外，还有商务运行、机务维护、航空供应、油料供应、地面辅助及保障系统等。

(二)航空运输的作用

航空运输的发展带动和促进了制造业、运输业、旅游业、服务业等许多经济领域的发展。航空运输与其他运输方式分工协作、相辅相成，共同满足社会对运输的各种要求。

(1) 当今国际贸易有相当数量的洲际市场，商品竞争激烈，市场行情瞬息万变，时间就是效益。航空货物运输具有比其他运输方式更快的特点，使进出口货物能更快进入市场，增强商品的竞争能力，对国际贸易的发展起到了很大的推动作用。

(2) 航空货物运输适合于运输鲜活易腐和季节性强的商品。这些商品对时间的要求极为敏感，如果运输时间过长，则可能使商品变为废品，无法供应市场。季节性强的商品和应急物品的运送必须抢行就市，争取时间，否则可能变为滞销商品，滞存仓库，积压资金，同时还要负担仓储费。航空运输可保鲜成活，又有利于开辟远距离的市场，这是其他运输方式无法相比的。

(3) 利用航空运输速度快、安全、准确等优点，来运输电脑、精密仪器、贵稀金属、丝绸、皮革制品、中西药材、工艺品等价值高的商品，可弥补运费高的缺陷。

(4) 航空运输是国际多式联运的重要组成部分。为了充分发挥航空运输的特长,在不能以航空运输直达的地方,也可以采用联合运输的方式,如常用的陆空联运、海空联运、陆空陆联运,甚至陆海空联运等。多种运输方式的配合,可使各种运输方式各显其长,相得益彰。

(三)航空运输的特点

1. 航空运输的优点

现代航空运输是社会生活和经济生活的一个重要组成部分,是目前发展最快的一种运输方式。航空运输的快速发展与其自身特点相关,与其他运输方式相比,航空运输的优点主要表现在以下几个方面。

(1) 速度快。航空运输在各种运输方式中速度最快,这是航空运输的最大特点和优势。其时速约为1 000km/h,且距离越长,所能节省的时间越多,快速的优势也越显著。因而航空运输适用于中长距离的旅客运输、邮件运输和精密、贵重货物、鲜活易腐物品的运输。

(2) 机动性大。飞机在空中运行,受航线条件限制的程度相对较小,可跨越地理障碍将任何两地连接起来。航空运输的这一优点使其成为执行救援、急救等紧急任务时必不可少的手段。

(3) 舒适、安全。现代民航客机平稳舒适,且客舱宽敞、噪声小,机内有供膳、视听等设施,旅客乘坐的舒适程度较高。随着科技的进步和管理地不断改善,航空运输的安全性比以往也大大提高。

(4) 基本建设周期短、投资少。发展航空运输的设备条件是添置飞机和修建机场。这与修建铁路和公路相比,建设周期短、占地少、投资省、收效快。

2. 航空运输的特点

与其他运输方式相比,航空运输也有受到限制的地方,其主要缺点如下。
(1) 飞机机舱容积和载重量都比较小,运载成本和运价比地面运输高。
(2) 飞机飞行往往要受气象条件的限制,因而影响其准点性。
(3) 航空运输速度快的优点在短途运输中难以体现。

(四)我国的航空运输管理体系

中国民用航空局是国务院的直属机构,是中国政府管理和协调中国民用航空运输业务的职能部门,对中国民用航空事业实施行业管理。

全国分为七大民用航空管理区,由中国民用航空局下设的七个民用航空地区管理局负责管理本地区所属航空公司机场、航站、导航台等企事业单位的行政与航空事务。

根据中国民用航空系统的管理体制,中国的航空公司可以分为三大类:骨干航空公司、民用航空总局直属航空公司和地方航空公司。骨干航空公司共有七个,分布在七个民用航空地区管理局的管辖区内,如表2-4所示,其中国际航空公司、中国东方航空公司和中国南方航空公司三大公司拥有强大的机队和雄厚的技术力量,是我国民航运输的中坚力量。

表 2-4 中国民航地区管理局与骨干航空公司对照表

民航地区管理局	本地区的骨干航空公司
民用航空华北管理局	中国国际航空公司
民用航空东北管理局	中国北方航空公司
民用航空华东管理局	中国东方航空公司
民用航空中南管理局	中国南方航空公司
民用航空西南管理局	中国西南航空公司
民用航空西北管理局	中国西北航空公司
民航乌鲁木齐管理局	新疆航空公司

航空公司和机场都是独立经营，独立核算，自负盈亏。航空公司和民用机场之间或是协议关系，或是股份关系。所谓协议关系是指航空公司根据航班、客货运载量、使用机型等情况，与机场当局就机场的旅客候机或货物仓储场所的使用或租赁、飞机起降与停放、车辆使用、安全检查、登机门入口、柜台等一系列有关设施使用、服务和费用进行商谈，达成协议，签订合同。机场将按协议提供服务，航空公司将按协议支付费用。有些航空公司与机场之间签订"一揽子"协议，向机场支付一笔笼统的费用，机场当局提供保障航班正常飞行所需的设施和服务。需要说明的是，航空公司使用机场的场地、登机门、入口、柜台等设施和服务的优先与便利程度也存在价格竞争。所谓股份关系，是指在新建机场和扩建机场的过程中，有的机场要求大型航空公司出资参股，分担机场投资风险。这样，航空公司参与机场的建设、运营与管理，并根据双方协议，航空公司从其在机场的投资收益中支付机场使用费，用于偿还机场的借贷与利息。

二、航空运输设备

(一)飞机的分类

所有飞行器可以分为航空器和航天器，前者是大气飞行器，后者是空间飞行器(如火箭、航天飞机、行星探测器等)。飞机是最重要的航空器，由于它的用途很多，其分类也很多。

1. 按构造分类

(1) 根据机翼数目的不同，可分为双翼机和单翼机，如图 2-30 和图 2-31 所示。

图 2-30 双翼机

图 2-31 单翼机

(2) 根据发动机类型的不同，可分为活塞式发动机及螺旋桨组飞机、涡轮喷气式飞机、原子能航空发动飞机。

(3) 根据发动机数目的不同，可分为单发动机飞机、双发动机飞机、三发动机飞机和四发动机飞机。

(4) 根据起落地点的不同，可分为陆上飞机、雪(冰)上飞机、水上飞机、两栖飞机和舰载飞机。

(5) 根据起落方式的不同，可分为滑跑起落式飞机和垂直/短距起落式飞机。

2. 按用途分类

现代飞机按用途主要可分为军用机和民用机两类，另有一类专门用于科研和试验的飞机，可称为研究机。下面主要介绍民用机。

(1) 旅客机：用于运载旅客和邮件。旅客机按大小和航程可分为洲际航线上使用的大型旅客机、国内干线上使用的中型旅客机、支线上使用的轻型旅客机。目前，各国使用的旅客机大多是亚音速机。超音速旅客机有两种，其最大巡航速度为两倍音速。

(2) 货机：用于运送货物，一般载重较大，有较大的舱门，或机身可转折，便于装卸货物。货机修理维护简易，可在复杂气候下飞行。

(3) 教练机：用于训练飞行人员，一般可分初级教练机和高级教练机。

(4) 农业机、林业机：用于农业喷药、施肥、播种、森林巡逻、灭火等。大部分属于轻型飞机。图 2-32 为农业机。

图 2-32　农业机

(5) 体育运动机：用于发展体育运动，如运动跳伞等，可作机动飞行。

(6) 多用途轻型飞机：这类飞机种类与用途繁多，如用于地质勘探、航空摄影、空中游览、紧急救护、短途运输等。

(二)飞机的技术指标

不同用途的飞机，对飞行性能的要求有所不同。对民用飞机来说，主要有以下性能指标。

1．速度性能

反映飞机速度性能的指标主要有两个，即飞机的最大平飞速度和巡航速度。

1) 最大平飞速度

最大平飞速度是指飞机作水平直线飞行，当飞机的阻力与发动机的最大可用推力相等时，飞机所能达到的最大飞行速度。飞机在不同的高度上有不同的最大平飞速度。在 11km 左右的高度上，飞机的最大平飞速度最大。

2) 巡航速度

巡航速度是指发动机每公里消耗燃油最少时的飞行速度。显然，飞机以巡航速度飞行时最为经济，航程最远或航时最长。

飞机不能长时间地以最大平飞速度飞行，因为这一方面会损坏发动机，另一方面消耗的燃油也太多。因此，对需作长途飞行的飞机而言，更注重的是巡航速度。

2．爬升性能

爬升性能主要指飞机的最大爬升速率和升限。最大爬升速率是指单位时间内飞机所上升的最大高度。飞机的爬升高度要受到发动机推力的限制，因为高度越高，发动机的推力就越小，当飞机爬升到某一高度，发动机的推力只能克服平飞阻力时，飞机就不能再继续爬升了，这一高度称为飞机的理论升限。

3．续航性能

续航性能主要指航程和续航时间(航时)。航程是指飞机起飞后，爬升到平飞高度平飞，再由平飞高度下降落地，且中途不加燃油所获得的水平距离的总和。

续航时间又称为"航时"，它是指飞机在不进行空中加油的情况下，耗尽携带的可用燃料所能持续飞行的时间。续航时间是飞机重要的性能指标之一，它直接表明飞机一次加油后的持久作战或飞行能力。

三、机场

(一)机场的作用和分类

1．机场的作用

如前所述，机场是供飞机起飞、着陆、停驻、维护、补充给养及组织飞行等保障活动所用的场所。机场是民航运输网络中的节点，是航空运输的起点、终点和经停点。机场可实现运输方式的转换，是空中运输和地面运输的转接点，因此可以把机场称为航空站。

2．机场的分类

(1) 按航线性质，可分为国际航线机场和国内航线机场。

(2) 按机场在民航运输网络中的作用，可分为枢纽机场、干线机场和支线机场。

① 枢纽机场：国内国际航线密集的机场。在我国内地，枢纽机场仅指北京首都国际机场、上海浦东国际机场和广州白云国际机场三大机场。

② 干线机场：各直辖市、省会、自治区首府以及一些重要城市或旅游城市(如大连、厦门、桂林和深圳等)的机场，共有30多个。干线机场连接枢纽机场，客运量较为集中。

③ 支线机场：目前，国际和国内民航业界对于支线机场尚无一致的共识和定义，根据机场的地位、功能、业务量和服务区域不同，机场的分类标准也不尽相同。

(3) 按所在城市的性质、地位，可分为Ⅰ类机场、Ⅱ类机场、Ⅲ类机场和Ⅳ类机场。

(4) 按旅客乘机目的，可分为始发/终程机场、经停(过境)机场和中转(转机)机场。

(5) 按服务对象，可分为军用机场、民用机场和军民合用机场。

(二)机场的构成与主要设施

1. 机场的构成

机场主要由飞行区、航站区及进出机场的地面交通系统构成，如图2-33所示。

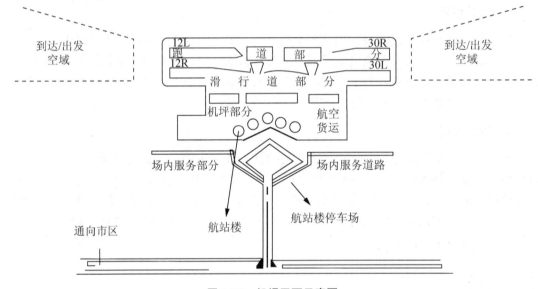

图2-33　机场平面示意图

2. 机场的设备与设施

(1) 航站楼：即候机楼，是航站区的主体建筑物，一侧连着机坪，另一侧又与地面交通系统相联系。旅客、行李及货邮在航站楼内办理各种手续，并进行必要的检查以实现运输方式的转换。

(2) 目视助航设施：为了满足驾驶员的目视要求，保证飞机的安全起飞、着陆、滑行，应在跑道、滑行道、停机坪及相关区域内设置目视助航设施，包括指示标和信号设施、标志、灯光、标记牌和标志物。此外，还要设置表示障碍物及限制使用地区的目视助航设施。

(3) 地面活动引导和管制系统：地面活动引导和管制系统是指由助航设备、设施和程序组成的系统。该系统的主要作用是使机场能安全地解决运行中提出的地面活动需求，即防止飞机与飞机、飞机与车辆、飞机与障碍物、车辆与障碍物以及车辆之间的碰撞等。

(4) 地面特种车辆和场务设备：进出港的飞机都需要一系列的地面服务，这些服务往往都是由工作人员操作各种车辆(如牵引车、电源车、加油车、行李车、升降平台、客梯车等)

或设备来完成的。

3．机场场道

机场场道主要包括飞行区和停机坪。

(三)通信导航与监视设备

1．通信设备

民航客机用于和地面电台或其他飞机进行联系的通信设备包括高频通信系统(HF)、甚高频通信系统(VHF)和选择呼叫系统(SELCAL)。

2．导航设备

民航客机的导航主要依赖于无线电导航系统，导航设备有甚高频全向无线电信标/测距仪系统(VOR/DME)、无方向性无线电信标系统(NDB)和仪表着陆系统(ILS)等。

3．监视设备

目前，实施空中交通监视的主要设备是雷达。它是利用无线电波发现目标，并测定目标位置的设备。

第五节 管 道 运 输

一、管道运输概况

(一)管道运输的发展概况

管道运输已有 130 余年的历史。作为输送原油和成品油最主要的方式，管道运输的发展与能源工业，尤其是石油工业的发展密切相关。现代管道运输起源于 1865 年美国宾夕法尼亚的第一条原油管道。我国的管道网建设则始于 20 世纪 50 年代末期新疆建成的全长147km、管径 150mm 的克拉玛依—独山子输油管道。20 世纪 60 年代以后，随着我国石油工业的蓬勃发展，以及大庆、胜利等油田的建设，管道运输得到了较大发展。截至 2015 年年底，我国长输油气管道总里程已达 12 万公里，基本形成了横贯东西、纵贯南北的油气管道输送网络。根据预测，"十三五"末期，中国油气管道总里程将超过 16 万公里，储气库工作气量将超过 105 亿立方米，液态天然气(LNG)接收能力将达到 1 900 万吨/年。

但世界范围内化石能源消费仍占据主导地位，中东、中亚、俄罗斯等油气资源富集区的储运设施建设总体仍呈平稳增长态势，非洲、拉美、东南亚等国家和地区的储运建设需求较为旺盛，市场潜力较大。中国油气管道里程占世界总量不足3%，天然气占一次能源消费比重仅为6%，远低于世界平均水平24%的目标。随着全面建设小康社会步伐的加快，对油气能源特别是天然气、LNG 等清洁能源的需求保持旺盛态势，油气储运设施建设仍有较大发展空间；与此同时，中国正在全面实施"一带一路"战略，推进亚洲互联互通，通过亚投行、丝路基金、中非基金等投融资平台，大力支持能源、通信、电力、交通等基础设施领域的项目建设，市场空间依然广阔。我国已成为一百四十多个国家和地区的主要贸易伙伴，货物贸易总额居世界第一，吸引外资和对外投资居世界前列，形成更大范围、更宽领域、更深层次对外开放格局。

(二)管道运输的优缺点

1. 管道运输的优点

(1) 运输量大，国外一条直径 720mm 的输煤管道，一年即可输送煤炭 2 000 万吨，几乎相当于一条单线铁路单方向的输送能力。

(2) 运输工程量小，占地少，管道运输只需要铺设管线，修建泵站，土石方工程量比修建铁路小很多。而且在平原地区，管道大多埋在地下，不占农田。

(3) 能耗小，在各种运输方式中是能耗最低的。

(4) 安全可靠，无污染，成本低。

(5) 不受气候影响，可以全天候运输，送达货物的可靠性高。

(6) 管道可以走捷径，运输距离短。

(7) 可以实现封闭运输，损耗少。

2. 管道运输的缺点

(1) 专用性强，只能运输石油、天然气及固体料浆(如煤炭等)。但是，在管道运输占据的领域内，其具有固定可靠的市场。

(2) 管道起输量与最高运输量间的幅度小，因此，在油田开发初期，采用管道运输困难时，还要以公路、铁路、水陆运输作为过渡。

二、输油管道

(一)输油管道的组成

长距离输油管道由输油站和管线两大部分组成。输送轻质油或低凝点原油的管道不需要加热，油品经一定距离后，管内油温等于管线埋深处的地温，这种管道称为等温输油管，它无须考虑管内油流与周围介质的热交换。对易凝、高黏油品，不能采用这种方法输送，因为当油品黏度极高或其凝固点远高于管路周围环境温度时，每公里管道的压降将高达几个甚至几十个大气压，在这种情况下，加热输送是最有效的办法。因此，热油输送管道不仅要考虑摩阻的损失，还要考虑散热损失，输送工艺更为复杂。

输油管道的起点称为首站，输油管道沿途设有中间泵站，输油管道末站接受输油管道送来的全部油品，供给用户或以其他方式转运，故末站有较多的油罐和准确的计量装置。

(二)输油管道的主要设备

1. 离心泵与输油泵站

泵是一种将机械能(或其他能)转化为液体能的水力机械，也是国内外输油管线广泛采用的原动力设备，是输油管线的心脏。大型的输油泵可采用多级离心泵串联工作，每级的扬程可高达 500~600m。国内铁岭至大连线采用的 KS 型单级离心泵扬程达 190m，排量达 3000m³/h。

输油泵站的基本任务是提供一定的能量(压力能或热能)，以将油品输送到终点站。

2．输油加热炉

在原油输送过程中对原油采用加热输送的目的是使原油温度升高，防止输送过程中原油在输油管道中凝结，减少结蜡，降低动能损耗。通常采用加热炉为原油提供热能。目前我国用得较多的是管式加热炉，它操作方便，成本低，可以连续、大量地加热原油(重质油)，因此获得了广泛的应用。

3．储油罐

一般来说，应用较广的储油罐是钢质金属油罐，安全可靠，经久耐用，施工方便，投资省，可储存各种油品。非金属储油罐大都建造在地下或半地下，用于储存原油或重油，容积较小，易于搬迁，油品蒸发比钢罐低，抗腐蚀能力亦比金属罐强；其缺点是易渗漏，不适合储存轻质油品，且当罐底发生不均匀沉陷时容易产生裂纹，且难以修复。

4．管道系统

输油管道一般采用有缝或无缝钢管，大口径者可采用螺旋焊接钢管。无缝钢管壁薄，质轻，安全可靠，但造价高，多用于工作压力高、作业频繁的主要输油管线上。焊接钢管又称有缝钢管，是目前输油管路的主要用管。

5．清管设备

在油品运输过程中，管道结蜡会使管径缩小，造成输油阻力增加、能力下降，严重时可使原油丧失流动性，导致凝管事故。处理管道结蜡有效而经济的方法是机械清蜡，即从泵站收发装置处放入清蜡球或其他类型的刮蜡器械，利用泵输送的原油在管内顶推清蜡工具，使蜡清除并随油输走。

6．计量及标定装置

为保证输油计划的完成，加强输油生产管理，长输管线上必须对油品进行计量，以及时掌握油品的收发量、库存量及耗损量。在现代管道运输系统中，流量计已不仅仅是一个油品计量器，它还是监测输油管运行的中枢，如通过流量计调整全线运行状态、校正输油压力与流速、发现泄漏等。

三、天然气管道

我国是世界上较早使用管道输送天然气的国家之一。1600 年左右，竹管输气已有很大发展。但第一条具有现代意义的管道却是 1963 年在四川建成的、管径为 426mm、长度为 55km 的巴渝线。从全世界来看，18 世纪以前主要是用木竹管道运输，1880 年首次出现蒸汽机驱动的压气机，19 世纪 90 年代钢管出现后，管道运输进入工业性发展阶段。到 20 世纪80年代，全世界的输气管道约近90万公里。美国、西欧、加拿大及苏联国家均建成了规模较大的输气管网甚至跨国输气管道。

(一)输气管道的组成

输气管道系统主要由矿场集气网、干线输气管道(网)、城市配气管网以及与此相关的站、场等设备组成。这些设备从气田的井口装置开始，经矿场集气、净化及干线输送，再经配气网送到用户，形成一个统一的、密闭的输气系统。

(二)输气管道的运输设备及工作原理

1. 矿场集气

集气过程从井口开始，经分离、计量、调压、净化和集中等一系列过程，到向干线输送为止。集气设备包括井场、集气管网、集气站、天然气处理厂和外输总站等。

2. 输气站

输气站又称压气站，其核心设备是压气机和压气机车间，任务是对气体进行调压、计量、净化、加压和冷却，使气体按要求沿着管道向前流动。由于长距离输气需要不断供给压力能，故沿途每隔一定距离(一般为110～150km)设置一座中间压气站(或称压缩机站)。首站可以是第一个压气站，但是当地层压力大至可将气体送到第二站时，首站便可不设压缩机车间，此时第二站成为第一个压气站，最后一站即干线网的终点——城市配气站。

3. 干线输气

干线输气是指从矿场附近的输气首站开始到终点城市配气站为止的输送线路。

4. 城市配气

城市配气是指从配气站(即干线终点)开始，通过各级配气管网和气体调压所按用户要求直接向用户供气的过程。配气站是干线的终点，也是城市配气的起点与枢纽。

5. 增加输气管道输气能力

输气管道在生产过程中常需要进行扩建或改造，目的在于提高输气能力并降低能耗。当输气管道最高工作压力达到管道强度所允许的最大值后，可采用铺设副管和倍增压气站两种方法来提高输气能力。

【知识拓展2-6】2000年2月，国务院第一次会议批准启动"西气东输"工程，这是仅次于长江三峡工程的又一重大投资项目，是拉开"西部大开发"序幕的标志性建设工程。

"西气东输"工程是我国距离最长、口径最大的输气管道工程，从2002年至今共修建了一线、二线、三线工程，大致情况如下。

(1) 一线管道工程主干管道由两条平行的直径为1.5米的大口径输气管道组成，西起新疆塔里木轮南油气田，向东经过库尔勒、吐鲁番、鄯善、哈密、柳园、酒泉、张掖、武威、兰州、定西、西安、洛阳、信阳、合肥、南京、常州等大中城市，终点为上海。东西横贯新疆、甘肃、宁夏、陕西、山西、河南、安徽、江苏和上海 9 个省、自治区、直辖市，全长 4 200 千米，管道输气规模设计为每年 120 亿立方米。工程在 2000 年动工，于 2007 年全部建成。

(2) 二线管道工程西起新疆的霍尔果斯，经西安、南昌，南下广州，东至上海，途经新疆、甘肃、宁夏、陕西、河南、安徽、湖北、湖南、江西、广西、广东、浙江和上海 13 个省、自治区、直辖市。干线全长 4 859 千米，加上若干条支线，管道总长度超过 7 000 千米，管道输气规模设计为每年 300 亿立方米。工程在 2008 年动工，于 2010 年全部建成。西气东输二线管道主供气源为引进土库曼斯坦、哈萨克斯坦等中亚国家的天然气，国内气源作为备用和补充气源。

视频2-7　西气东输二线工程

(3) 西气东输三线工程全线包括 1 干 8 支 3 库 1LNG 应急调峰站。干支线沿线经过新疆、甘肃、宁夏、陕西、河南、湖北、湖南、江西、福建和广东共 10 个省、自治区，干线、支线总长度为 7 378 公里，设计输量为每年 300 亿立方米。工程在 2012 年动工，于 2014 年全部建成。西气东输三线的主供气源为新增进口中亚土库曼斯坦、乌兹别克斯坦和哈萨克斯坦三国天然气，补充气源为新疆煤制天然气。

(资料来源：百度百科)

四、固体料浆管道运输

用管道输送各种固体物质的基本措施是将待输送固体物质破碎为粉粒状，再与适量的液体配置成可泵送的浆液，通过长输管道输送这些浆液到目的地后，再将固体与液体分离送给用户。目前，浆液管道主要用于输送煤、铁矿石、磷矿石、铜矿石、铝矾土和石灰石等矿物，配制浆液的液体主要是水，还有少数采用燃料油或甲醇等液体作为载体。目前，世界上规模最大的煤浆管道是美国 1971 年建成的、长度为 439km 的黑迈萨煤浆管道，管径有 457mm 和 305mm 两种，年输煤 500 万吨。规模最大的矿浆管道是巴西的萨马科铁矿浆管道，全长 400km。我国已在唐山建立了煤浆管道试验中心，全长 460km。2012 年开工建设的亚洲最长输煤管道——神渭输煤管道也建成在即。

尽管有许多人认为管道输送固体物质是经济、可靠的方法之一，固体料浆管道的输送技术也确实有了较大的发展，但在料浆管道的优化设计与计算方法等方面还缺乏经过实践验证的、普遍适用的工艺技术。固体料浆管道的输送技术还在继续探索和发展之中。

(一)料浆管道系统的组成

料浆管道的基本组成与输气、输油管道大致相同，但还有一些制浆、脱水干燥设备。以煤浆管道为例，整个系统包括煤水供应系统、制浆厂、干线管道、中间加压泵站、终点脱水与干燥装置。它们也可分为三个不同的组成部分：浆液制备厂、输送管道和浆液后处理系统。

(二)料浆管道设备

1. 料浆制备系统

以煤为例，煤浆制备过程包括洗煤、选煤、破碎、场内运输、浆化、储存等环节。为清除煤中所含的硫及其他矿物杂质，一般要采用淘选法、浮选法对煤进行精选，也可采用化学法或细菌生物法。

2. 中间泵站

中间泵站的任务是为煤浆补充压力能，停运时则提供清水冲洗管道。泵的选用要结合管径、壁厚、输量、泵站数等因素综合考虑。

3. 后处理系统

煤浆的后处理系统包括脱水和储存等部分。管输煤浆可脱水储存，也可直接储存。脱水的关键是控制煤表面的水含量，一般应保证在7%～11%。

影响脱水的因素主要有浆液温度与细颗粒含量。浆液先进入受浆罐或储存池，然后再用泵输送到振动筛中区分为粗、细浆液。粗浆液进入离心脱水机，脱水后的煤粒可直接输送给用户，排出的废液输入浓缩池，与细粒浆液一起经浓缩后再经压滤机压滤脱水，最后输送给用户。

由于管道中流动的浆液是固液两者的混合物，其输送过程中除了要保证稳定流动外，还要考虑其沉淀的可能，尤其是在流速降低的情况下。从整个系统来看，要保证系统的经济性需要考虑并确定合理的颗粒大小及浆液浓度。细颗粒含量多时虽然可以降低管道运输费用，但制浆、脱水费用会增加。

复习思考题

一、名词解释

整车装备质量　限界　空中交通管理系统　巡航速度

二、选择题

1. 根据技术标准，我国公路划分为(　　)个等级。
   A. 3　　　　　　B. 4　　　　　　C. 5　　　　　　D. 6
2. 汽车最大装载质量是指(　　)。
   A. 汽车完全装备好的质量　　　B. 汽车满载时的总质量
   C. 最大总质量和整车装备质量之差　D. 汽车单轴所承载的最大总质量
3. 总载重量在6万吨以上的散货船被称为(　　)型船。
   A. 小　　　　　B. 轻便　　　　C. 巴拿马　　　　D. 好望角
4. 货运船中载重吨位最大的是(　　)船。
   A. 集装箱　　　B. 散货　　　　C. 液化石油气船　D. 原油

5. 专门从事运输大型海上石油钻井平台、大型舰船、潜艇等货物的船是(　　)。

　　A. 载驳船　　　　B. 散货船　　　　C. 半潜船　　　　D. 滚装船

三、问答题

1. 简述公路、铁路、水路、航空和管道五种运输方式的优缺点。

2. 简述汽车、火车、轮船和飞机这四种交通工具的主要性能参数。

3. 简述汽车站、火车站、港口和机场等交通枢纽在运输中的作用。

4. 简述管道运输的种类及其作用。

第三章
仓储设备与应用

学习目标

- 了解托盘的概念、特点、分类，掌握选择合适托盘的方法；

- 熟悉各种货架的功能、特点，能够根据实际情况选用相应货架；

- 了解自动分拣系统的概念、组成，熟悉各种分拣设备并掌握其用途；

- 熟悉自动化立体仓库的构成和功能，理解相关的管理控制技术和工作原理。

现代物流综合服务模式正在全球范围内以势不可当的趋势迅速发展，在我国经济发展中掀起了以物流中心、配送中心、第三方物流等全新的企业形态为标志的物流热，相应的物流机械设备也得到了全面的发展，尤其是作为物流活动中不可替代的仓储管理所需的装卸与搬运设备更是得到了长足的发展。

第一节　托　　盘

一、托盘的概念及特点

中国国家标准《物流术语》对托盘(pallet)的定义是：用于集装、堆放、搬运和运输的，放置作为单元负荷的货物和制品的水平平台装置。作为与集装箱类似的一种集装设备，托盘现已广泛应用于生产、运输、仓储和流通等领域，被认为是 20 世纪物流产业中两大关键性创新之一。

托盘作为物流运作过程中重要的装卸、储存和运输设备，与叉车配套使用，在现代物流中发挥着巨大的作用。托盘给现代物流业带来的效益主要体现在：可以实现物品包装的单元化、规范化和标准化，保护物品，方便物流和商流。

托盘具有以下几个方面的特点。

(1) 重量小，装卸搬运时的无效劳动消耗小。

(2) 返空容易，返空时占用的运力少。

(3) 装盘容易。

(4) 能集中一定的货物数量。

(5) 保护性差，露天存放困难。

二、托盘的种类及基本构造

(一)平托盘

平托盘是指在承载面和支撑面间夹以纵梁，构成可集装物料，可使用叉车或搬运车等进行作业的托盘。平托盘由双层板或单层板另加底脚支撑构成，无上层装置，如图 3-1 所示。

图 3-1　平托盘

平托盘有以下几种分类方式。

(1) 按叉车插入方式不同，分为单向叉入型、双向叉入型和四向叉入型三种。

(2) 按承运货物台面不同，分为单面型、单面使用型、双面使用型和翼型四种。

(3) 按材料不同，分为木制品托盘、钢制托盘、铝合金托盘、胶合板托盘、塑料托盘、纸板托盘和复合材料托盘等。

(二)箱式托盘

箱式托盘是指在托盘上面带有箱式容器的托盘，如图 3-2 所示。

图 3-2　箱式托盘

箱式托盘的面上具有上层结构，其四周至少有三个侧面固定，一个侧面是可折叠的垂直面。箱式结构可有盖或无盖，有盖的板壁箱式托盘与小型集装箱无严格区别，适用于装载贵重货物；无盖的板壁箱式托盘适用于企业内装载各种零件、元器件。

(三)柱式托盘

柱式托盘是指四角有四根立柱的托盘。

柱式托盘没有侧板，在托盘上部的四个角设有固定式或可卸式的立柱，有的柱与柱之间有连接的横梁，使柱子成门框形，如图 3-3 所示。

图 3-3　柱式托盘

柱式托盘是在平托盘基础上发展起来的，其特点是在不压货物的情况下可进行码垛，多用于包装物料、棒料管材等的集装。

柱式托盘还可以作为可移动的货架、货位。不用时可叠套存放,节约空间。

(四)轮式托盘

底部有四个小轮的托盘称为轮式托盘。轮式托盘是在平托盘、柱式托盘或箱式托盘的底部装上脚轮而成的,如图3-4所示。它既便于机械化搬运,又便于短距离的人力移动。

图3-4 轮式托盘

轮式托盘适用于企业工序间的物流搬运,也可在工厂或配送中心装上货物运到商店,直接作为商品货架的一部分。

(五)通用托盘和专用托盘

托盘按使用形式一般可分为通用托盘和专用托盘。

1. 通用托盘

通用托盘是指在企业内外一般货物流通使用、可供互换的托盘。其尺寸和结构一般都符合标准的规定。

2. 专用托盘

专用托盘是一种集装特定物料(或工件)的托盘。它和通用托盘的区别在于具有适合特定物料装载的支撑结构,以使运件在搬运过程中保持形态。这类托盘主要有插孔式、插杆式、悬挂式、架放式和箱式。

(1) 插孔式:工件插入特定的孔板或套管。插孔式托盘一般存放各种形式的短杆类、轴类、套类等工件,其结构可分为单层、多层、固定形和抽屉形等。

(2) 插杆式:带孔的工件套进特设的插杆。插杆式托盘适用于套类及带孔工件的存放。按插杆的设置角度可分为垂直、水平和倾斜三种形式。

(3) 悬挂式:工件悬挂在挂钩或挂架上。悬挂式托盘按其结构不同,有直接垂挂工件的悬挂和挂箱存放工件的平挂等形式。

(4) 架放式:工件搁放在特设的支架上。架放式是采用较多的一种装载形式,工件直接搁放在适合其形状的支架上。

(5) 箱式：物料盛放在特定的箱内，该箱用于盛放各种液体或松散状物料，对于不宜堆码或不能堆码自立的工件也常用这种装载方式。

(六)木制托盘、塑料托盘、金属托盘、纸制托盘和木塑复合托盘

托盘根据材料的不同，分为木制托盘、塑料托盘、金属托盘、纸制托盘和木塑复合托盘。

1．木制托盘

木制托盘是托盘中最传统和最普及的类型。由于木材具有价格低廉、易于加工、成品适应性强、可以维修等特点，为绝大多数用户所采用。据不完全统计，目前木制托盘约占整个托盘市场的 95%以上。但木材易受潮、发霉、虫蛀而又无法清洗，其表面木屑脱落及螺钉锈蚀的问题也是难以克服的。

2．塑料托盘

与木制托盘相比，塑料托盘整体性好，并且洁净卫生，在使用中又具有质轻、无钉刺、耐酸碱、无质变、易清洗等特点。由于其使用寿命为木制托盘的3～8倍，加之废托盘材料可以回收，因此其单次使用成本低于木制托盘。在我国，虽然塑料托盘的生产及使用均滞后于西方发达国家，但其发展迅速，正被越来越多的用户所认可。

3．金属托盘

金属托盘主要采用钢或铝合金焊接制成，是承载性、牢固性及表面抗侵蚀性最好的托盘。但其自身重量偏大(钢制托盘)，同时价格昂贵，主要适用于石油、化工等对托盘有特殊要求的领域。产品可按用户需要定制。

4．纸制托盘

纸制托盘采用高强度蜂窝纸芯、高强度瓦楞纸与纤维板以及其他非木质材料制成。其结构基于力学原理，可实现良好的物理特性。纸制托盘具有重量轻、成本低、出口免检、环保可回收等优点，多为一次性托盘。但其承重量相对于其他托盘较小，防水、防潮性能较差。

5．木塑复合托盘

木塑复合托盘是一种最新的复合材料托盘。它主要采用挤出机挤出木塑复合型材，再组装而成。它综合了木制托盘、塑料托盘和钢制托盘的优点，而基本上摒弃了其不足。其承载性相比塑料托盘也大大提高，在重量及成本上又远远低于钢制托盘。

木塑复合材料是一种新型绿色环保材料，即再生塑料与木质纤维的复合材料。其主要原料为废旧再生塑料和木质纤维，包括锯末、枝杈木材、农业纤维等，添加工业用黏合剂，经过高温高压挤压而成。此新材料产品不仅可以完全替代外运木制包装和铺垫材料，而且还能够用于门、窗框、建筑模板、地板、汽车配件等。

三、托盘的标准化

托盘的标准化直接影响物流标准化的进程和现代物流产业的运作成本，托盘标准是物流产业最为基础的标准。

影响托盘标准化的因素主要有以下几个方面。

(1) 托盘规格决定了物流设施与设备、包装标准化。

(2) 托盘规格应与桥梁、隧道、运输道路与货车站台相适应。

(3) 托盘规格决定了仓库建筑尺寸标准。

现行托盘国际标准(ISO)有六种尺寸：1 200mm×800mm、1 200mm×1 000mm、1 140mm×1 140mm、1 016mm×1 219mm、1 100mm×1 100mm、1 067mm×1 067mm。

国家标准规定的联运平托盘外部规格系列(GB/T2934—1996)为 1 000mm×800mm、1 200mm×800 mm、1 200mm×1 000mm 三种。

四、托盘的使用

(一)托盘货物的装盘堆码方式

1. 重叠式

重叠式也称直堆法，是逐件、逐层向上重叠堆码，一件压一件的堆码方式，如图3-5所示。该方式方便作业、计数，但稳定性较差，适用于袋装、箱装、箩筐装物品，以及平板、片式物品等。出口产品一般采用集装箱来装运，因集装箱需考虑空间的充分利用性，而且内部结构紧凑，一般采用重叠式堆码。

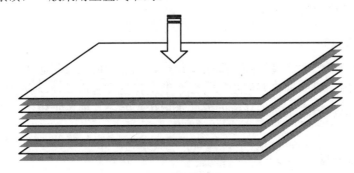

图3-5　重叠式堆码

2. 纵横交错式

纵横交错式是指每层物品都改变方向向上堆放，适用于管材、捆装、长箱装物品等，如图3-6所示。该方式较为稳定，但操作不便。在仓库等比较宽敞的地方，为增强堆码的稳定性，可采用纵横交错式来堆码；用小型货车运输货物时，若四周的围栏较矮，也可以考虑采用纵横交错式来装运，以增强稳定性。

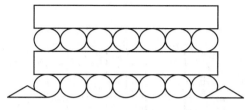

图 3-6　纵横交错式堆码

3. 旋转交错式

旋转交错式是指第一层相邻的两个包装体互为 90°，两层间码放又相差 180°，这样相邻两层之间互相咬合交叉，如图 3-7 所示。这种堆码方式使货体的稳定性较高，不易塌垛，但码放的难度较大，且中间形成空穴，会降低托盘的利用效率。

图 3-7　旋转交错式堆码

4. 仰伏相间式

仰伏相间式是指对上下两面有大小差别或凹凸的物品，一层仰放，一层伏放，两层相扣，使货架稳定，如图 3-8 所示。露天存放时要一头稍高，以便于排水。该方式适用于钢轨、工字钢、槽钢、角钢等物品的堆码。其缺点是稳定强度差。

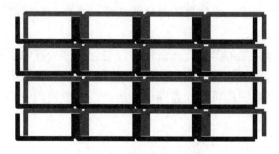

图 3-8　仰伏相间式堆码

5. 压缝式

压缝式是指将垛底的底层排列成正方形或长方形，上层起压缝堆码，每件物品压住下层的两件货物，如图 3-9 所示。该方式能较大限度地节省空间，方便操作，且稳定性能好，适用于卷板、钢带、卷筒纸、卧放的桶装物品等。

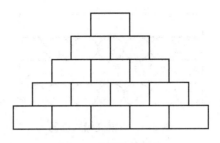

图 3-9　压缝式堆码

6. 通风式

通风式是指物品在堆码时，任意两件相邻的物品之间都留有空隙，以便通风，层与层之间采用压缝式或者纵横交错式，如图 3-10 所示。该方式可以用于所有箱装、桶装以及裸装物品的堆码，可起到通风防潮、散湿散热的作用。

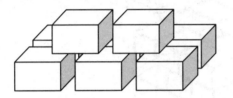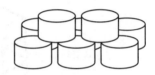

图 3-10　通风式堆码

(二)托盘货物的紧固方法

(1) 捆扎：用绳索、打包带等对托盘货体进行捆扎，以保证货体稳定。

(2) 黏合紧固：货垛层间用胶水或双面胶条粘连，防止层间滑动散垛。

(3) 加框架紧固：将框架加在托盘货物相对的两面或四面上后进行捆扎，以增大货体刚性和稳定性。

(4) 网罩紧固：主要用于装有同类货物托盘的紧固。

(5) 专用金属卡固定：在货物上部用专用金属夹卡住包装物，防止散垛。

(6) 中间夹摩擦材料紧固：将具有防滑性的纸板、纸片或软塑料片夹在各层货体间，以增大摩擦力，防止散垛。

(7) 收缩薄膜紧固：将热缩薄膜套在货体上，进行热缩处理收紧货体。

(8) 拉伸薄膜紧固：用拉伸薄膜将货物和托盘一起缠绕包裹紧固。

(9) 平托盘周边垫高紧固：将平托盘四边稍垫高，使货物向中心靠拢。

五、托盘的采购

对于采购者来讲，要节省费用就意味着要对托盘的购买和使用重新进行评估。另外，获取最大价值的关键是把眼光放在更长远及更大的潜在利益上。

1. 使用标准化的托盘

从自动化工业到一般产品加工行业，各大公司正在实行托盘标准化以节约投入资金。

标准化托盘购买容易，维修价格低廉，易回收，且节省装运费用。货物的每一次周转、运输，使用标准化托盘比使用非标准化托盘成本更节省。

2．综合计算周转费用

有些公司针对一次性发货使用价格低廉的托盘，但这些托盘往往质量低劣，或没有根据正确的货物承载要求进行设计，这些都可能造成货物的损坏而损失更多的金钱。

视频 3-1　全自动分类装载托盘技术

只有使用质量好、重复使用率高的托盘才能真正节省费用。实际上，在仅能使用 2～3 个循环周期的低质量托盘与可使用 10～20 个循环周期的高质量托盘之间，价格的差别是很小的。当你计算托盘的单程周转费用时，就会发现多用途的托盘可以节省大量的资金成本。为计算出托盘每次周转的成本，我们把托盘的购买价格除以周转的次数，也就是在托盘进行第一次修理之前的周转次数(周转一次是指托盘周转过程中的一个循环，其间托

盘一般会有 4～6 次直接操作)。举例来说，一片 50 元的托盘能进行 5 次循环，一片 80 元的托盘能进行 20 次循环。如果你为了节省 30 元购买了 50 元的托盘，得多花费近 120 元才能取得与 80 元托盘同量的循环次数。

第二节　货　　架

一、货架的含义

货架泛指存放货物的架子。在仓库设备中，货架是指专门用于存放成件物品的保管设备。随着现代工业的迅猛发展，物流量的大幅度增加，为实现仓库的现代化管理，改善仓库的功能，不仅要求货架数量多，而且要求货架具有多功能，并能实现机械化、自动化要求。当节约成本、提高效率这些现代化的管理理念成为管理者们的首要考虑因素时，如何有效地利用仓库空间，如何提高仓库的使用容积，也将被他们所重视。

二、货架的种类及功能

(一)货架的种类

(1) 货架按其发展可分为传统货架和新型货架。

① 传统货架包括层架、格式货架、抽屉式货架、橱柜式货架、U 形架、悬臂架、栅架、鞍架、气罐钢筒架和轮胎货架等。

② 新型货架包括旋转式货架、移动式货架、装配式货架、调节式货架、进车式货架、阁楼架、重力式货架和屏挂式货架等。

(2) 货架按其构造可分为组合可拆卸式货架和固定式货架。

(3) 货架按其高度可分为低层货架、中层货架和高层货架。

① 低层货架：高度在 5m 以下的货架。

② 中层货架：高度为 5～15m 的货架。

③ 高层货架：高度在 15m 以上的货架。

(4) 货架按其重量可分为重型货架、中型货架和轻型货架。

① 重型货架：每层货架载重量在 500kg 以上。

② 中型货架：每层货架(或搁板)载重量为 150～500kg。

③ 轻型货架：每层货架载重量在 150kg 以下。

不同类型的货架有其不同的特点，下面简要介绍几种货架的特点。

1. 轻型货架

轻型货架是货架系列中用户经常选择的理想产品，其由立柱、层板、卡销组合插接而成，上下两层固定，其余中间层可随便调节，如图 3-11 所示。

轻型货架用途广泛，适合存放小零件、配件等较轻的物品，每层承重为 100～150kg，以人力、手工搬运、存储及拣选作业为主。

2. 中型货架

中型货架坚固结实，承载力大，广泛应用于商场、超市、企业仓库及事业单位，适合各大中小型仓库存放货物，如图 3-12 所示。

图 3-11　轻型货架

图 3-12　中型货架

中型货架通常分为中量 A 型货架、中量 B 型货架和中量 C 型货架。它们一般都可以拆装组合，层板高度可以调节；承重层承重为 200～800kg；货架所有金属件全部经过防锈处理，外表经静电喷涂。

3. 重型货架

重型货架由立柱、横梁、横撑、斜撑以及自锁螺栓组装而成，适合于人工存取箱式货物，或者与零件盒、周转箱配套装载零散重型货物，如图 3-13 所示。

重型货架具有以下几个方面的特点。

(1) 重型货架适用于各个行业，成本低，安全可靠，组装、拆卸简单，可单独使用，也可采用主、副架的形式自由排列。

(2) 重型货架可随着横梁的大小、层板的厚度、加强筋的数量决定层载要求，最大层载可达 2 500kg。

(3) 一般情况下，重型货架的立柱高度不超过 12m，并可在货架基础上搭建阁楼货架。

4. 贯通式货架

贯通式货架又称通廊式货架、驶进式货架，是一种不以通道分割的连续性的整体性货架。贯通式货架采用托盘存取模式，适用于存放品种单一、大批量的货物。与托盘货架相比，仓库利用率可达到 80%左右，仓库利用空间率可提高 30%以上，是存储效率最高的货架。在支撑导轨上，托盘按深度方向存放，一个紧接着一个，货物存取从货架同一侧进出，先存后取、后存先取，平衡重式叉车可方便地驶入货架中间存取货物。贯通式货架的投资成本相对较低，适用于品种较少、数量较多的大批相同类型货物。由于其存储密度大，对地面空间利用率较高，因此常用于冷库、食品、烟草等存储空间成本较高的仓库，如图 3-14 所示。

图 3-13　重型货架　　　　　　　　　　　　图 3-14　贯通式货架

5. 横梁式货架

横梁式货架是常用的一种货架，采用方便的单元化托盘存取方式，有效配合叉车装卸，存取货物方便快捷，有 100%的拣选能力，是先进先出的最经济之选，但仓库空间的使用率不高，如图 3-15 所示。

6. 重力式货架

重力式货架又称辊道式货架，属于仓储货架中的托盘类存储货架。重力式货架是横梁式货架的衍生品之一，货架结构与横梁式货架相似，只是在横梁上安装筒式轨道，轨道呈 3°～5°倾斜，如图 3-16 所示。

重力式货架相对普通托盘货架而言不需要操作通道，在货架每层的通道上都安装有一定坡度的、带有轨道的导轨，入库的单元货物在重力的作用下，由入库端流向出库端。这样的仓库，在排与排之间没有作业通道，故可增加 60%的空间利用率，托盘操作遵循先进先出的原则。由于是自重力使货物滑动，而且没有操作通道，所以减少了运输路线和叉车的数量。但使用时最好同一排、同一层上的货物为相同的货物或一次同时入库和出库的货物。重力式货架单元货格的最大承载可达5 000kg。

 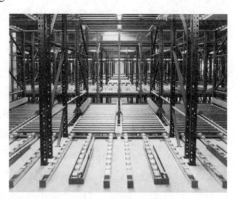

图3-15　横梁式货架　　　　　　　　　图3-16　重力式货架

7. 阁楼式货架

阁楼式货架适用于场地有限、品种繁多、单品拣货数量少的情况，它能在现有的场地上增加几倍的利用率，可配合使用升降机操作。阁楼式货架可根据实际场地和需要，灵活设计成两层、多层，以充分利用空间，如图3-17所示。其采用全组合式结构，专用轻钢楼板，施工快，造价低。

图3-17　阁楼式货架

阁楼式货架具有以下几个方面的特点。

(1) 阁楼式货架可以提升货架高度，充分利用仓储高度，更好地利用仓储空间。

(2) 阁楼式货架楼面铺设货架专用楼板，层载能力强，整体性好，易锁定。

(3) 阁楼式货架充分考虑人性化物流，设计美观，结构大方，安装、拆卸方便。

(4) 阁楼式货架适合存储多种类型的物品。

8. 悬臂式货架

悬臂式货架是通过在立柱上装设悬臂而构成的，如图3-18所示。悬臂可以是固定的，也可以是移动的；可以是单面的，也可以是双面的。悬臂式货架适用于存放长物料、环形物料、板材、管材及不规则货物，具有结构稳定、载重能力好、空间利用率高等特点。

图 3-18 悬臂式货架

货架高度通常在 2.5m 以内(如由叉车存取货则可高达 6m)，悬臂长度在 1.5m 以内，每臂载重通常在 1 000kg 以内。此类货架多用于机械制造行业和建材超市等。加了搁板后，特别适合空间小、高度低的库房。悬臂式货架根据承载能力可分为轻量型、中量型和重量型三种。

9. 旋转式货架

旋转式货架又称为回转式货架。在拣选货物时，取货者不动，通过货架的水平、垂直或立体方向回转，货物随货架移动到取货者的面前。此外，旋转式货架在存取货物时，可以通过计算机进行自动控制，即根据下达的货格指令，该货格以最近的距离自动旋转至拣货点停止。这种货架的存储密度大，货架间不设通道，与固定式货架相比，可以节省占地面积 30%～50%。

由于货架可转动，因此旋转式货架的拣货线路简捷，拣货效率高，拣货时不容易出现差错。根据旋转方式的不同，可分为垂直旋转式和水平旋转式(又包括多层水平旋转式和整体水平旋转式)两种。

1) 垂直旋转式货架

垂直旋转式货架类似垂直提升机，在两端悬挂有成排的货格，货架可正转，也可以反转，如图 3-19 所示。货架的高度在 2～6m，正面宽 2m 左右，单元货位载重为 100～400kg，回转速度约为 6m/min。垂直旋转式货架属于拣选型货架，占地空间小，存放的品种多，最多可达 1 200 种左右。货架货格的小格可以拆除，这样可以灵活地存储各种尺寸的货物。在货架的正面及背面均设置有拣选台面，可以方便地安排出入库作业。在旋转控制上用开关按钮即可轻松地操作，也可利用计算机操作控制，形成联动系统，将指令要求的货层经最短的路程送至要求的位置。

垂直旋转式货架主要适用于多品种、拣选频率高的货物，如果取消货格，用支架代替，也可以用于成卷货物的存取。

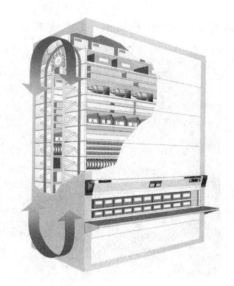

图 3-19　垂直旋转式货架

2) 多层水平旋转式货架

多层水平旋转式货架的最佳长度为 10～20m，高度为 2～3.5m，单元货位载重为 200～250kg，回转速度为 20～30m/min。

多层水平旋转式货架是一种拣选型货架，这种货架各层可以独立旋转，每层都有各自的轨道，用计算机操作时，可以同时执行几个命令，使各层货物从近到远，有序地到达拣选地点，拣选效率很高。这种货架主要用于出入库频率高、多品种拣选的仓库中，如图 3-20 所示。

浅盘

收纳物

安全网
(可选)

自动入出库装置

工作站台

图 3-20　多层水平旋转式货架

3) 整体水平旋转式货架

整体水平旋转式货架由多排货架连接，每排货架又有多层货格，货架做整体水平式旋转，每旋转一次，便有一排货架到达拣货面，可对这一排进行拣货。这种货架每排可放置同种物品，也可以一排货架的不同货格放置互相配套的物品，一次拣选可在一排上将相关的物品拣出。这种货架还可做小型分货式货架，每排不同的货格放置同种货物，旋转到拣选面后，将货物按各用户分货要求分放到指定货位。整体水平旋转式货架主要为拣选型货架，也可以看成是拣选分货一体化货架。

课堂思考 3-1：

在同样的储存区面积情况下，如果以托盘为单位存放，则选用哪种货架可以达到较高的存储量？

(二)货架的功能

货架在现代物流活动中起着相当重要的作用，仓库管理实现现代化，与货架的种类、功能有直接的关系。货架具有以下几方面的功能。

(1) 货架是一种架式结构物，可充分利用仓库空间，提高库容利用率，扩大仓库储存能力。

(2) 存入货架中的货物互不挤压，物资损耗小，可保证物资本身的功能，减少货物的损失。

(3) 货架中的货物存取方便，便于清点及计量，可做到先进先出。

(4) 可以采取防潮、防尘、防盗、防破坏等措施，以提高物资存储质量。

(5) 很多新型货架的结构及功能有利于实现仓库的机械化及自动化管理。

三、货架的储位管理

(一)储位管理的概念

现代仓储管理与传统的仓储管理相比，更加注重仓储的时效性，是一种动态的管理，重视商品在拣货出库时的数量、位置变化，从而配合其他仓储作业。储位管理就是利用储位来使商品处于"被保管状态"，并且能够明确显示所储存的位置，同时当商品的位置发生变化时能够准确记录，使管理者能够随时掌握商品的数量、位置以及去向。

(二)储位管理的对象

储位管理的对象分为保管商品和非保管商品两部分。

1. 保管商品

保管商品是指在仓库的储存区域中保管的商品，由于它对作业、储放搬运、拣货等方面有特殊要求，使得其在保管时会有多种保管形态出现，例如托盘、箱、散货或其他方式，这虽然在保管单位上有很大差异，但都必须用储位管埋的方式加以管理。

2. 非保管商品

(1) 包装材料。包装材料是指标签、包装纸等材料。由于现在商业企业促销、特卖及赠品等活动的增加，使得仓库的贴标、重新包装、组合包装等流通加工比例增加，对于包装材料的需求也相应增加，因此需要对这些材料加以管理，如果管理不善，发生欠缺情况，会影响到整个作业的进行。

(2) 辅助材料。辅助材料是指托盘、箱、容器等搬运器具。目前由于流通器具的标准化，使得仓库对这些辅助材料的需求越来越大，依赖性也越来越强。为了不影响商品的搬运，必须对这些辅助材料进行管理，于是制定了专门的管理办法。

(3) 回收材料。回收材料是指经补货或拣货作业拆箱后剩下的空纸箱。虽然这些空纸箱都可回收利用，但是这些纸箱形状不同，大小不一，若不保管起来，很容易造成混乱，从而影响其他作业，因此需要划分一些特定储位来对这些回收材料进行管理。

(三)储位管理的范围

仓库的所有作业所用到的保管区域均为储位管理的范围，根据作业方式的不同可分为预备储区、保管储区和动管储区。

1. 预备储区

预备储区是商品进出仓库时的暂存区，预备进入下一保管区域，虽然商品在此区域停留的时间不长，但是也不能在管理上疏忽大意，给下一作业程序带来麻烦。

在预备储区，不但要对商品进行必要的保管，还要将商品打上标识、分类，再根据要求归类，摆放整齐。为了在下一作业程序中节省时间，标识与看板的颜色要一致。

对于进货暂存区，在商品进入暂存区前先分类，暂存区域也先行标示区分，并且配合看板上的记录，商品依据分类或入库上架顺序，分配到预先规划好的暂存区储存。

对于出货暂存区，每一车或每一区域路线的配送商品必须排放整齐并且加以分隔，摆放在事先标示好的储位上，再配合看板上的标示，并按照出货单的顺序进行装车。

2. 保管储区

保管储区是仓库中最大、最主要的保管区域，商品在此的保管时间最长。商品在此区域以比较大的存储单位进行保管，所以是整个仓库的管理重点。为了最大限度地增大储存容量，要考虑合理运用储存空间，提高使用效率。为了对商品的摆放方式、位置及存量进行有效的控制，应考虑储位的分配方式、储存策略等是否合适，并选择合适的储放和搬运设备，以提高作业效率。

3. 动管储区

动管储区是在拣货作业时所使用的区域，此区域的商品大多在短期内即将被拣取出货，其商品在储位上的流动频率很高，所以称为动管储区。由于这个区域的功能是满足拣货的需求，为了让拣货时间及距离缩短，降低拣错率，就必须在拣取时能很方便迅速地找到商品所在位置，因此对于储存的标示与位置指示就非常重要。而要让拣货顺利进行及降低拣错率，就得依赖一些拣货设备来完成，如电脑辅助拣货系统(CAPS)、自动拣货系统等。

针对现在仓库大多是少量多样高频率出货的现状，一般仓库的基本作业方式已经不能满足现实需要，动管储区这一管理方式的出现恰恰符合了这一需求，其效率的评估与提高在仓库作业中已被作为重要的一部分。

(四)储位管理的原则

储位管理与其他管理一样，其管理方法必须遵循一定的原则，具体如下。

1．储位标识明确

先将储存区域详细划分，并加以编号，让每一种预备存储的商品都有位置可以存放。此位置必须是很明确的，而且是经过储位编码的，不可以是边界含混不清的位置，如走道、楼上、角落或某商品旁等。需要指出的是，仓库的过道不能当成储位来使用，虽然这样做短时间内会得到一些方便，但会影响商品的进出，违背了储位管理的基本原则。

2．商品定位有效

依据商品保管方式的不同，应该为每种商品确定合适的储存单位、储存策略、分配规则，以及其他储存商品要考虑的因素。货品应被有效地配置在先前所规划的储位上，例如是冷藏的商品就该放冷藏库，流通速度快的商品就该放置在靠近出口处，香皂不应该和食品放在一起等。

3．变动更新及时

当商品被有效地配置在规划好的储位上之后，接下来的工作就是储位的维护，也就是说不管是商品因拣货取出或是商品被淘汰，又或是受其他作业的影响，使得商品的位置或数量发生了改变时，都必须及时记录变动情形，以使记录与实物数量能够完全吻合。

(五)储位管理的方法与步骤

储位管理的基本方法是对储位管理原则的灵活运用，具体方法及步骤如下。

(1) 先了解储位管理的原则，接着应用这些原则来判别商品的储放需求。

(2) 对储放空间进行空间规划配置，同时选择储放设备及搬运设备。

(3) 对保管区域与设备进行储位编码和商品编号。

(4) 储位编码与商品编号完成后，选择用什么分配方式把商品分配到已编码的储位上时，可选择人工分配、计算机辅助分配、计算机全自动分配的方法进行分配。

(5) 商品分配到储位上后，要对储位进行维护。要做好储位维护的工作，除了使用传统的人工表格登记外，也可应用最有效率、最科学的方法来进行。

另外，在确定储位时还应注意以下几点：根据商品特性来储存；大批量使用大储区，小批量使用小储区；笨重、体积大的商品放在较坚固的层架底层及接近出货区；相同或相似的商品尽可能靠近储放；滞销的商品或小、轻及容易处理的商品使用较远储区；周转率低的商品尽量远离进货区、出货区；周转率高的商品尽量接近出货区。

【知识拓展 3-1】电子货架标签系统 ESLS

1．电子货架标签系统的概念

电子货架标签系统英文名称为 Electronic Shelf Label System，简称 ESLS，是一种放置在货架上、可替代传统纸质价格标签的电子显示装置，每一个电子货架标签通过有线或者无线网络与商场计算机数据库相连，并将最新的商品价格通过电子货架标签上的屏显示出来。电子货架标签事实上成功地将货架纳入了计算机程序，摆脱了手动更换价格标签的状况，实现了收银台与货架之间的价格一致性。电子货架标签，如图3-21和图3-22所示。

2. 电子货架标签系统的原理

首先数据库里的商品信息由主计算机通过电子货架标签系统应用软件做编码处理，然后将需要更新的价格等信息通过以太网(或串行通信口)传送到激发器；激发器驱动环形天线将载有商品数据信息的 RF 无线电信号发送至整个卖场(这里的环形天线通常布置在卖场天花板上围绕着整个卖场建筑，将 RF 无线信号的覆盖范围限制在一个特定的封闭空间内部)；电子货架标签是一个个带身份识别码的无线数据接收器，它们能够将接收到的 RF 信号还原成有效的数字信号并显示出来，电子货架标签系统具有点对点和群发两种通信功能，即：主计算机既可以对某个指定标签进行传送数据，也可以一次性地对所有标签进行控制。每个电子货架标签内部都存储有对应商品的多条信息，营业员可以借助智能手持终端设备方便地查询核对。

图 3-21 电子货架标签 1

图 3-22 电子货架标签 2

货架标签放置在特制的 PVC 导轨内(导轨固定在货架上)，也可以设置为悬挂式或者直立式多种结构。电子货架标签系统还支持远程控制，总部可以通过网络对其连锁分部的商品统一标价管理。

3. 电子货架标签系统的构成

电子货架标签系统由三部分组成，如图3-23所示。

(1) 应用软件：与门店已有的 ERP 系统对接，导出商品基本信息和价格信息，然后通过以太网或者 Wi-Fi，将更新数据发送给门店的专用 AP，在完成数据更新后，自动回收数据，最后确认每一次更新成功。

(2) 专用 AP：通过以太网和 Wi-Fi 接收门店修改信息，然后利用无线信号修改每一个商品的价格，最终将修改的信息回传给应用软件，这样确保每次传输的成功。

(3) 电子货架标签(ESL)：对应每一个商品显示其价格和基本信息，通过无线信号接收专用 AP 发送的更改信息。

4. 电子货架标签系统的功能

(1) 快捷、准确的价格显示，提高顾客满意度。

(2) 比纸标签更多的功能(如显示促销标志、多种货币价、单价、库存量等)。

(3) 减少纸标签的制作和维护费用。

(4) 为积极实施价格策略排除技术障碍。

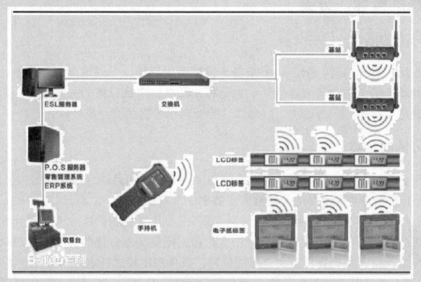

图 3-23　电子货架标签系统组成

5. 系统应用市场

1) 国内市场现状

电子货架标签系统在国内的零售业界的应用正处于起步阶段,其原因主要有以下两个。

(1) 与发达国家相比,国内廉价的劳动力成本使得纸标签的维护费用占有很少的商场总运营份额。

(2) 以前的电子货架标签系统制造商都在国外。

(3) 电子货架标签系统的安装费用和使用价值一直是众多商家争论的焦点。这样的平衡随着中国零售市场的日益国际化和电子货架标签系统本身的发展将逐渐被打破。

2) 全球市场现状

从全球市场来看,ESLS 空间巨大,按照《屏显时代》数据,全球对 ESLS 标签可能的现实需求达 20 亿个,市场规模达 1 000 亿个左右,但整体推进速度较慢。目前,ESLS 全球市场渗透率在 10%以上,主要是欧美市场,目前即便是在 ESLS 渗透率最高的法国,其大型超市的安装率也只有 30%左右,由此看来,全球 ESLS 市场还有非常大的发展空间

视频 3-2　高通 ESLS 电子货架标签演示视频

课堂思考 3-2:

假如超市全部采用 ESLS,分析超市的管理将会带来哪些变化?

第三节　自动分拣技术与应用

一、分拣的概念、分类

(一)分拣的概念

分拣是指为进行输送、配送，把很多货物按不同品种、不同地点和不同单位分配到所设置的不同场地的一种物料搬运活动，也是将物品从集中到分散的处理过程。因此，物品分拣的关键是对物品去向的识别、识别信息的处理和对物品的分流处理。

(二)分拣的分类

按分拣手段的不同，分拣可分为人工分拣、机械分拣和自动分拣系统三大类别。

(1) 人工分拣的主要缺点是劳动量大，效率低，差错率高。

(2) 机械分拣是以机械为主要输送工具，在各分拣位置配备的作业人员看到标签、色标、编号等分拣的标志后，便把货物取出。也有在箱式托盘装入分拣的货物，通过叉车等机械移动箱式托盘，用人力把货物放到分拣的位置，或再利用箱式托盘进行分配。

(3) 自动分拣系统是先进配送中心所必需的设施条件之一，具有很高的分拣效率，通常每小时可分拣商品 6 000～12 000 箱。可以说，自动分拣机是提高物流配送效率的一项关键因素，它是第二次世界大战后在美国、日本的物流中心中广泛采用的一种自动分拣系统，该系统目前已经成为发达国家大中型物流中心不可缺少的一部分。

二、自动分拣系统的主要特点

(1) 能连续、大批量地分拣货物。由于采用大生产中使用的流水线自动作业方式，自动分拣系统不受气候、时间、人的体力等的限制，可以连续运行，同时由于自动分拣系统单位时间分拣件数多，因此可以连续运行 100 个小时以上，每小时可分拣 7 000 件包装商品，如用人工则每小时只能分拣 150 件左右，同时分拣人员也不能在这种劳动强度下连续工作 8 小时。

(2) 分拣误差率极低。自动分拣系统的分拣误差率主要取决于所输入分拣信息的准确性，这又取决于分拣信息的输入机制，如果采用人工键盘或语音识别方式输入，则误差率在 3%以上；如果采用条形码扫描输入，则除非条形码的印刷本身有差错，否则不会出错。因此，目前自动分拣系统主要采用条形码技术来识别货物。

(3) 分拣作业基本实现无人化。国外建立自动分拣系统的目的之一就是为了减少人员的使用，减轻员工的劳动强度，提高人员的使用效率，因此自动分拣系统能最大限度地减少人员的使用，基本做到无人化。分拣作业本身并不需要使用人员，人员的使用限于以下工作。

① 送货车辆抵达自动分拣线的进货端时，由人工接货。

② 由人工控制分拣系统的运行。

③ 分拣线末端由人工将分拣出来的货物进行集载、装车。

④　自动分拣系统的经营、管理与维护。

例如，美国一公司配送中心面积为 10 万平方米左右，每天可分拣近 40 万件商品，仅使用约 400 名员工，其中部分人员都在从事上述①③④项工作，自动分拣线做到了无人化作业。

三、自动分拣系统的主要组成和分拣原理

自动分拣系统一般由控制装置、分类装置、输送装置及分拣道口组成。

(1) 控制装置的作用是识别、接收和处理分拣信号，根据分拣信息的要求，控制装置按商品品种、商品送达地点或货主的类别对商品进行自动分类。这些分拣需求可以通过不同方式，如条形码扫描、色码扫描、键盘输入、重量检测、语音识别、高度检测及形状识别等，输入到分拣控制系统中，根据对这些分拣信号的判断，来决定某一种商品该进入哪一个分拣道口。

(2) 分类装置的作用是根据控制装置发出的分拣指示，当具有相同分拣信号的商品经过分类装置时，分类装置感应并触动，使商品改变在输送装置上的运行方向而进入其他输送机或进入分拣道口。分类装置的种类很多，一般有推出式、浮出式、倾斜式和分支式四种，不同的装置对分拣货物的包装材料、包装重量、包装物底面的平滑程度等有不同的要求。

(3) 输送装置的主要组成部分是传送带或输送机，其主要作用是使待分拣商品通过控制装置和分类装置，输送装置的两侧一般要连接若干分拣道口，使分好类的商品滑下主输送机(或主传送带)，以便进行后续作业。

(4) 分拣道口是已分拣商品脱离主输送机(或主传送带)进入集货区域的通道，一般由钢带、皮带、滚筒等组成滑道，使商品从主输送装置滑向集货站台，在那里由工作人员将该道口的所有商品集中后或是入库储存，或是组配装车并进行配送作业。

以上四部分装置通过计算机网络连接在一起，配合人工控制及相应的人工处理环节构成一个完整的自动分拣系统，如图 3-24 所示。

图 3-24　自动分拣系统

(一)收货输入输送机

卡车送来的货物放在收货输送机上，经检查验货后，送入分拣系统，如图 3-25 所示。

图 3-25   收货输入输送机

为了满足物流中心吞吐量大的要求，提高自动分拣机的分拣量，往往采用多条输送带组成的收货输送机系统，以供几辆、几十辆乃至百余辆卡车同时卸货。这些输送机多是辊柱式和胶带式输送机。例如，连锁零售业的配送中心以分配商品为主，大多由几条辊柱式输送机组成收货系统；而在货物集散中心，往往沿卸货站台设置胶带输送机，待验货后，放在输送机上进入分拣系统。

值得一提的是，有些配送中心使用了伸缩式输送机，该输送机能伸入卡车车厢内，从而大大减轻了工人搬运作业的劳动强度。

(二)分拣指令设定装置

设定装置通常用于在待分拣货物的外包装上贴上或打印上表明货物品种、规格、数量、货位、货主、到达目的地等内容的标签。货物在进入分拣机前，先由设定装置把分拣信息(如配送目的地、客户名等)输入计算机中央控制器，再由控制装置根据标签上的代码，正确引导货物到达分叉处时的流向，堆垛机则按照代码把货物送到指定位置。在自动分拣系统中，分拣信息转变为分拣指令的方式有以下几种。

1. 人工键盘输入

人工键盘输入是指由操作者一边看着货物包装上粘贴的标签或书写的号码，一边在键盘上输入信息。键盘输入方式操作简便，费用低，限制条件少，但操作员必须集中注意力，劳动强度大，易出差错(看错、键错，据国外研究资料，差错率为 1/300)，而且输入的速度一般只能达到 1 000～1 500 件/时。

2. 声控方式输入

声控方式输入首先需将操作者的声音预先输入到控制器计算机中去，当货物经过设定装置时，操作员将包装上的标签代码依次读出，计算机接收声音并将其转为分拣信息，发出指令，传送到分拣系统的各执行机构。

声控输入法与人工键盘输入法相比速度稍快，可达 3 000～4 000 件/时，操作人员较省力，可手口并用。但声控方式输入事先需要储存操作人员的声音，当操作人员偶尔因咳嗽声哑时，就会发生差错。据国外物流企业实际使用情况来看，声控方式输入的效果并不十分理想。

3．激光扫描条码输入

激光扫描条码输入是指被拣商品包装上贴(或印)上代表物流信息的条码，在输送带上通过激光扫描器自动识别条码上的分拣信息，输送给控制器。由于激光扫描器的扫描速度极快，达 100～120 次/秒，来回对条码扫描，故能将输送机上高速移动货物上的条码正确读出。

激光扫描条码方式费用较高，商品需要物流条码配合，但输入速度快，可与输送带同步，达 5 000 件/时以上，差错率极小，规模较大的物流中心都采用这种方式。

4．计算机程序控制输入

计算机程序控制输入是指根据客户需要商品的品种和数量，预先编好程序，把全部分拣信息一次性输入计算机，控制装置即按程序执行。计算机程序控制方式是最先进的方式，它需要与条码技术结合使用，而且还须置于整个企业的计算机经营管理之中。一些大型的现代化配送中心把各个客户的订货单一次性输入计算机，在计算机的集中控制下，商品货箱从货架被拣选取下，在输送带上由条码喷印机喷印条码，然后进入分拣系统，全部过程实现自动化。

(三)合流输送机

大规模的分拣系统因分拣数量较大，往往由 2～3 条传送带输入被拣商品，它们在分别经过各自的分拣指令设定装置后，必须经过辊柱式输送机组成的合流装置，它能让到达汇合处的货物依次通过。通常 A、B、C 三条输送机上的商品，经过合流交汇处由计算机"合流程序控制器"按照谁先到达谁先走的原则控制，若同时到达，按 A→B→C 的顺序控制。

(四)送喂料输送机

货物在进入分拣机之前，先经过送喂料输送机，由速度传感器将输送机的实际带速反馈到控制装置，进行随机调整，这是自动分拣系统成败的关键，如图 3-26 所示。送喂料输送机主要有两个阶段：第一阶段依靠光电管的作用，使前后两货物之间保持一定的间距(最小为 250mm)，均衡地进入分拣传送带，速度一般约为 35m/min；第二阶段使货物逐渐加速到与分拣机主输送机相同的速度。

(五)货物传送装置及分拣机构

货物传送装置和分拣机构是自动分拣系统的主体。前者的作用是把被分拣的货物送到设定的分拣道口位置；后者的作用是把被分拣的货物推入分拣道口。各种类型的分拣机的主要区别就在于采用不同的传送装置(如钢带输送机、胶带输送机、托盘输送机和辊柱输送机等)和不同的分拣机构(如推出器、浮出式导轮转向器和倾盘机构等)。

图 3-26　送喂料输送机

(六)分拣卸货道口

分拣卸货道口是用来接纳由分拣机构送来的被分拣货物的装置。它的形式多种多样，主要取决于分拣方式和场地空间，一般采用斜滑道，其上部接口设置动力辊道，把分拣商品"拉"入斜滑道。

斜滑道可看作是暂存未被取走货物的场所。当滑道满载时，由光电管控制，阻止分拣物再进入分拣道口。此时，该分拣道口上的"满载指示灯"会闪烁发光，通知操作人员赶快取走滑道上的货物，消除积压现象。一般分拣系统还设有专用道口，以汇集"无法分拣"和因"满载"而无法进入设定分拣道口的货物，以作另行处理。有些自动分拣系统使用的分拣斜滑道在不使用时可以向上吊起，以便充分利用分拣场地。

(七)计算机控制系统

计算机控制系统是向分拣系统的各个执行机构传递分拣信息，并控制整个分拣系统的指挥中心。自动分拣的实施主要靠计算机控制系统把相应的分拣信号传送到相应的分拣道口，并指示启动分拣装置，把被分拣商品推入道口。

四、常见的自动分拣机

(一)钢带推出式分拣机

钢带推出式分拣机的主体是整条的钢带输送机。按钢带的设置形式，可分为平钢带式和斜钢带式两种。

最常用的推出机构是括板式推出机构，推出货物时括板边平行于货箱，平稳地将货箱推出，避免损伤，并快速退回让后继货物通过，如图 3-27 所示。

图 3-27　括板式推出机构

(二)胶带浮出式分拣机

胶带浮出式分拣机的主体是分段的胶带输送机。在传送胶带的下面设置有两排旋转的滚轮,每排由 8～10 个滚轮组成,滚轮的排数也可设计为单排,主要是根据被分拣货物的重量来决定单排还是双排。滚轮接收到分拣信号后立即跳起,使两排滚轮的表面高出主传送带 10mm,并根据信号要求向某侧倾斜,使原来保持直线运动的货物在一瞬间转向,实现分拣,如图 3-28 所示。

图 3-28　胶带浮出式分拣机

胶带浮出式分拣机适用于包装质量较高的纸制货箱,一般不允许在纸箱上使用包装带,分拣能力达 7 500 箱/时。该类型分拣机的优点是:可以在两侧分拣;冲击小,噪声低;运行费用低,耗电少;可设置较多的分拣道口。其缺点是:对被分拣货物的包装质量和包装形状要求较高,对重物或轻薄货物不能分拣,同时也不适宜木箱、软性包装货物的分拣。

(三)翻盘式分拣机和翻板式分拣机

1. 翻盘式分拣机

翻盘式分拣机的传送装置是一排由链条拖行的翻盘,当翻盘移动到设定的分拣道口时,向左侧倾斜，被分拣货物依靠重力滑入分拣道口，如图 3-29 所示。翻盘式分拣机具有以下两大特点。

(1) 传送翻盘的链条能在水平和垂直两个平面内转向，因此翻盘传送带可在空间内任意布置。

(2) 被分拣货物是通过喂料输送机进入翻盘的，喂料输送机是一段分级加速的高速输送机，最后以 180m/min 的高速度把被分拣的货物送入空翻盘。喂料输送机可设在翻盘输送带的任意一点或几点，送入角度可以是直角也可以是斜角。

由于以上两个特点，翻盘式分拣机输送线路的布置十分灵活，既能水平，也能倾斜；平面上可呈直线形、环形或不规则形。用翻盘式分拣机能组成一个变化多样的空间分拣系统，这是其他几类分拣机难以办到的。

2．翻板式分拣机

翻板式分拣机与翻盘式分拣机类似，均属"倾翻型"。它的传送部分是由并列的窄状翻板所组成，翻板宽 200mm，长度 600～900 mm，由 3～6 块翻板组成一组承载单元，可向两侧倾翻 30°，翻板的块数取决于被分拣货物的长度，如图 3-30 所示。

图 3-29　翻盘式分拣机　　　　　　图 3-30　翻板式分拣机

在分拣货物时，每一承载单元前后的翻板陆续倾翻，使长件货物能平稳地转向翻入分拣道口。这类分拣机的特点是能分拣长件货物，分拣传送线也能转弯和倾斜。传送线最大速度达 150m/min，最大分拣能力达 12 000 件/时，分拣货物重量最大为 75kg，最小为 0.2kg；包装尺寸最大为 750mm×650mm×500mm，最小为 100mm×50mm×10mm。

翻盘式分拣机和翻板式分拣机的优点是：布置灵活；能从多处送入货物；分拣道口可两侧布置；道口间距极小，故可布置较多的道口，位置灵活，经济性好；能分拣极小的货物。其缺点是：对货物有撞击，噪声大；不适宜较大、较重、较高的货物。

(四)滑块式分拣机

滑块式分拣机的传动装置是一条板式输送机，其板面由金属板条或管子组成，每块板条或管子上各有一枚导向块，能作横向滑动，如图 3-31 所示。导向块靠在输送机的一侧边上，当被分拣的货物到达指定道口时，控制器使导向块按顺序向道口方向移动，把货物推入分拣道口。由于导向块可向两侧滑动，故可在分拣机两侧设置分拣道口，以节约场地空间。这类分拣机系统在计算机控制下可自动识别和自动采集数据，操纵导向滑块，故被称为智能型输送机。这类分拣机振动小，不损货物，适宜于各种形状、体积和重量在1～90kg的货物，分拣能力最高达12 000件/时，准确率99.9%，是当代最新型的高速分拣机。

图 3-31　滑块式分拣机

(五)交叉带式分拣机

交叉带式分拣机的特点是取消了传统的盘面倾翻、利用重力卸落货物的结构，而在车体上设置了一条可以双向运转的短传送带(又称交叉带)，用它来承接传送带输送来的货物，由牵引链牵引运行到格口，再由交叉带运转，将货物强制卸落到左侧或右侧的格口中，如图 3-32 所示。

图 3-32　交叉带式分拣机

交叉带式托盘小车具有以下两个显著的优点。

(1) 能够按照货物的质量、尺寸、位置等参数来确定托盘承接货物的启动时间、运转速度的大小和变化规律，从而摆脱了货物质量、尺寸、摩擦系数的影响，能准确地将各种规格的货物承接到托盘的中部位置。这扩大了上机货物的规格范围，在业务量不大的中小型配送中心，可按不同的时间段处理多种货物，从而节省了设备的数量和场地。

(2) 货物卸落时，同样可以根据货物质量、尺寸及在托盘带上的位置来确定托盘的启动时间、运转速度，可以快速、准确、可靠地卸落货物，能够有效地提高分拣速度，缩小格口宽度，从而缩小机器尺寸，有明显的经济效益。

交叉带式分拣机的适用范围比较广泛，它对货物形状没有严格限制，箱类、袋类甚至超薄形的货物都能分拣，分拣能力达 10 000 件/时。

(六)悬挂式分拣机

悬挂式分拣机是用牵引链(或钢丝绳)作牵引件的分拣设备，如图 3-33 所示。按照有无支线，它可分为固定悬挂和推式悬挂两种机型。前者用于分拣、输送货物，它只有主输送路线，吊具和牵引链连接在一起；后者除主输送线路外还具备储存支线，并有分拣、储存、输送货物等多种功能。

图 3-33　悬挂式分拣机

(七)滚筒式分拣机

滚筒式分拣机的每组滚筒(一般由 3～4 个滚筒组成，与货物宽度或长度相当)均各自具有独立的动力，可以根据货物的存放和分路要求，由计算机控制各组滚筒的转动或停止。货物输送过程中，在需要积放、分路的位置均设置光电传感器进行检测。如图 3-34 所示。

图 3-34　滚筒式分拣机

滚筒式分拣机一般适用于包装良好、底面平整的箱装货物，其分拣能力高但结构较复杂，价格较高。

五、自动分拣系统的使用条件

第二次世界大战以后，自动分拣系统逐渐开始在西方发达国家投入使用，成为发达国家先进的物流中心、配送中心或流通中心所必需的设施条件之一。但因其要求使用者必须具备一定的技术经济条件，因此在发达国家，物流中心、配送中心或流通中心不用自动分拣系统的情况也很普遍。在引进和建设自动分拣系统时，一定要考虑以下条件。

1．一次性投资巨大

自动分拣系统本身需要建设短则40～50m，长则150～200m的机械传输线，还要有配套的机电一体化控制系统、计算机网络及通信系统等，这一系统不仅占地面积大，需要2万平方米以上，而且一般自动分拣系统都建在自动主体仓库中，这样就要建3～4层楼高的立体仓库，库内需要配备各种自动化的搬运设施，这丝毫不亚于建立一个现代化工厂所需要的硬件投资。这种巨额的先期投入要花10～20年才能收回，如果没有可靠的货源作保证，则有可能大都由大型生产企业或大型专业物流公司投资，小企业无力进行此项投资。

2．对商品外包装要求高

自动分拣系统只适用于分拣底部平坦且具有刚性包装规则的商品。袋装、包装底部柔软且凹凸不平、包装容易变形、易破损、超长、超薄、超重、超高、不能倾覆的商品不能使用普通的自动分拣机进行分拣。因此，为了使大部分商品都能用机械进行自动分拣，可以采取两条措施：一是推行标准化包装，使大部分商品的包装符合国家标准；二是根据所分拣的大部分商品的统一的包装特性定制特定的分拣机。但要让所有商品的供应商都执行国家的包装标准是很困难的，定制特定的分拣机又会使硬件成本上升，并且越是特别的其通用性就越差，因此公司要根据经营商品的包装情况来确定是否建或建什么样的自动分拣系统。

3．业务量需求大

启动分拣系统的开发经营成本比较大，开机后的运行成本也比较大，因此需要有相应的业务量支持，需保证开机后货源不断，使系统连续带负荷运行，以保证系统的使用效率。

【知识拓展3-2】解构京东智慧物流：智能化设备+大数据技术

京东智慧物流包括两个方面，一是基于大数据预测分析技术实现智能化的调度、决策，二是采用一些更加自动化、智能化的设备提升物流效率，最终提升客户的体验。

一、京东智慧物流系统

青龙系统涵盖了分拣中心(分拨中心)、运输干线、传板的系统，还有整个配送系统，包括京东的配送站和配送员——目前的范围已经扩展到整个校园的京东派的系统和农村的代理人的系统，以及京东物流开放平台。

青龙系统的研发始于2012年，1.0版基本上就是物流的一些核心功能，包括分拣中心，京东把整个物流做得相对完善了，2014年做3.0版，从物流的开放平台到整个增益项做了打通。2016年的软件版本号6.0，定位是智慧物流，包括大数据和智能化设备的利用，其中一个重要的项目就是京东智能分拣中心，引入了多种智能化的设备。

二、智能分拣的探索

面向华北地区、位于固安的智能分拣中心是京东第一个智能化的分拣中心，采用了一套全智能化、机械化操作的平台，拥有独立的场院管理系统及AGV操作台，其完善的远程实时监控体系有效地实现了整个业务操作流程的可视化。规避了人工存在的用时长、分拣差错率大等问题，在节约成本的同时提升了物流的运转效率。

(1) 智能分拣机和龙门架的引入实现了智能收货和发货，脱离人工操作，让分拣环节更加自动化和智能化，保证包裹分拣正确率达到99%，促进了包裹的高速运转。

(2) 自动称重设备有助于快速、精确地对包裹进行称重，并准确计算物流费用。

(3) 视觉扫描仪可以实现漏扫描包裹影像照片的调取，通过人工补码方式完成系统数据录入，实现扫描率100%。

(4) 智能分拣柜采用立体分拣结构，结合LED灯光完成包裹实物分拣和系统数据同步流转。

(5) 工位管理系统的上线将能够实现对员工的智能排班和岗位管理，有效地提升了运营效率。

(6) 智能看板和远程视频，将实现对分拣场地的实时流程把控，有效提升集团或区域对现场的管控力度。

(7) AGV机器人自动沿规定的导引路径行驶，将包裹自动移载到特定的位置，节省了人力和运输时间。

京东管理人员介绍，固安京东智能分拣中心的日订单分拣能力已经达到30万单，与矩阵式分拣方式相比，人员投入比例减少了近70%，效率提升了5倍。

三、大数据的四个作用

京东的大数据和物流的结合，其基础是京东的高质量核心数据和京东在大数据存储、处理技术方面的投入。京东在B2C自营和电商平台上采集和积累了大量的用户数据、商品数据和供应商数据，此外还有青龙系统积累的仓储和物流以及用户的地理数据和习惯数据，这些数据可以很好地支持一些精准的模型。

根据京东的规划，大数据和物流的结合包括以下四个层面。

1. 数据的展示

通过大数据与青龙系统的结合，管理人员可以清楚地看到京东物流的整体运行状况，以智能分拣中心为例，可以实时地看到每天几百万的包裹什么时候在分拣中心、处理的单号和核心节点之间的差异到底是什么样子，这样集团管理层以及智能分拣中心的管理者都能够及时掌握物流的运营情况。

2. 时效评估

通过大数据，青龙系统可以看到机构时效的一些情况，并且能够详细到具体的分拣中心，包括具体的片区甚至批货站，能够具体地了解PPM是多少，评估整个运营系统的健康状况——京东通过数据和一些建模的工作，做一个模型来判断一个机构、片区、分拣中心站点的健康度，让管理者和具体的执行者能看到清楚的差距，并且KPI对应的数据也是非常可靠的，这样对整体的运营有非常大的好处。

3. 预测功能

预测性分析是大数据应用的一个重点，京东物流也是如此，从下单到仓储到运输，有一个提前预测计算的过程。通过利用历史消费、浏览数据和仓储、物流数据建模，对单量进行预测，京东智能分拣中心能够提前知道未来一段时间内大约需要处理多少的单量(京东目前一两小时内的单量预测结果基本准确)，从而能够比较好地安排自动分拣以及员工的出勤，并且能够给一些预警——如果觉得目前的处理能力可能不够，就需要提前做一些安排。

这种预测结果现在下沉到站长级，因为京东希望大数据技术能让一线具体操作人员的工作更加的标准化、更加简单，例如，配送员不用人工判断哪个包裹是需要他送的，通过相关的技术，系统扫描之后就可以准确判断配送员对应的包裹，甚至提前打好对应的标签，从而提高配送效率。

4. 支持决策

智慧物流需要智能建站，京东有5 000多个站点，通过大数据建模进行单量和传输距离的综合分析来选择新的建站点，可以更好地实现整个路由的优化，这对物流非常重要。基于大数据的预测功能，路由才能越做越好。京东作为一家具有电商、供应商、物流等能力的综合性平台，有综合的数据，把这些结合起来，在可控的前提下进行决策，能够给予消费者提供更好的体验。

(数据来源：GEEK 头条 http://geek.csdn.net)

视频 3-3　京东物流智能机器人仓库　　　　视频 3-4　京东、天猫、亚马逊自动化分拣仓库

第四节　自动化立体仓库技术与应用

一、自动化立体仓库概述

仓库的产生和发展是第二次世界大战之后生产技术发展的结果。20 世纪 50 年代初，美国出现了采用桥式堆垛起重机的立体仓库；20 世纪 50 年代末 60 年代初，出现了司机操作的巷道式堆垛起重机立体仓库；1963 年，美国率先在高架仓库中采用计算机控制技术，建立了第一座计算机控制的立体仓库。此后，自动化立体仓库在美国和欧洲得到迅速发展，并形成了专门的学科。20 世纪 60 年代中期，日本开始兴建立体仓库，并且发展速度越来越快，成为当今世界上拥有自动化立体仓库较多的国家。

我国对立体仓库及其物料搬运设备的研制开始得并不晚，1963 年研制成第一台桥式堆垛起重机(机械部北京起重运输机械研究所)，1973 年开始研制我国第一座由计算机控制的自

动化立体仓库(高 15m，北京机械工业自动化研究所)，该库 1980 年投入运行。2002 年，仓储物流集成商日本大福在中国成立第一家子公司。2012 年，亚马逊收购仓储物流机器人公司 Kiva，仓储物流机器人逐渐成为中国各大电商、物流企业的布局重点。2014 年，京东建成首座"亚洲一号仓"。40 多年来，自动化立体仓库主要应用于冷冻食品、家电、电子、医药、烟草以及军事等领域。截至 2022 年 6 月底，中国智能仓储业注册公司(所有开业状态)总计达到了 6 911 家，约占整体仓储行业的 1.7%。

自动化立体仓库又称为高层货架仓库(简称高架仓库)，一般采用几层、十几层乃至几十层的货架来储存单元货物。由于这类仓库能充分利用空间储存货物，故被形象地称为"立体仓库"。自动化仓库系统(Automated Storage and Retrieval System，AS/RS)是在无须人工处理的情况下就能自动存储和取出物料的系统。

自动化立体仓库就是采用高层货架存放货物，以巷道堆垛起重机为主，结合入库与出库周边设备来进行自动化仓储作业的一种仓库。

(一)自动化立体仓库系统的组成

自动化立体仓库系统主要由货架、传输设备、存储设备、堆垛机、控制系统、通信系统以及计算机管理监控系统等部分组成。自动化立体仓库系统能够按照指令自动完成货物的存取，并能对库存货物进行自动管理，完全实现自动化作业。

(二)自动化立体仓库的功能

自动化立体仓库具有以下几个方面的功能。

(1) 大量储存。一个自动化立体仓库拥有货位数可以达到 30 万个，如 30 万个托盘，以平均每托盘储存货物 1 吨计算，则一个自动化存取系统可同时储存 30 万吨货物。

(2) 自动存取。自动化仓库的出入库及库内搬运作业全部是由计算机控制的机电一体化作业。

(3) 可以扩展到分类、计量、包装、分拣、配送等功能。

(三)自动化立体仓库的分类

(1) 按照立体仓库的高度，自动化立体仓库可分为低层立体仓库、中层立体仓库和高层立体仓库。低层立体仓库的高度在 5m 以下，中层立体仓库的高度在 5～15m，高层立体仓库的高度在 15m 以上。立体仓库的建筑高度最高可达 40m，常用的立体仓库高度在 7～25m。

(2) 按照操作对象的不同，自动化立体仓库可分为托盘单元式自动仓库(Pallet Unit AS/RS)、箱盒单元式自动仓库(Fine Stocker)、拣选式高层货架仓库(Pick Stocker)、单元/拣选式自动仓库(Unit-pick Stocker)、高架叉车仓库(Rack Fork Stocker)等。其中，采用托盘集装单元方式来保管物料的自动仓库，被国内企业较为广泛地采用。

(3) 按照储存物品的特性，自动化立体仓库可分为常温自动化立体仓库、低温自动化立体仓库以及防爆型自动仓库等。

(4) 按货架构造形式，自动化立体仓库可分为单元货格式仓库、贯通式仓库、水平旋转式仓库和垂直旋转式仓库。

(四)自动化立体仓库的特点及适用条件

1．自动化立体仓库的优点

自动化立体仓库能较好地满足特殊仓储环境的需要，保证货品在整个仓储过程的安全运行，提高作业质量；由于采用了高层货架和自动化管理系统，能够大大提高仓库的单位面积利用率，提高劳动生产率，降低劳动强度；能够减少货物处理和信息处理过程的差错；能够合理有效地进行库存控制；便于实现系统的整体优化。

2．自动化立体仓库的缺点

自动化立体仓库具有以下几个方面的特点。

(1) 结构复杂，配套设备多，需要的基建和设备投资大。

(2) 货架安装精度要求高，施工比较困难，而且施工周期长。

(3) 储存货品的品种受到一定的限制，不同类型的货架仅适合于不同的储存物品，因此，自动化立体仓库一旦建成，系统的更新改造会比较困难。

3．自动化立体仓库的适用条件

自动化立体仓库适用于货品的出入库作业频率较大，且货物流动比较稳定的情况。系统运行需要有较大的资金投入，需要配备一支高素质的专业技术队伍，且对货品包装的要求较为严格，仓库的建筑地面还应有足够的承载能力。

二、自动化立体仓库机械设备

自动化立体仓库机械设备一般包括高层货架、巷道堆垛机，以及周边搬运系统、控制系统与装卸码垛机器人等。

(一)高层货架

高层货架是自动化立体仓库的主要组成部分，是保管物料的场所。随着仓库自动化程度的提高，要求货架的制造和安装精度也相应提高，高层货架的高精度是自动化立体仓库的主要保证之一。

高层货架的分类方法有以下几种。

1．按建筑形式分类

(1) 整体式：由货架顶部支撑建筑屋架，在货架边侧安装墙围，货架与建筑物形成一个整体。其建筑费用低，抗震，尤其适用于 15m 以上的大型自动仓库。

(2) 分离式：货架与建筑无关，呈独立、分离状态，适用于车间仓库、旧库技术改造和中小型自动仓库。

2．按建造材料分类

(1) 钢筋混凝土货架：其优点是防火性能好，抗腐蚀能力强，维护保养简单。

(2) 钢货架：其优点是构件尺寸小，仓库利用率高，制作方便，安装建设周期短。

3．按负载能力分类

(1) 轻负载式高层货架：高度5～10m，以塑料篮等容器为存取单位，存取重量为50～100kg，一般以重量轻、小的货物为储存对象较适合，如电子零件、精密机器零件、汽车零件、药品及化妆品等。

(2) 单元负载式高层货架：高度可达40m，储位量可约达10万个托盘单元，适用于大型的仓库，普遍的高度为6～15m，储位数为100～1 000个托盘单元。随着仓储自动化技术的不断进步，存取时间越来越快，以100个托盘单元存取为例，平均存取时间为70秒/托盘。

(二)巷道堆垛机

巷道堆垛机又称巷道堆垛起重机，是自动化立体仓库中最重要的搬运设备。巷道堆垛机一般由机架、运行机构、升降机构、货车司机室、货叉伸缩机构以及电气控制等组成。

巷道堆垛机的分类有以下几种。

(1) 按用途分为单元型、拣选型和单元—拣选型三种。

(2) 按控制方式分为手动、半自动和全自动三种。

(3) 按应用巷道数量分为直道型、转弯型和转轨型三种。

(4) 按金属结构的形式分为单立柱和双立柱两种。

1．单立柱巷道堆垛机

单立柱巷道堆垛机的机架由一根立柱和下横梁组成。立柱多采用较大的H型钢或焊接制作，立柱上附加导轨，如图3-35所示。整机重量较轻，消耗材料少，因此制造成本相对较低，但刚性稍差。

2．双立柱巷道堆垛机

双立柱巷道堆垛机的机架由两根立柱和上横梁、下横梁组成一个长方形框架，如图3-36所示。立柱形式有方管和圆管，方管兼做起升导轨，圆管需附加起升导轨。

图3-35　单立柱巷道堆垛机

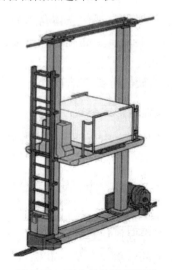

图3-36　双立柱巷道堆垛机

(三)周边搬运系统

巷道堆垛机只能在巷道内进行存取作业，货物出入库需通过周围的配套搬运机械设施。

周边搬运系统包括搬运输送设备、自动导引搬运车、码垛机器人、叉车、台车和托盘等。其作用是配合巷道堆垛机完成货物的运输、搬运、分拣等作业，还可以临时取代其他主要搬运系统，使自动存取系统维持工作，完成货物出入库作业。

1. 穿梭车

在自动化物流系统中，物料输送主要采用链式、辊道、带式输送机等通用设备，一般均固定在地面上。将上述设备装上行走轮，沿固定路径移动，就成为穿梭车(Rail Guide Vehicle，RGV)。穿梭车具有动态移载的特点，能使物料在不同工位之间的传送及输送线的布局更加紧凑、简捷，从而提高物料的输送效率。因此，穿梭车在自动化物流系统中应用较为普遍。

一般来说，沿固定轨道行走的输送设备称为穿梭车，无轨的称为自动导引车(AGV)，在空中输送的称为悬挂小车(EMS)。从轨道形式上，穿梭车可分为往复式直行穿梭车和环行穿梭车，环行穿梭车能在同一轨道上运行多辆车体，可大大提高搬运能力，是穿梭车的发展趋势。目前，国内穿梭车的速度一般为120～200m/min，在国外机场行李分拣系统中，采用无接触能量传输技术的穿梭车的最高行走速度可达600m/min。

穿梭车是通过导轨或地链来约束和引导小车运行的。它有两套传动机构：输送机构和运动机构。穿梭车的约束导轨有双轨和单轨两种，如图3-37所示。

图3-37　双轨和单轨往复穿梭车

2. 辊筒式输送机

辊筒式输送机分为无动力式和动力式，无动力式呈一定坡度，使货物靠自身重力从高端移动到低端；动力式由一系列排列整齐的具有一定间隔的辊子组成，3～4个辊子同时支撑一件货物，如图3-38所示。

图 3-38　辊筒式输送机

3．链式输送机

链式输送机又包括平顶式板链输送机、悬挂链输送机和链式提升机。

(1) 平顶式板链输送机：以承托方式对物料进行输送，使用的链条都是本身具有平面顶板的输送链条。

(2) 悬挂链输送机：是将众多工装吊具按等间距间隔用特制输送链条连接，安装于悬空架设的导轨上，动力部件驱动链条使工装吊具沿导轨移动，从而完成输送作业的输送机。

(3) 链式提升机：是以垂直方向输送货物为目的的一种链式输送机。其优点在于占用空间小，输送效率高。但它对输送物料的外表形态及体积都有限制，多以件货为主。

4．自动导引搬运车

自动导引搬运车(Automatic Guided Vehicle，AGV)是装备有电磁或光学等自动导引装置，能够沿规定的导引路径行驶，具有安全保护以及各种移载功能的运输小车，是自动化物流系统中的关键设备之一。AGV 是在计算机和无线局域网络的控制下，经磁、激光等导向装置引导并沿程序设定路径运行完成作业的无人驾驶自动小车。

1) AGV 的基本结构组成

AGV 主要由车架、驱动装置、蓄电和充电装置、转向装置、车上控制器、安全保护装置、信息传输与处理装置等组成，如图 3-39 所示。

图 3-39　AGV 结构示意图

2) AGV 的导航技术

AGV 之所以能够实现无人驾驶，导航和导引对其起到了至关重要的作用。随着技术的发展，目前能够用于 AGV 的导航技术主要有以下几种。

(1) 直接坐标。直接坐标用定位块将 AGV 的行驶区域分成若干坐标小区域，通过对小区域的计数实现导引，一般有光电式(将坐标小区域以两种颜色划分，通过光电器件计数)和电磁式(将坐标小区域以金属块或磁块划分，通过电磁感应器件计数)两种形式。其优点是可以实现路径的修改，导引的可靠性好，对环境无特别要求；缺点是地面测量安装复杂，工作量大，导引精度和定位精度较低，且无法满足复杂路径的要求。

(2) 电磁导引。电磁导引是较为传统的导引方式之一，目前仍被许多系统采用，它是在 AGV 的行驶路径上埋设金属线，并在金属线上加载导引频率，通过对导引频率的识别来实现 AGV 的导引。其优点是引线隐蔽，不易污染和破损，导引原理简单而可靠，便于控制和通信，对声光无干扰，制造成本较低；缺点是路径难以更改和扩展，对复杂路径的局限性大。

(3) 磁带导引。磁带导引与电磁导引相近，通过在路面上贴磁带来替代在地面下埋设金属线，通过磁感应信号实现导引。其灵活性比较好，改变或扩充路径较容易，磁带铺设简单易行；但此导引方式易受环路周围金属物质的干扰，磁带易受机械损伤，因此导引的可靠性受外界影响较大。

(4) 光学导引。光学导引是在 AGV 的行驶路径上涂漆或粘贴色带，通过对摄像机采集到的色带图像信号进行简单处理而实现导引。其灵活性比较好，地面路线设置简单易行；但对色带的污染和机械磨损十分敏感，对环境要求过高，导引可靠性较差，精度较低。

(5) 激光导引。激光导引是在 AGV 行驶路径的周围安装位置精确的激光反射板，AGV 通过激光扫描器发射激光束，同时采集由反射板反射的激光束，来确定其当前的位置和航向，并通过连续的三角几何运算来实现 AGV 的导引。

此项技术最大的优点是 AGV 定位精确，地面无须其他定位设施，行驶路径灵活多变，能够适合多种现场环境，是目前国外许多 AGV 生产厂家优先采用的先进导引方式；缺点是制造成本高，对环境要求(如外界光线要求、地面要求、能见度要求等)相对较苛刻，不适合室外环境(尤其是易受雨、雪、雾的影响)。

(6) 惯性导航。惯性导航是在 AGV 上安装陀螺仪，在行驶区域的地面上安装定位块，AGV 可通过对陀螺仪偏差信号(角速率)的计算及地面定位块信号的采集来确定自身的位置和航向，从而实现导引。

此项技术在军方较早运用，其优点是技术先进，与电磁导引相比，地面处理工作量小，路径灵活性强；缺点是制造成本较高，导引的精度和可靠性与陀螺仪的制造精度及其后续信号处理密切相关。

(7) 视觉导航。视觉导航是对 AGV 行驶区域的环境进行图像识别，实现智能行驶。这是一种具有巨大潜力的导引技术，已被少数国家的军方采用，将其应用到 AGV 上，目前还只停留在研究中，还未出现采用此类技术的实用型 AGV。

(8) GPS(全球定位系统)导航。GPS 导航是通过卫星对非固定路面系统中的控制对象进行跟踪和制导。目前此项技术还在发展和完善，通常用于室外远距离的跟踪和制导，其精度取决于卫星在空中的固定精度和数量，以及控制对象的周围环境等因素。

5. 码垛机与码垛机器人

自动化立体仓库系统中大量使用码垛机或码垛机器人完成码垛、拆垛的工作，如图 3-40

所示。机器人自动装箱、码垛工作站是一种集成化的系统，包括工业机器人、控制器、编程器、机器人手爪、自动拆/叠盘机、托盘输送及定位设备和码垛模式软件。此外，它还配置自动称重、贴标签和检测及通信系统，并与生产控制系统相连接，以形成一个完整的集成化包装生产线。机器人自动装箱、码垛工作站可应用于建材、家电、电子、化纤、汽车、食品等行业。

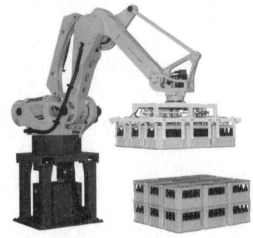

图 3-40　码垛机和码垛机器人

机器人自动装箱、码垛工作站的具体应用有以下几种。

(1) 生产线末端码垛的简单工作站：这种柔性码垛系统从输送线上下料并将工件码垛、加层垫等，紧跟着有一输送线将码好的托盘送走。

(2) 码垛/拆垛工作站：这种柔性码垛系统可将三垛不同货物码成一垛，机器人还可抓取托盘和层垫，一垛码满后由输送线自动输出。

(3) 生产线中码垛：工件在输送线定位点被抓取并放到两个不同的托盘上，层垫也被机器人抓取。

(4) 生产线末端码垛的复杂工作站：工件来自三条不同线体上，它们被抓取并放到三个不同托盘上，层垫也被机器人抓取。

三、自动化立体仓库的优越性能

自动化立体仓库的优越性是多方面的，对于企业来说，可在以下几个方面得到体现。

1. 提高空间利用率

早期立体仓库构想的基本出发点就是提高空间利用率，充分节约有限且宝贵的土地。在西方有些发达国家，提高空间利用率的观点已有更广泛深刻的含义，节约土地已与节约能源、环境保护等更多的方面联系起来。有些甚至把空间的利用率作为系统合理性和先进性考核的重要指标来对待。一般来说，自动化立体仓库的空间利用率为普通平库的 2～5 倍，这是相当可观的。

2. 便于形成先进的物流系统，提高企业生产管理水平

传统仓库只是货物储存的场所，保存货物是其唯一的功能，是一种"静态储存"。自动化立体仓库采用先进的自动化物料搬运设备，不仅能使货物在仓库内按需要自动存取，而且可以与仓库以外的生产环节进行有机的连接，并通过计算机管理系统和自动化物料搬运设备使仓库成为企业生产物流中的一个重要环节。企业外购件和自制生产件进入自动化仓库储存是整个生产的一个环节，短时储存是为了在指定的时间自动输出到下一道工序进行生产，从而形成一个自动化的物流系统，这是一种"动态储存"，也是当今自动化立体仓库发展的一个明显的技术趋势。

以上所述的物流系统又是整个企业生产管理大系统(从订货、必要的设计和规划、计划编制和生产安排、制造、装配、试验、发运等)的一个子系统，建立物流系统与企业大系统间的实时连接，是目前自动化立体仓库发展的另一个明显的技术趋势。

视频 3-5　蒙牛自动化立体仓库　　　　　视频 3-6　汇兴智造-自动化立体仓库

复习思考题

一、名词解释

托盘　　货架　　分拣　　AGV

二、选择题

1. 托盘货物的装盘堆码方式有(　　)。
   A. 重叠式　　　　　　　　　　B. 纵横交错式
   C. 旋转交错式　　　　　　　　D. 通风式

2. 贯通式货架又可称为(　　)。
   A. 廊式货架　　B. 驶进式货架　　C. 横梁式货架　　D. 悬臂式货架

3. 根据作业方式的不同，储位管理的范围可分为(　　)。
   A. 分拣储区　　B. 保管储区　　C. 动管储区　　D. 预备储区

4. 自动分拣系统一般由(　　)部分组成。
   A. 控制装置　　B. 分类装置　　C. 输送装置　　D. 分拣道口

5. 常见的 AGV 导航技术主要有(　　)。
   A. 电磁导航　　B. 激光导航　　C. GPS 导航　　D. 磁带导航

三、问答题

1. 简述托盘的特点。
2. 简述影响托盘标准化的因素。
3. 货架设计应遵循的基本原则是什么?
4. 引进和建设自动分拣系统时一定要考虑哪些问题?
5. 自动化立体仓库的功能有哪些?

第四章
装卸搬运设备与应用

学习目标

- 了解装卸搬运设备的基本概念和主要分类，熟悉设备的结构特征和适用范围；

- 掌握主要设备的基本特点、性能参数和选用原则，能够根据装卸作业的特点选择合理的装卸设备，能根据作业需求制定合理的搬运作业流程。

装卸搬运活动在整个物流过程中占有很重要的位置。物流过程各环节之间以及同一环节不同活动之间，都是通过装卸搬运作业有机结合起来的，从而使物品在各环节、各种活动中处于连续运动。另外，不同运输方式之间的联合运输也是靠装卸搬运的衔接而完成的。当前，装卸搬运作业基本已经实现机械化、自动化，根据作业要求不同，可配备不同的装卸搬运设备，从而提高装卸效率、装卸质量和降低装卸搬运作业成本。

第一节 叉 车

叉车是指对成件托盘货物进行装卸、堆垛和短距离运输、重物搬运作业的各种轮式搬运车辆。国际标准化组织 ISO/TC110 称其为工业搬运车辆，属于物料搬运机械。叉车广泛应用于港口、车站、机场、货场、工厂车间、仓库、流通中心和配送中心等，并可进入船舱、车厢和集装箱内进行托盘货物的装卸、搬运作业，是托盘运输、集装箱运输中必不可少的设备。

一、叉车的分类

叉车通常可以分为内燃叉车、电动叉车和仓储叉车三大类。

(一)内燃叉车

内燃叉车是指使用柴油、汽油或者液化石油气为燃料，由发动机提供动力的叉车。内燃叉车又分为平衡重式内燃叉车、集装箱叉车和侧面叉车。

1．平衡重式内燃叉车

平衡重式内燃叉车一般采用柴油、汽油、液化石油天然气发动机作为动力，载荷能力 0.5～45t，10t 以上多为柴油叉车，作业通道宽度一般为 3.5～5.0m。考虑到尾气排放和噪声问题，通常用在室外、车间或其他对尾气排放和噪声没有特殊要求的场所。由于燃料补充方便，因此可实现长时间的连续作业，而且能胜任在恶劣的环境下工作。

(1) 平衡重式柴油叉车，体积较大，但稳定性好，宜于重载，使用时间无限制，使用场地一般在室外。与汽油发动机相比，柴油发动机动力性较好(低速不易熄火、过载能力强、长时间作业能力强)，燃油费用低，但振动大、噪声大、排气量大、自重大、价格高，额定载荷可达 0.5～45t。

(2) 平衡重式汽油叉车，其特点是汽油发动机外形小，自重轻，输出功率大，工作噪声及振动小，但汽油机过载能力、长时间作业能力较差，燃油费用较高，额定载荷达 0.5～4.5t。

(3) 平衡重式液化石油气叉车，简称 LPG 叉车，即在平衡重式汽油叉车上加装液化石油气转换装置使之成为 LPG 叉车，通过转换开关能进行使用汽油和液化气的切换。LPG 叉车最大的优点是尾气排放好，一氧化碳(CO)排放明显少于汽油机，燃油费用低(15kg 的液化气相当于 20L 汽油)，适用于对环境要求较高的室内作业，如图 4-1 所示。

图 4-1　平衡重式液化石油气叉车

2. 集装箱叉车

集装箱叉车采用柴油发动机作为动力，承载能力 8～45t，是一种集装箱码头和堆场上常用的搬运、装卸集装箱的专用叉车。既可用门架顶部吊具起吊搬运集装箱，也可用货叉插入集装箱底部叉槽举升搬运集装箱。分为升降门架在车体前方的正面集装箱叉车和升降门架在车体侧面的侧面式集装箱叉车。主要用于堆垛空集装箱等辅助性作业，也可在集装箱吞吐量不大(低于 3 万标准箱／年)的综合性码头和堆场进行集装箱装卸，或短距离搬运。

集装箱叉车按照货叉工作位置的不同，分为正面集装箱叉车和侧面集装箱叉车。侧面集装箱叉车类似于普通侧面叉车，门架和货叉向侧面移出，叉取集装箱后回缩，将集装箱放置在货台上，再进行搬运。其行走时横向尺寸小，需要的通道宽度较窄(约 4m)。但侧面集装箱叉车构造及操作较复杂，尤其操作视线差，装卸效率低，目前较少采用。而正面集装箱叉车操作方便，是常用的形式，其中又可分为重载集装箱叉车、轻载集装箱叉车、空箱集装箱叉车和滚上滚下集装箱叉车等，此设备将在第五章做详细介绍。

视频 4-1　集装箱叉车

3. 侧面叉车

侧面叉车采用柴油发动机作为动力，承载能力为 3～6t。在不转弯的情况下，具有直接从侧面叉取货物的能力，因此主要用于叉取长条形的货物，如木条、钢筋等，如图 4-2 所示。

视频 4-2　四向侧面装卸叉车及前移式叉车

图 4-2　侧面叉车

侧面式叉车的门架、起升机构和货叉位于叉车的中部，可以沿着横向导轨移动。货叉位于叉车的侧面，侧面还有一货物平台。当货叉沿着门架上升到大于货物平台高度时，门架沿着导轨缩回，降下货叉，货物便放在叉车的货物平台上。侧面式叉车的门架和货叉在车体一侧。车体进入通道，货叉面向货架或货垛，装卸作业不必先转弯再作业。

(二)电动叉车

电动叉车以电动机为动力，蓄电池为能源，承载能力为 1.0～8.0t，作业通道宽度一般为 3.5～5.0m。由于没有污染、噪声小，因此电动叉车广泛应用于室内操作和其他对环境要求较高的工况，如医药、食品等行业。随着人们对环境保护的重视，电动叉车正在逐步取代内燃叉车。由于每组电池一般在工作约 8 小时后需要充电，因此对于多班制的工况需要配备备用电池。

(三)仓储叉车

仓储叉车主要是为仓库内货物搬运而设计的叉车。除了少数仓储叉车(如手动托盘叉车)是采用人力驱动的，其他都是以电动机驱动的。因其车体紧凑、移动灵活、自重轻和环保性能好，仓储叉车在仓储业得到了普遍应用。在多班作业时，电动机驱动的仓储叉车需要有备用电池。仓储叉车主要有以下几种类型。

1. 电动托盘搬运车

电动托盘搬运车的承载能力为 1.6～3.0t，作业通道宽度一般为 2.3～2.8m，货叉提升高度在 130mm 左右，主要用于仓库内的水平搬运及货物装卸。电动托盘搬运车有步行式(见图 4-3)、站驾式(见图 4-4)和座驾式(见图 4-5)三种操作方式，可根据效率要求选择。

图 4-3　步行式电动托盘搬运车

图 4-4　站驾式电动托盘搬运车

图 4-5　座驾式电动托盘搬运车

2．电动托盘堆垛车

电动托盘堆垛车分为全电动托盘堆垛车和半电动托盘堆垛车两种类型。前者为行驶、升降都为电动控制，比较省力；而后者是需要人工手动推或拉着叉车行走，升降则是电动控制的。电动托盘堆垛车的承载能力为 1.0～2.5t，作业通道宽度一般为 2.3～2.8m，在结构上比电动托盘搬运车多了门架，货叉提升高度一般在 4.8m 内，主要用于仓库内的货物堆垛及装卸，如图 4-6 所示。

3．前移式叉车

前移式叉车的承载能力为 1.0～2.5t，门架可以整体前移或缩回，缩回时作业通道宽度一般为 2.7～3.2m，提升高度最高可达 11m 左右，常用于仓库内中等高度的堆垛、取货作业，如图 4-7 所示。

图 4-6　电动托盘堆垛车

图 4-7　前移式叉车

4．电动拣选叉车

在某些工况下(如超市的配送中心)，不需要整托盘出货，而是按照订单拣选多品种的货物组成一个托盘，此环节称为拣选。按照拣选货物的高度，电动拣选叉车可分为低位拣选叉车(3.5m 内)和中高位拣选叉车(最高可达 10.5m)，分别如图 4-8 和图 4-9 所示。低位拣选叉车的承载能力为 2.0～2.5t，中高位带驾驶室拣选叉车的承载能力为 1.0～1.2t。

5．低位驾驶三向堆垛叉车

低位驾驶三向堆垛叉车通常配备一个三向堆垛头，叉车不需要转向，货叉旋转即可实现两侧的货物堆垛和取货，作业通道宽度一般为 1.5～2.0m，提升高度可达 12m。叉车的驾驶室始终在地面不能提升，考虑到操作视野的限制，主要用于提升高度低于 6m 的工况，如图 4-10 所示。

6．高位驾驶三向堆垛叉车

与低位驾驶三向堆垛叉车类似，高位驾驶三向堆垛叉车也配有一个三向堆垛头，作业通道宽度一般为 1.5～2.0m，提升高度可达 14.5m。其驾驶室可以提升，驾驶员可以清楚地观察到任何高度的货物，也可以进行拣选作业，如图 4-11 所示。高位驾驶三向堆垛叉车在效率和各种性能方面都优于低位驾驶三向堆垛叉车，因此该车型已经逐步替代低位驾驶三向堆垛叉车。

图 4-8 低位拣选叉车

图 4-9 中高位拣选叉车

图 4-10 低位驾驶三向堆垛叉车

图 4-11 高位驾驶三向堆垛叉车

(四)不同类型叉车的比较

柴油发动机、汽油发动机和液化气发动机都属于内燃机，都是燃烧燃料后通过推动气缸内活塞作往返运动来将燃料中的化学能量转换成为驱动车辆前进的机械能量，因此三者的工作原理大体相同。其最主要的区别在于燃料物理特性所引起的点火方式的区别，从而表现出各自不同的热效率、经济性等。电动叉车则是采用将电能转变为机械能的形式工作的。四种类型叉车的详细差异和价格综合比较，如表 4-1 所示。

表 4-1　不同类型叉车的比较

叉车品种	汽油叉车	液化气叉车	柴油叉车	电动叉车
燃料	汽油	液化气	柴油	电能
点火方式	火花塞点燃	火花塞点燃	压燃式	—
压缩比	一般≤10	一般≤10	一般为 16～22	
特点	体积小、重量轻、启动性好，振动及噪声小，价格便宜，最大功率时的转速高	可靠性高，比较笨重，体积较大，成本较高，振动噪声大；柴油不易蒸发，冬季冷车时启动困难		电瓶组自身重量大；电机的加速性和启动性差，整车受制于电瓶组的设计，不适宜路况不好的场合
价格(以 2022 年 8 月计算)	8.26 元/升 (92 号汽油)	4.70 元/升	7.95 元/升 (0 号柴油)	1.2 元/千瓦时
后期采购成本	无	燃气系统一般附加在发动机上，用户需要单独采购 1～2 只专用钢瓶	无	电瓶组每 3 年需要更换一组，费用大致为 3 万元，以国际标准 1 000 次充放电计算，大概每日增加额外费用 30 元，另外还需增加智能充电机的折旧费用为每日 12 元
可持续工作时间	无(加油可以持续工作)	无(加 LPG 可以持续工作)	无(加油可以持续工作)	根据电瓶组的安时数，一般为 8 小时工作需要充电 10 小时，也就是一日只可以工作一班
标准 8 小时的单日燃料量	一般每小时 6 升，每日 8 小时为 48 升，约 396 元	按照热值相当于每小时 5.15 升，每日 8 小时为 41 升，约 193 元	按照热值相当于每小时 6 升，每日 8 小时为 48 升，约 382 元	使用 80V、520A/h 电池组，三相充电机电源输入功率 9 千瓦，充电时间 10 小时左右，预计每次充足电需耗电 100 度，按 1.2 元/千瓦计算，需 120 元
不同燃料叉车之间的热值换算关系	1.471 4 千克标准煤/千克 假定汽油比值为 1	1.714 3 千克标准煤/千克 相对于汽油的比值为 1.165	1.457 1 千克标准煤/千克 相对于汽油的比值为 0.99	0.122 9 千克标准煤/千瓦小时 相对于汽油的比值为 0.083 5
一年工作 250 日的费用比较	250 天×396 元/日 =99 000 元	250 天×193 元/日 =48 250 元	250 天×382 元/日 =95 500 元	250 天×120 元/日 =30 000 元
每年相对柴油节省费用	-3 500 元	47 250 元	—	65 500 元

根据表 4-1 的各项分析数据可以看出，电动叉车的经济性最好，其次为液化气叉车，再次为汽油叉车，最差的是柴油叉车。

但考虑到电动叉车的工作时间短和充电时间长，一般不胜任多班制的工作，需要采用2~4个电瓶组来解决问题；且电瓶叉车只能使用于工况好的路面，加速性和启动性明显差于内燃发动机；最为关键的是为了避免电池组爆炸，电动叉车还需要一个环境良好的充放电场地，并且需要定期补水，否则电池组寿命大为降低。基于以上各项使用的限制，电动叉车的综合性价比在某些场合并不比LPG叉车高。但如果用户不考虑充电的时间效率并且用户现场工况非常好，则电动叉车为首选。

二、叉车的构造和技术参数

(一)叉车的构造

叉车的种类很多，但其构造基本相似，主要由发动机、底盘、车体、起升机构、液压系统及电气系统等组成，如图4-12所示。

图4-12　叉车的基本构造

1—门架；2—起升油缸；3—控制杆；4—挡货架；5—货叉；6—护顶架；7—方向盘；
8—座椅；9—内燃机罩；10—平衡重；11—后轮胎；12—倾斜油缸；13—前轮

1．发动机

发动机是叉车的动力装置，是将热能转换为机械能的机械。发动机产生的动力由曲轴输出，并通过传动装置驱动叉车行驶或驱动液压泵工作，完成叉取、堆码货物等作业。

2．底盘

底盘用来支承车身、接受发动机输出的动力，并保证叉车能够正常行驶。它包括传动装置、行驶装置、转向装置和制动装置等。

3．车体

叉车的车体与车架合为一体，由型钢组焊而成。置于叉车后部、与车型相适应的铸铁块为配重，其重量根据叉车额定起重量的大小而决定，在叉车载重时起平衡作用，保持叉车的稳定性。

【知识拓展 4-1】就电瓶在叉车车体上的放置位置而言，有两种不同的制造技术，即电瓶安置于前后桥之间或后桥之上。前者稳定性好，但是车体内的可利用空间较小，因此限制了电瓶的容量，对于运动情况复杂、电瓶容量要求高的大吨位叉车就显得不足了。

电瓶布置在后桥上时，叉车的重心提高了，整机稳定性受到影响，但叉车高度增加，司机的座位随之提高，操作时视野更开阔，特别适用于搬运体积大的货物。此外电机和液压泵的维修更方便。

4. 起升机构

起升机构主要由门架和货叉组成。门架铰接在前桥支架车体上，由一套并列的钢框架和固定货叉的滑动支架所组成。门架一般分为标准型、两节型或三节型。国内叉车的起升高度一般在 2～5m，且以 3m 及 3m 以下的居多；而国外电动叉车的起升高度一般在 2～6m，由于其仓库的立体化程度高，因此电动叉车的起升高度多在 3m 以上。

货叉是两个弯曲 90°的钢叉，装在滑动支架上，是承载物料的工具。货叉的规格是根据叉车的最大载荷设计的，可通过液压缸前倾后仰。

5. 液压系统

液压系统包括油箱、起升油缸、倾斜油缸、液压泵、液压分配阀和节流阀等，用以实现货物的升降、倾斜等动作。

6. 电气系统

电气系统包括电源部分和用电部分，主要有蓄电池、发电机、启动电动机、点火装置、照明装置和喇叭等。

(二)叉车的技术参数

叉车的技术参数表明叉车的结构特征和工作性能，主要包括额定起重量、载荷中心距、最大起升高度、门架倾角、最大起升速度、最大行驶速度、最小转弯半径、最小离地间隙、轴距及轮距和直角最小堆垛通道宽度等。

1. 额定起重量

叉车的额定起重量是指货物重心至货叉前壁的距离不大于载荷中心距时，允许起升的货物的最大重量，以 t(吨)表示。当货叉上的货物重心超出了规定的载荷中心距时，由于叉车纵向稳定性的限制，起重量应相应减小。柴油叉车起重量可达 16～20t，电动叉车多在 5t 以下。

2. 载荷中心距

载荷中心距是指在货叉上放置标准的货物时，其重心到货叉垂直段前壁的水平距离，以 mm(毫米)表示，如图 4-13 所示。对于 1t 叉车，规定载荷中心距为 500mm。

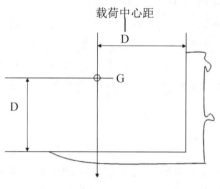

图 4-13　载荷中心距示意图

3．最大起升高度

最大起升高度是指在平坦坚实的地面上，叉车满载，货物升至最高位置时，货叉水平段的上表面离地面的垂直距离。

4．门架倾角

门架倾角是指无载的叉车在平坦坚实的地面上，门架相对其垂直位置向前或向后的最大倾角。前倾角的作用是为了便于叉取和卸放货物；后倾角的作用是当叉车带货运行时，预防货物从货叉上滑落。根据作业需要，一般叉车前倾角为 3°～6°，后倾角为 10°～12°。

5．最大起升速度

叉车最大起升速度通常是指叉车满载时，货物起升的最大速度，以 m/min (米/分) 表示。提高最大起升速度，可以提高作业效率，但起升速度过限，容易发生货损和机损事故。目前，国内叉车的最大起升速度已提高到 30m/min。

6．最大行驶速度

提高行驶速度对提高叉车的作业效率有很大影响。对起重量为 1t 的内燃叉车，其满载时最大行驶速度可达 18km/h。

7．最小转弯半径

当叉车在无载低速行驶、打满方向盘转弯时，车体最外侧和最内侧至转弯中心的最小距离，分别称为最小外侧转弯半径和最小内侧转弯半径。最小外侧转弯半径越小，则叉车转弯时需要的面积越小，机动性越好。对于 1t 叉车，转弯半径约为 1.2m。

8．最小离地间隙

最小离地间隙是指除车轮以外，车体上固定的最低点至地面的距离，它表示叉车无碰撞的越过地面凸起障碍物的能力。最小离地间隙越大，则叉车的通过性越高。

9．轴距及轮距

叉车轴距是指叉车前后桥中心线的水平距离，轮距是指同一轴上左右轮中心的距离。

增大轴距，有利于叉车的纵向稳定性，但会使车身长度增加，最小转弯半径增大。增大轮距，有利于叉车的横向稳定性，但会使车身宽度和最小转弯半径增加。

10. 直角最小堆垛通道宽度

直角最小堆垛通道宽度是指供叉车往返行驶的成直角相交的通道的最小宽度，以 mm 表示。一般直角最小堆垛通道宽度越小，性能越好。对于载重 1t 的叉车，叉取规格为 1 200mm×1 000mm 的托盘，其直角最小堆垛通道宽度为：内燃车 3 600mm，电动车 2 600mm。

课堂思考 4-1：

以上各项叉车技术参数用于什么样的作业环境和作业项目的分析判断？

三、叉车性能评判标准

在采购叉车前要对叉车的专业知识和技术进行了解，对其质量做出合理判断，对不同品牌、不同型号的叉车要进行综合评估和比较。一般来说，高质量叉车的优越性能往往体现在高效率、低成本、高安全性、人机工程等诸多方面。

(一)高效率

高效率不仅仅是要求高速度，包括行驶、提升、下降速度，还要求操作者在较短的时间内完成一个工作循环，并且在整个工作时间内始终保持这个效率。想要提高叉车的工作效率，可以从速度的提高(如行驶速度、提升和下降速度等)、人机工程设计的应用(减少操作动作的次数，最大限度地减少疲劳)、操作精确性的改善、视野的改进等方面进行。

(二)低成本

企业购买和使用叉车时，每年所需花费的总成本包括以下几方面。

1. 采购成本

叉车的采购成本将被平摊到叉车的寿命中。就目前国内市场而言，同等载荷能力的电动叉车相对内燃叉车的一次性采购费用要高，进口叉车相对国产叉车的一次性采购费用要高。例如，国产 3t 叉车的市场价格在 13 万元左右，而进口 3t 叉车的价格在 21 万元左右，相差 8 万元。

2. 维护成本

实际的维修费用不仅与维修配件的成本有关，而且与故障发生的频率有关。因此，叉车的品质越高，故障率越低，维护成本也越低。

【知识拓展 4-2】电动叉车的维护保养周期相比内燃叉车要长 2～3 倍，通常内燃叉车的维护保养周期最长为 500 小时，而电动叉车已经能达到 1 000 小时以上的保养周期。

电动叉车的维护保养要比内燃叉车简便得多，通常只要润滑一些关节活动部位(如门架轴承、转向桥等)，每 2 000 小时或 3 000 小时更换一次液压油、齿轮油以及液压油滤清器，其他主要以检查清洁为主。而内燃叉车除了润滑以外，一般在每 300 小时左右(最长每 500 小时)就要更换发动机的机油和机油滤清器，每 1 000 小时就要更换液压油、机油、传动油以及每种油的滤清器，还要更换发动机的正时皮带、发电机皮带等。以 3t 叉车为例，按照每年操作 2 000 小时计算，内燃叉车的维护保养费用要在 3 000～4 000 元，而电动叉车的维护成本只要 1 000～1 500 元。

3. 能耗成本

能耗成本将随不同动力系统(如电能、柴油、汽油、液化石油气等)的叉车而不同。

【知识拓展 4-3】电能的消耗成本要比柴油或液化石油气的消耗成本低很多。以一台载荷能力为 3t 的叉车来做比较，一辆柴油内燃叉车按照 8 小时工作时间，每小时通常消耗 5 升柴油，则一个班次一共消耗 40 升柴油，按照目前 0 号柴油的价格(7.95 元/升)计算，成本大约为 318 元。而一辆 3t 电动叉车，双交流电机驱动，功率为 9 千瓦，一天工作 8 小时耗电 72 度，按照目前工业用电每度 1.2 元计算，成本约为 86.4 元，每天可以节省 231.6 元。一年按照 250 个工作日计算的话，一年可以节省 57 900 元的能源成本。如果以使用 3 年时间来计算的话，可以节省 173 700 元。。

4. 人工成本

人工成本随驾驶员的数量和他们每月总工资的变化而不同，驾驶员的数量将会因采用高效率的叉车而减少。

(三)高安全性

叉车的安全性设计，应能够全面保证驾驶员、货物以及叉车本身的安全。高品质的叉车往往在安全设计方面考虑到每个细节、每个可能性。

(四)人机工程

在叉车设计上采用人机工程设计的目的是通过降低驾驶员疲劳度和增加操作的舒适性等手段，最大限度地提高生产效率，主要体现在以下几个方面。

(1) 独特的设计能减少驾驶员的操作动作，降低驾驶员操作时的疲劳度。

(2) 人性化的设计能够使驾驶员保持良好的心情，减少操作失误，提高工作的舒适性。

(3) 为叉车作业过程提供良好的视野，不仅能提高效率，同时可以确保驾驶员安全。

【知识拓展 4-4】林德(Linde)的 E20 新型叉车驾驶室，按先进的人机工程学原理开发研制，采用舒适的液压减振悬挂式座椅，能够根据驾驶员的身高和体重进行调整。双踏板加速系统在叉车改变行驶方向时无须转向，方向盘立柱的倾角可根据驾驶员的要求进行调节。中心液压操纵杆集门架的升降和前后移动于一体。这些新设计都大大地减轻了驾驶员的劳动强度。

四、叉车的选择

叉车车型和配置的选择一般要考虑以下几个方面。

(一)货物种类、性质的要求

货物的物理性质、化学性质以及外部形状和包装千差万别，有大小、轻重之分，有固体、液体之分，有散装、成件之不同，所以对装卸搬运设备的要求也不尽相同。

(二)搬运距离的要求

长距离搬运一般选用牵引车和挂车等装卸搬运设备，较短距离搬运可选用叉车、跨运车等装卸搬运设备，短距离搬运可选用手推车等装卸搬运设备。为了提高设备的利用率，应当结合设备种类和特点，使行车、货运、装卸、搬运等工作密切配合。

(三)作业功能要求

叉车的基本作业功能分为水平搬运、堆垛/取货、装货/卸货、拣选等。企业可根据所要达到的作业功能初步确定车型。另外，特殊的作业功能会影响到叉车的具体配置，如搬运的是纸卷、铁桶、卷钢等时，需要叉车安装属具来完成特殊功能。

(四)作业区的日吞吐量、作业高度的要求

作业区的日吞吐量、作业高度和搬运距离应与叉车的技术性能参数相符。

(1) 作业区的日吞吐量是指作业区(如车站、码头和仓库等)每天进出的货物的总重量或搬运托盘的数量。根据作业区的日吞吐量，可确定所选叉车的搬运能力和叉车的数量。叉车的搬运能力表现为叉车在一定时间内所搬运托盘的数量或重量，它除了与叉车本身的额定载重量有关外，还与叉车的使用环境及操作者有关。叉车的额定载重量是叉车的技术性能指标之一，是一个固定的数值。

(2) 根据作业区的作业高度不同，可选择叉车的货叉最大起升高度。在选择时应保证货叉的最大起升高度高于作业区的作业高度。

(五)作业环境的要求

如果企业需要搬运的货物或仓库环境在噪声或尾气排放等环保方面有要求，在选择车型和配置时应有所考虑。如果是在冷库中或是在有防爆要求的环境中，叉车的配置也应该是冷库型或防爆型的。选择时要仔细考察叉车作业时需要经过的地点，设想可能的问题，例如，出入库时门高对叉车是否有影响；进出电梯时，电梯高度和承载对叉车是否有影响；在楼上作业时，楼面承载是否达到相应要求等。

在选型和确定配置时，要向叉车供应商详细描述工况，并实地勘察，以确保选购的叉车完全符合企业的需要。

(六)其他影响因素

1. 托盘

大部分叉车都是以托盘为操作单位的，所以托盘的尺寸和规格直接影响叉车的类型选择。例如，托盘及所载货物的重心超过叉车的载荷中心距时，叉车的载重能力将下降。目前，使用最普遍的托盘是欧洲标准的 800mm×1 200mm 和 1 000mm×1 200mm 的四项叉取式托盘，它适合于各类车型。

2. 作业区的场地

作业区场地的光滑度、平整度状况和承重能力将极大地影响叉车的使用。使用场地一般为平整的地面和有一定坡度的地面，较大起伏的地面应尽量避免。如果作业场地承重能力不足，在选择叉车时，应充分考虑叉车的自重对地面的影响。

3. 电梯及集装箱的高度

如果需要叉车进出电梯或者在集装箱内作业，则电梯和集装箱的入口高度会影响叉车类型的选择，这时应该考虑叉车的高度是否满足在电梯和集装箱内部作业的要求。

通常根据以上因素分析完后，仍然可能有几种车型同时能够满足要求，此时就需要注意叉车与其他方面的影响和关联性，主要如下。

(1) 不同的车型，工作效率不同，那么需要的叉车数量、司机数量也不同，会导致一系列的成本发生变化。

(2) 如果叉车在仓库内作业，不同车型所需的通道宽度不同，提升能力也有差异，由此会带来仓库布局的变化和货物存储量的变化。

(3) 车型及其数量的变化，会对车队管理、日常维护等诸多方面产生影响。

(4) 不同车型的市场保有量不同，其售后保障能力也不同。例如，低位驾驶三向堆垛叉车和高位驾驶三向堆垛叉车同属窄通道叉车系列，都可以在很窄的通道内(1.5～2.0m)完成堆垛、取货。但是前者驾驶室不能提升，因而操作视野较差，工作效率较低。由于后者能完全覆盖前者的功能，而且性能更出众，因此在欧洲，后者的市场销量比前者超出 4～5 倍，在中国则达到 6 倍以上。因此，大部分供应商都侧重发展高位驾驶三向堆垛叉车，而低位驾驶三向堆垛叉车只是用在小吨位、提升高度低(一般在 6m 以内)的工况下。在市场销量很少时，其售后服务的工程师数量、工程师经验、配件库存水平等服务能力就会相对较弱。

五、叉车的发展趋势

在装卸搬运机械中，叉车使用范围广，遍及各行各业，面对发展机遇和激烈的竞争，叉车的发展呈现以下趋势。

(一)注重节能环保

为提高产品的节能效果和满足日益苛刻的环保要求，生产企业应主要考虑从降低发动机排放、提高液压系统效率和减振、降噪等方面入手。

目前，国际电动叉车的产量已占叉车总量的 40%，国内则为 10%～15%。在德国、意大利等一些西欧国家，电瓶叉车的比例则高达 65%，且有不断上升的趋势。采用交流电机、变频调速使电瓶叉车有了质的飞跃，使叉车在工作中发热更少、效率更高，完全克服了直流电机热量多、效率低下、维护频繁的缺点。另外，快速充电技术的发展日趋成熟，充电电流可达到传统充电电流的 4 倍以上，充电时间更短，效率更高。

未来叉车将广泛采用电子燃烧喷射和共轨技术。发动机尾气催化、净化技术的发展将有效降低有害气体和微粒的排放。LPG、CNG 等燃料叉车及混合动力叉车将进一步发展。新型蓄电池燃料电池在各大公司的共同努力下，将克服价格方面的劣势，批量进入市场。目前，全球汽车巨人正致力于电动汽车的研究，电动汽车的动力、传动、控制、安全等技术在叉车上的应用，将会使电动叉车的整机性能有一个质的变化。

(二)电子化和智能化

微电子技术、传感技术、信息处理技术的发展和应用，对提高叉车业整体水平，实现复合功能以及保证整机及系统的安全性、控制性和自动化水平的作用将更加明显，使电子与机械、电子与液压的结合更加密切。

【知识拓展 4-5】沈阳新松的物流与仓储自动化事业部，始终走在自动导引车技术开发创新的前沿。他们在激光导引叉车领域开发出基于 CAN 总线的控制部件，并且成功应用于电动叉车的自动导引改造上，制造出中国第一台拥有完全自主控制技术的激光导引叉车。激光导引叉车适用于高低落差较大的站台和货架之间的物料装卸，尤其对密集型存储搬运独具优势。货叉落地的特点使其既可用于库区，也可用于生产车间，所以能够更加广泛地应用于机械、电子、纺织、印刷、造纸、图书发行配送、食品、饮料、酿酒、制药、烟草、金融等行业。

(三)专业化和系列化

自动仓储系统、大型超市的纷纷建立，刺激了对室内搬运机械需求的增长，高性能电动叉车、前移式叉车、窄巷道叉车等各类仓储叉车迅速发展。一方面，为了尽可能地用机器作业替代人力劳动，提高生产效率，适应城市狭窄施工场所以及在货栈、码头、仓库、舱位、农舍、建筑物层内和地下工程作业环境的使用要求，小型及微型叉车有了用武之地，并得到了较快的发展。另一方面，叉车通用性也在提高，这样可使用户在不增加投资的前提下，充分发挥设备本身的效能，以完成更多的工作。

【知识拓展 4-6】防爆叉车是按照特定标准要求设计制造，不会引起周围环境中可燃性混合物爆炸的特种设备。它是由在无轨底盘上加装专用装卸工具构成的，可应用于存在可燃性气体、液体、蒸气和粉尘的危险场所，主要适用于石油、化工、纺织、制药、食品、国防等工业部门。

在正常的生产过程中，拧开阀门、打开容器盖都可能造成可燃性物质的泄漏。在这种情况下，非防爆叉车也可能成为引燃源。要使叉车能在已经确认有可燃性物质的爆炸危险区域作业，最主要的防爆措施是严格控制叉车自身的各种引燃源。另外，也可以在对叉车引燃源进行适度控制的同时依靠气体探测系统对叉车周围环境的气体浓度进行探测，当浓度达到其爆炸下限的一定比值时，叉车开始报警并最终自动停车，达到安全作业的目的。

(四)舒适性和安全可靠性

人机工程学和安全可靠性在现代叉车设计中仍然保持着高度重视。工程设计人员一直在力图减少噪声、振动和废气排放量，以及提高安全可靠性和驾驶室的舒适度。例如，设计得更合理的手柄、拉杆、各种减振装置等。现代叉车的绝大多数操纵杆位于离司机相当适度的位置上。一些叉车的叉架定向操纵杆紧靠方向盘，司机操作叉架移动时就没有必要将手离开方向盘。一些叉车采用把驾驶室从主体上分离而独立的全浮式驾驶室，加上可调的座椅，所以具有舒适的乘坐性。有的叉车采用冷风式液化石油气内燃机，使叉车的噪声低于 80dB。

六、叉车属具

叉车属具是发挥叉车一机多用的最好工具，通常要求能在以货叉为基础的叉车上较方便地更换多种工作属具，使叉车适应多种工况的需要。叉车属具不仅能提高叉车工作效率及其安全性能，同时又能在很大程度上降低破损的发生。例如，使用纸卷夹搬运纸卷，可以避免纸卷的破损；如果使用不带纸卷夹的叉车，纸卷的破损率为 15%。

(一)叉车属具的分类

根据叉车属具的结构和用途不同，大致可以将叉车属具分为以下几种。

1. 侧移叉

侧移叉用于将带托盘的货物左右移动对位，便于货物的准确叉取和堆垛，可以提高叉车的工作效率，减轻操作人员的劳动强度，如图 4-14 所示。其安装形式有外挂式和整体式两种，承载能力为 2 500～8 000kg。

2. 调距叉

调距叉通过液压装置调整货叉间距，可搬运不同规格托盘的货物，从而减轻操作人员的劳动强度，如图 4-15 所示。其安装形式有挂装式和整体式两种，承载能力为 1 500～8 000kg。

3. 前移叉

前移叉可以使货叉前后移动，以叉取较远的托盘或货物，通常用于从车厢的侧面快速和简便地进行装货和卸货，效率很高，如图 4-16 所示。其安装形式为挂装式，承载能力≤2 000kg。

图 4-14　侧移叉

图 4-15　调距叉

4．纸卷夹

纸卷夹具备夹抱、旋转、侧移等功能，常用于纸卷、塑料薄膜卷、水泥管、钢管等圆柱状货物的搬运，可实现货物快速无破损地装卸和堆垛，如图 4-17 所示。其安装形式为挂装式，承载能力为 1 200～1 500kg。

图 4-16　前移叉

图 4-17　纸卷夹

5．软包夹

软包夹具备夹抱、旋转、侧移等功能，常用于棉纺化纤包、羊毛包、纸浆包、废纸包、泡沫塑料软包等的无托盘货物搬运，如图 4-18 所示。其安装形式为挂装式，承载能力为 1 400～5 300kg。

6．多用平面夹

多用平面夹具备夹抱、侧移功能，可实现对纸箱、木箱、金属箱等箱状货物，如电冰箱、洗衣机、电视机等的无托盘化搬运，从而节省托盘的采购和维护费用，降低成本，如图 4-19 所示。其安装形式为挂装式，承载能力为 700～2 000kg。

图 4-18　软包夹

图 4-19　多用平面夹

7. 桶夹

桶夹具备夹抱、旋转、侧移等功能，常用于化工、食品行业中 55 加仑标准油桶的无托盘搬运和倾倒，可夹取 1～4 个，也可作为特殊桶的专用桶夹，如微型桶夹、垃圾桶夹，如图 4-20 所示。其安装形式为挂装式，承载能力为 700～1 250kg。

8. 旋转夹

旋转夹可 360°旋转，用于翻转货物和倒空容器，将货物翻倒或将竖着的货物水平放置，如图 4-21 所示。它可与其他属具连用，使属具有旋转功能，还可提供专用于浇铸、渔业和防爆型的产品。其安装形式为挂装式，承载能力为 2 000～3 600kg。

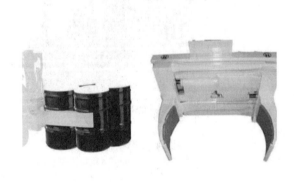

图 4-20　桶夹

图 4-21　旋转夹

9. 滑板推拉器

滑板推拉器可将货物拉进或推出滑板，常用于对单元货物的无托盘化搬运和堆垛作业，在食品、轻工电子行业应用广泛，如图 4-22 所示。滑板可以采用纸质滑板、塑料滑板和纤维滑板，省去购买、存放、维修托盘等费用。其安装形式有挂装式和快装式(直接安装在叉车货叉上)两种，承载能力为 1 700～2 400kg。

图 4-22　滑板推拉器

(二)叉车属具的使用意义

和传统意义上使用叉车叉取托盘进行搬运和堆垛相比，专用属具的应用能够大大提高叉车的使用效率，降低运营成本。专用的叉车属具可实现对货物的夹抱、旋转(顺/逆时针)、侧移、推拉、翻转(向前/向后)、分开/靠拢(货叉调整间距)、伸缩等功能，这是普通叉车货叉无法完成的动作。因而，叉车专用属具应用的意义具体体现在以下几个方面。

1. 作业方便快捷，生产效率高

例如，凡是托盘接货和卸货的地点不是紧挨在一起，而必须行驶一段距离的地方，都值得考虑采用多托盘叉，以提高使用的生产率和生产效益。根据托盘叉种类的不同，可同时搬运 2 个、4 个或者 6 个托盘。还有，用于集装箱装卸货的集装箱装载机的侧移叉，总侧移可以达到 300mm，大大方便了在集装箱内壁装货，也有利于对集装箱进行理仓。

2. 操作安全可靠，降低了事故率

针对不同行业工况的属具均设计有安全装置，在异常情况时所夹或叉的货物不易滑落，如夹类属具的保压装置、侧移类属具的末端缓冲装置等，都减少了事故的发生。

3. 货物损耗小

借助于属具特有的夹持、侧移、旋转等功能，货物可以更安全地被运送、堆高或装卸，进而将货物损耗程度降到最低。属具的使用同时也降低了托盘的使用频率，如无托盘搬运作业，其相应的采购和维修成本也较低。

(三)叉车属具使用过程的注意事项

各种属具多由短的沽塞式液压缸、高压胶管、胶管卷绕器、快速接头、圆形密封圈、属具专用件等组成。这些零部件可参照一般液压件进行清洁、维护。在属具使用中除应注意管路系统的渗油、破裂等异常现象外，特别是属具的容许载荷、起升高度、货物的尺寸和属具的适用范围、运行时的宽度，均应严格地按属具的性能参数表执行，既不能超载，

又不能偏载。对于偏载作业，中小吨位带属具的叉车，短时偏载范围应在±150mm以内。

在叉车的使用中，配对的两货叉叉厚、叉长应大致相等。两货叉装上叉架后，其上水平面应保持在同一平面。必须严格遵守操作规程，不允许超载或长距离搬运货物；在搬运超长或重心位置不能确定的物件时，要有专人指挥，并格外小心。用货叉叉货时，叉距应适合载荷的宽度，货叉尽可能深地插入载荷下面，用最小的门架后倾来稳定载荷，防止载荷后滑，放下载荷时，可使门架少量前倾以便安全放下货物和抽出货叉。作业时，货叉应尽量低速行驶，以距地面30~40mm为宜，门架应适当后倾，行驶中不得任意提升或降低货叉，不得在坡道上转弯及横跨坡度行驶，不允许用货叉挑翻货盘的方法卸货。禁止用货叉直接铲运危险物品和易燃品等。禁止用单货叉作业或惯性力叉货。更不得用制动惯性溜放圆形或易滚动的货物。

视频4-3　规范化叉车作业

七、叉车品牌

目前，国内市场上的叉车品牌从国产到进口有几十家，大致分类如下。

(一)国产品牌

国产品牌有合力(安徽)、梯佑(安徽)、瑞创(芜湖)、杭叉(杭州)、友佳(杭州)、大隆(无锡)、霸特尔(深圳)、龙工(上海)、台励福(青岛)、佳力(浙江)、如意(宁波)、斗山(烟台)、玉柴(桂林)等。

(二)进口品牌

进口品牌有慕克(德国)、林德(德国)、海斯特(美国)、丰田(日本)、永恒力(德国)、BT(瑞典)、小松(日本)、TCM(日本)、力至优(日本)、尼桑(日本)、现代(韩国)、斗山大宇(韩国)、科朗(美国)、OM(意大利)、OPK(日本)、日产(日本)、三菱(日本)等。

(三)合资品牌

合资品牌有TCM、现代、小松、永恒力、威士海、如意和诺力等。

第二节　起重机械

起重机械是一种空间运输设备，主要作用是完成重物的位移，它可以减轻劳动强度，提高劳动生产率。起重机械是现代化生产不可缺少的组成部分，实现了过去无法实现的大件物体的吊装和移动，如重型船舶的分段组装，化工反应塔的整体吊装，体育场馆钢屋架的整体吊装等。有些起重机械还能在生产过程中进行某些特殊的工艺操作，使生产过程实现机械化和自动化。

一、起重机械的定义和分类

(一)定义

起重机械是指用于垂直升降或者垂直升降并水平移动重物的机电设备,其范围规定为额定起重量≥0.5t 的升降机;额定起重量≥1t 且提升高度≥2m 的起重机和承重形式固定的电动葫芦等。

(二)分类

起重机按结构形式不同可分为以下三大类。

1. 轻小型起重设备

轻小型起重设备一般只有升降机构(卷扬机也可作水平移动),其特点是轻便、结构紧凑,动作简单,作业范围投影以点、线为主。轻、小型起重设备,一般只有一个升降机构,它只能使重物做单一的升降运动。属于这一类的有:千斤顶、滑车、手(气、电)动葫芦、绞车等。电动葫芦常配有运行小车与金属构架以扩大作业范围。

2. 桥式起重机

桥式起重机一般由起重小车、桥架运行机构和桥架金属结构组成。其中,起重小车又由起升机构、小车运行机构和小车架三部分组成。桥式起重机包括梁式起重机、门式起重机、通用和专用桥式起重机等。

3. 臂架式起重机

臂架式起重机一般由起升、旋转、变幅和运行四大机构组成,其特点与桥式起重机基本相同。臂架式起重机可在圆形场地及其上空作业,多用于露天装卸及安装等工作,有门座起重机、浮游起重机、桅杆起重机、壁行起重机和甲板起重机等。

二、起重机械的基本组成和主要参数

(一)基本组成

起重机械通过起重吊钩或其他取物装置起升移动重物,工作过程一般包括起升、运行、下降及返回原位等步骤。整个设备主要包括以下组成部分。

1. 驱动装置

驱动装置是用来驱动工作机构的动力设备。常见的驱动装置有电力驱动、内燃机驱动和人力驱动等。电力驱动是现代起重机的主要驱动形式,在一定经济范围内运行一般都采用电力驱动。对于远距离移动的流动式起重机,如汽车起重机、轮胎起重机和履带起重机等,多采用内燃机驱动。人力驱动适用于一些轻小起重设备,也用作某些设备的辅助、备用驱动和事故状态的临时动力。

2．工作机构

工作机构包括起升机构、运行机构、变幅机构和旋转机构，它们被称为起重机的四大机构。

1) 起升机构

此机构是用来实现物料垂直升降的机构，是任何起重机不可缺少的部分，因而是起重机最主要、最基本的机构。

2) 运行机构

此机构是通过起重机或起重小车运行来实现水平搬运物料的机构，有无轨运行和有轨运行之分，按其驱动方式不同还可分为自行式和牵引式两种。

3) 变幅机构

此机构是臂架式起重机特有的工作机构。变幅机构通过改变臂架的长度和仰角来改变作业幅度。

4) 旋转机构

此机构是使臂架绕着起重机的垂直轴线做回转运动，在环形空间内移动物料的机构。

3．取物装置

取物装置是通过吊、抓、吸、夹、托或其他方式，将物料与起重机联系起来进行物料吊运的装置。根据被吊物料不同的种类、形态、体积大小，采用不同种类的取物装置。例如，成件的物品常用吊钩、吊环；散料(如粮食、矿石等)常用抓斗、料斗；液体物料使用盛筒、料罐等。也有针对特殊物料的特种吊具，如吊运长形物料的架空单轨系统，吊运磁性物料的电磁吸盘，专门为冶金行业使用的旋转吊钩，还有螺旋卸料和斗轮卸料等取物装置。合适的取物装置可以减轻作业人员的劳动强度，提高工作效率，同时能够防止吊物坠落，保证作业人员的安全和吊物不受损伤。

4．金属结构

金属结构是以金属材料轧制的型钢(如角钢、槽钢、工字钢、钢管等)和钢板作为基本构件，通过焊接、铆接、螺栓连接等方法，按一定的组成规则连接，承受起重机的自重和载荷的钢结构。金属结构的重量约占整机重量的 40%～70%，重型起重机可达 90%；其成本约占整机成本的 30%以上。

5．控制操纵系统

控制操纵系统通过电气、液压系统控制操纵起重机各机构及整机的运动，进行各种起重作业。控制操纵系统包括各种操纵器、显示器及相关元件和线路，是人机对话的接口。

(二)主要参数

1．起重量 G

起重量 G，是指被起升重物的质量，单位为千克(kg)或吨(t)。起重量一般分为额定起重量、最大起重量、总起重量和有效起重量等。

(1) 额定起重量 G_n(不含起重钢丝绳、吊钩和滑轮组的质量)，是指起重机能吊起的重物或物料连同可分吊具或属具(如抓斗、电磁吸盘、平衡梁等)的质量总和。对于幅度可变的起重机，其额定起重量是随幅度变化的。

(2) 最大起重量 G_{max}，是指起重机在正常工作条件下，允许吊起的最大额定起重量。对于幅度可变的起重机，是指最小幅度时，起重机在安全工作条件下允许提升的最大额定起重量。

(3) 总起重量 G_t，是指起重机能吊起的重物或物料连同可分吊具和长期固定在起重机上的吊具或属具(包括吊钩、滑轮组、起重钢丝绳以及在臂架或起重小车以下的其他起吊物)的质量总和。

(4) 有效起重量 G_p，是指起重机能吊起的重物或物料的净质量。例如，带有可分吊具抓斗的起重机，允许抓斗抓取物料的质量就是有效起重量，抓斗与物料的质量之和是额定起重量。

2．起重高度 H 和下降深度 h

起重高度 H 是指起重机水平停机面或运行轨道至吊具允许最高位置的垂直距离，单位为米(m)。下降深度 h 是指吊具最低工作位置与起重机水平支撑面之间的垂直距离，单位为米(m)。

3．起升(下降)速度 V_n

起升(下降)速度 V_n 是指起重机在稳定运动状态下，额定载荷的垂直位移速度，单位为米/分(m/min)。

4．小车运行速度 V_t

小车运行速度 V_t 是指起重机在稳定运动状态下，带额定载荷的小车在水平轨道上运行的速度，单位为米/分(m/min)。

5．跨度 S

桥式起重机支撑中心线之间的水平距离称为跨度 S，单位为米(m)。

6．轨距 k

轨距为小车轨道中心线之间的距离。

7．基距 B

基距 B 也称轴距，是指沿纵向运动的起重机或小车的支承中心线之间的距离。

8．幅度 L

起重机置于水平场地时，空载吊具垂直中心线至回转中心线之间的水平距离称为幅度 L。幅度范围在最大幅度和最小幅度之间。

9．起重力矩 M

起重力矩 M 是幅度 L 与其相对应的起吊物品起重量 G 的乘积，即 $M=G×L$。

10．起重倾覆力矩 M_A

起重倾覆力矩 M_A 是指起吊物品起重量 G 与其至倾覆线距离 A 的乘积，即 $M_A=G×A$。

11．轮压 P

轮压 P 是指一个车轮传递到轨道或地面上的最大垂直载荷，单位为牛(N)。

12．起重机工作级别

起重机工作级别是考虑起重量和时间的利用程度以及工作循环次数的工作特性，它是按起重机利用等级和载荷状态划分的。所谓利用等级是指整个设计寿命期内起重机总的工作循环次数，分为 U0～U9 十个等级。按起重机载荷状态分为轻、中、重、特四级，表示为 Q1～Q4。两者共同构成了起重机的工作级别，共分为八级，分别是 A1～A8。其中 A1 工作级别最低，A8 工作级别最高。

三、轻小型起重设备

(一)千斤顶

千斤顶是一种起重高度小于 1m 的最简单的起重设备，主要用于厂矿、交通运输等部门作为车辆修理及其他起重支撑等工作。其结构轻巧坚固、灵活可靠，一人即可携带和操作。千斤顶按结构特征可分为齿条千斤顶、螺旋千斤顶和液压千斤顶三种。

1．齿条千斤顶

齿条千斤顶由人力通过杠杆和齿轮带动齿条顶举重物。起重量一般不超过 20t，可长期支持重物，主要用在作业条件不方便的地方或需要利用下部的托爪提升重物的场合，如铁路起轨作业。

2．螺旋千斤顶

螺旋千斤顶由人力通过螺旋传动，螺杆或螺母套筒作为顶举件。普通螺旋千斤顶靠螺纹自锁作用支持重物，构造简单，但传动效率低，返程慢。自降螺旋千斤顶的螺纹无自锁作用，但装有制动器。放松制动器，重物即可自行快速下降，缩短返程时间，但这种千斤顶构造较复杂。螺旋千斤顶能长期支持重物，最大起重量已达 100t，应用较广。下部装上水平螺杆后，还能使重物做小距离横移。

3．液压千斤顶

液压千斤顶由人力或电力驱动液压泵，通过液压系统传动，用缸体或活塞作为顶举件。液压千斤顶可分为整体式和分离式。整体式的泵与液压缸连成一体；分离式的泵与液压缸分离，中间用高压软管相连。液压千斤顶结构紧凑，能平稳顶升重物，起重量最大达 1 000t，行程 1m，传动效率较高，故应用较广。但其易漏油，不宜长期支撑重物，如需长期支撑需选用自锁千斤顶。

(二)电动葫芦

电动葫芦是一种轻小型起重设备，具有体积小、自重轻、操作简单、使用方便等特点，用于工矿企业、仓储码头等场所。电动葫芦一般由电机、传动机构、卷筒和链轮等组成，起重量一般为 0.1～80t，起升高度为 3～30m。

电动葫芦可分为环链电动葫芦、钢丝绳电动葫芦、防腐电动葫芦、双卷筒电动葫芦、群吊电动葫芦和多功能提升机等。下面主要介绍环链电动葫芦和钢丝绳电动葫芦两种。

1．环链电动葫芦

环链电动葫芦由电动机、传动机构和链轮组成，与钢丝绳电动葫芦最大的不同点是把钢丝绳换成了链条，弥补了钢丝绳电动葫芦体积较大、较为笨重的缺点。其起升高度为 3～120m，起重吨位有 240kg、300kg、0.5t、1t、2t、3t、5t、10t、20t、25t、30t，最大可达 100t。

环链电动葫芦体积小、重量轻、适用范围广，起吊重物、装卸搬运、维修设备非常方便，还可以安装在悬空工字梁、曲线轨道、旋臂吊导轨及固定吊点上吊运重物。

2．钢丝绳电动葫芦

钢丝绳电动葫芦是工厂、矿山、港口、仓库、货场等常用的起重设备之一，是提高劳动效率、改善劳动条件的必备机械。钢丝绳电动葫芦的吨位有 0.5t、1t、2t、3t、5t、10t、16t、20t，标配钢丝绳米数有 6m、9m、12m、18m、24m、30m。

钢丝绳电动葫芦品种规格多、运行平稳、操作简单，可以在直的、弯曲的、循环的架空轨道上使用，也可以在以工字钢为轨道的单梁、桥式、悬挂、龙门等起重机上使用。

(三)卷扬机

卷扬机又称绞车，是用卷筒缠绕钢丝绳或链条提升或牵引重物的轻小型起重设备，又称绞车。卷扬机可以垂直提升、水平或倾斜拽引重物。卷扬机分为手动卷扬机、电动卷扬机及液压卷扬机三种。现在以电动卷扬机为主。卷扬机可单独使用，也可作起重、筑路和矿井提升等机械中的组成部件，因操作简单、绕绳量大、移置方便而广泛应用。卷扬机主要运用于建筑、水利工程、林业、矿山、码头等的物料升降或平拖。

四、桥式起重机

桥式起重机是桥架在高架轨道上运行的一种桥架型起重机，桥架沿两侧轨道纵向运行，起重小车沿桥架上的轨道横向运行，构成一个矩形的工作范围，充分利用桥架下面的空间吊运物料且不受地面设备的阻碍。桥式起重机广泛地应用在室内外仓库、厂房、码头和露天贮料场等处。

视频 4-4　港口桥式起重机　　　视频 4-5　桥、门式起重机安全操作

(一)梁式起重机

梁式起重机主要包括单梁桥式起重机和双梁桥式起重机,分别如图 4-23 和图 4-24 所示。单梁桥架由单根主梁和位于跨度两边的端梁组成,双梁桥架由两根主梁和端梁组成。桥架按结构分为支承式和悬挂式两种:前者的桥架沿车梁上的起重机轨道运行;后者的桥架沿悬挂在厂房屋架下的起重机轨道运行。

图 4-23　单梁桥式起重机

图 4-24　双梁桥式起重机

1. 单梁桥式起重机

单梁桥式起重机由大梁、端梁、起重小车、驱动电气及电控设备构成。起重小车常为手拉葫芦、电动葫芦或用葫芦作为起升机构部件装配而成。其起重量为 1～32t,跨度可达 7.5～22.5m,工作级别为 A3～A5。

单梁桥式起重机分为手动和电动两种。

(1) 手动单梁桥式起重机采用手动单轨小车作为运行小车,用手拉葫芦作为起升机构,桥架由主梁和端梁组成。手动单梁桥式起重机各机构的工作速度较低,起重量也较小,但自身质量小,便于组织生产,成本低,常用于无电源且搬运量不大,对速度与生产率要求不高的场合。

(2) 电动单梁桥式起重机的工作速度、生产率较手动的高,起重量也较大。电动单梁桥式起重机由桥架、大车运行机构、电动葫芦及电气设备等部分组成。

2. 双梁桥式起重机

双梁桥式起重机由两根主梁和端梁组成。主梁与端梁刚性连接,端梁两端装有车轮,用以支承桥架在高架上运行。主梁上焊有轨道,供起重小车运行。桥架主梁的结构类型较多,比较典型的有箱形结构、四桁架结构和空腹桁架结构。双梁桥式起重机特别适合于大

悬挂和大起重量的平面范围物料输送。

(二)门式起重机

门式起重机是桥式起重机的一种变形，它的金属结构为门形框架，承载主梁下安装两条支脚，可以直接在地面的轨道上行走，主梁两端可以具有外伸悬臂梁。门式起重机具有场地利用率高、作业范围大、适应面广、通用性强等特点，在港口货场得到广泛使用。

1. 门式起重机的分类

1) 按门框结构形式分类

(1) 全门式起重机：主梁无悬伸，小车在主跨度内运行。

(2) 半门式起重机：支腿有高低差，可根据使用场地的土建要求而定。

(3) 双悬臂门式起重机：最常见的一种结构形式，其结构的受力和场地面积的有效利用都是合理的。

(4) 单悬臂门式起重机：这种结构形式往往是因场地的限制而被选用。

2) 按主梁形式分类

(1) 单主梁门式起重机：结构简单，制造安装方便，自身质量小，主梁多为偏轨箱形架结构。与双主梁门式起重机相比，整体刚度要弱一些。因此，当起重量 $G \leqslant 50t$、跨度 $S \leqslant 35m$ 时，可采用这种形式。

(2) 双主梁门式起重机：承载能力强，跨度大、整体稳定性好，品种多，但自身质量与相同起重量的单主梁门式起重机相比要大，造价也较高。根据主梁结构不同，又可分为箱形梁和桁架梁两种形式。目前一般多采用箱形梁结构。

3) 按主梁结构分类

(1) 桁架梁：使用角钢或工字钢焊接而成的结构形式，优点是造价低，自重轻，抗风性好。但是由于焊接点多和桁架自身的缺陷，桁架梁也具有挠度大、刚度小、可靠性相对较低、需要频繁检测焊点等缺点。其适用于对安全要求较低、起重量较小的场地。

(2) 箱形梁：使用钢板焊接成箱式结构，具有安全性高、刚度大等特点，一般用于大吨位及超大吨位的门式起重机。箱形梁同时也具有造价高、自重大、抗风性较差等缺点。

(3) 蜂窝梁：一般指"等腰三角形蜂窝梁"，主梁端面为三角形，两侧斜腹上有蜂窝孔，上下部有弦杆。蜂窝梁吸收了桁架梁和箱形梁的特点，较桁架梁具有较大的刚度，较小的挠度，可靠性也较高。但是由于采用钢板焊接，其自重和造价也比桁架梁稍高。蜂窝梁适用于使用频繁或起重量大的场地或梁场。由于这种梁型为专利产品，因此生产厂家较少。

4) 按用途形式分类

(1) 普通门式起重机：主要是指吊钩、抓斗、电磁、葫芦门式起重机，这种起重机多采用箱形梁和桁架梁结构，用途最广泛。它可以搬运各种成件物品和散状物料，起重量在100t以下，跨度为4～39m。

(2) 水电站龙门起重机：主要用来吊运和启闭闸门，也可进行安装作业。起重量达80～500t；跨度较小，为8～16m；起升速度较低，为1～5m/min。这种起重机虽然不是经常吊运，但一旦使用工作却十分繁重，因此工作级别很高。

(3) 造船龙门起重机：用于船台拼装船体，常备有两台起重小车，一台有两个主钩，在桥架上翼缘的轨道上运行；另一台有一个主钩和一个副钩，在桥架下翼缘的轨道上运行，以便翻转和吊装大型的船体分段。其起重量一般为100~1 500t，跨度达185m，起升速度为2~15m/min，还有0.1~0.5m/min的微动速度。

(4) 集装箱龙门起重机：此设备将在第五章详细介绍。

【知识拓展4-7】大连重工起重集团有限公司于2008年成功建造名为"泰山"的多吊点桥式起重机。其投资高达2.6亿元人民币，提升重量达2.16万吨，设备总体高度为118米，主梁跨度为125米，采用高低双梁结构，起升高度分别为113米和83米。整机共48个吊点，单根钢丝绳长度达到4 000米，是目前世界上最大起重量、最大跨度、最大起升高度的桥式起重设备，也是当今世界技术难度最高的大型起重设备，如图4-25所示。

图4-25　世界上最大的门式起重机

2. 门式起重机的选用

1) 单主梁和双主梁门式起重机的选用

一般情况下，起重量在50t以下、跨度在35m以内，无特殊使用要求，宜选用单主梁门式起重机。如果要求门腿宽度大，工作速度较高，或经常吊运重件、长大件，则宜选用双主梁门式起重机。

2) 跨度和悬臂长度的选择

门式起重机的跨度是影响起重机自身质量的重要因素。选择中，在满足设备使用条件和符合跨度系列标准的前提下，应尽量减少跨度。

3) 轮距的确定原则

(1) 能满足起重机在轨道上运行的稳定性要求。

(2) 货物的外形尺寸要能顺利通过支腿钢架。

(3) 轮距与跨度要成一定比例关系。

4) 门式起重机间距尺寸的确定

在工作中，门式起重机外部尺寸与堆场的货物及运输车辆通道之间应留有一定的空间尺寸，以利于装卸作业。一般运输车辆在跨度内装卸时，应保持与门腿有 0.7m 以上的间距；货物过门腿时，应有 0.5m 以上的间距。

(三)通用桥式起重机和专用桥式起重机

1. 通用桥式起重机

通用桥式起重机又称"天车"，主要采用电力驱动，一般是在司机室内操纵，也有远距离控制的，如图 4-26 所示。其起重量可达 500t，跨度可达 60m。

图 4-26　通用桥式起重机

2. 专用桥式起重机

专用桥式起重机在钢铁生产过程中可参与特定的工艺操作，其基本结构与通用桥式起重机相似，但在起重小车上还装有特殊的工作机构或装置。这种起重机的工作特点是在使用频繁、恶劣环境下工作，工作级别较高。其主要有以下五种类型。

(1) 铸造起重机：供吊运铁水注入混铁炉、炼钢炉和吊运钢水注入连续铸锭设备或钢锭模等用，如图 4-27 所示。主小车吊运盛桶，副小车进行翻转盛桶等辅助工作。为了扩大副钩的使用范围和更好地为炼钢工艺服务，主、副钩分别布置在各自有独立小车运行机构的主、副小车上，并分别沿各自的轨道运行。

(2) 夹钳起重机：可利用夹钳将高温钢锭垂直地吊运到深坑均热炉中，或把它取出放到运锭车上，如图 4-28 所示。

(3) 脱锭起重机：用于把钢锭从钢锭模中强制脱出。小车上有专门的脱锭装置，脱锭方式根据锭模的形状而定：有的脱锭起重机用项杆压住钢锭，用大钳提起锭模；有的用大钳压住锭模，用小钳提起钢锭。

(4) 加料起重机：用于将炉料加到平炉中。主小车的立柱下端装有挑杆，用以挑动料箱并将它送入炉内。主柱可绕垂直轴回转，挑杆可上下摆动和回转；副小车用于修炉等辅助作业。

(5) 锻造起重机：用于与水压机配合锻造大型工件。主小车吊钩上悬挂特殊翻料器，用于支持和翻转工件；副小车用于抬起工件。

图 4-27　铸造起重机

图 4-28　夹钳起重机

五、臂架式起重机

臂架式起重机包括起升机构、变幅机构、旋转机构和运行机构四大机构组成。依靠这些机构的配合动作,可使重物在一定的圆柱形空间内起重和搬运。多用于露天装卸及安装等工作,如悬臂起重机、塔式起重机、门座式起重机等。臂架式起重机也可装设在车辆上或其他形式的运输(移动)工具上,这样就构成了滚动式臂架起重机,如汽车起重机、轮胎起重机、随车起重机和履带起重机。

(一)悬臂起重机

悬臂起重机有立柱式悬臂起重机、壁挂式悬臂起重机和平衡起重机三种。

1. 立柱式悬臂起重机

立柱式悬臂起重机是悬臂可绕固定于基座上的定柱回转,或者是悬臂与转柱刚接,在基座支承内一起相对于垂直中心线转动的由立柱和悬臂组成的悬臂起重机,如图 4-29 所示。它适用于起重量不大、作业服务范围为圆形或扇形的场合,一般用于机床等的工件装卡和搬运。立柱式悬臂起重机多采用环链电动葫芦作为起升机构和运行机构,较少采用钢丝绳电动葫芦和手拉葫芦。旋转和水平移动作业多采用手动,只有在起重量较大时才采用电动。

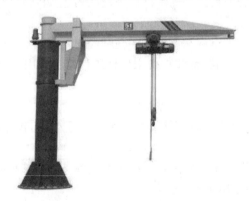

图 4-29　立柱式悬臂起重机

2. 壁挂式悬臂起重机

壁挂式悬臂起重机是固定在墙壁上的悬臂起重机，或者可沿墙上或其他支承结构上的高架轨道运行的悬臂起重机，如图 4-30 所示。壁挂式悬臂起重机的使用场合为跨度较大、建筑高度较大的车间或仓库，靠近墙壁附近处吊运作业较频繁时最适合。壁挂式悬臂起重机多与上方的梁式或桥式起重机配合使用，在靠近墙壁处服务于长方体空间，负责吊运轻小物件，大件由梁式或桥式起重机承担。

图 4-30　壁挂式悬臂起重机

3. 平衡起重机

平衡起重机俗称平衡吊，它运用四连杆机构原理使载荷与平衡配重构成平衡系统，可以采用多种吊具灵活而轻松地在三维空间吊运载荷，如图 4-31 所示。平衡起重机轻巧灵活，是一种理想的吊运小件物品的起重设备，被广泛用于工厂车间的机床上下料，工序间、自动线、生产线的工件、砂箱吊运、零部件装配，以及车站、码头、仓库等各种场合。

图 4-31　平衡起重机

(二)塔式起重机

塔式起重机简称塔机，亦称塔吊，是机身为塔形钢架，能沿轨道行走并配有全围转臂的一种起重机。

1. 塔式起重机的类型和特点

1) 按有无行走机构划分

按有无行走机构，可分为移动式塔式起重机和固定式塔式起重机。

(1) 移动式塔式起重机根据行走装置的不同，又可分为轨道式、轮胎式、汽车式和履带式四种。轨道式塔式起重机的塔身固定于行走底架上，可在专设的轨道上运行，稳定性好，能带负荷行走，工作效率高，因而广泛应用于建筑安装工程，如图 4-32 所示。轮胎式、汽车式和履带式塔式起重机无轨道装置，移动方便，但不能带负荷行走。

(2) 固定式塔式起重机根据装设位置的不同，又分为附着自升式和内爬式两种。附着自升塔式起重机能随建筑物的升高而升高，适用于高层建筑，建筑结构仅承受由起重机传来的水平载荷，附着方便，但占用结构用钢多，如图 4-33 所示；内爬塔式起重机在建筑物内部(电梯井、楼梯间)，借助一套托架和提升系统进行爬升，顶升较烦琐，但占用结构用钢少，不需要装设基础，全部自重及载荷均由建筑物承受。

图 4-32　移动式塔式起重机

图 4-33　附着自升塔式起重机

2) 按起重臂的构造特点划分

按起重臂的构造特点，可分为俯仰变幅起重臂(动臂)塔式起重机和小车变幅起重臂(平臂)塔式起重机。

(1) 俯仰变幅起重臂塔式起重机是靠起重臂升降来实现变幅的，其优点是能充分发挥起重臂的有效高度，机构简单；缺点是最小幅度被限制在最大幅度的 30%左右，不能完全靠近塔身，变幅时负荷随起重臂一起升降，不能带负荷变幅。

(2) 小车变幅起重臂塔式起重机是靠水平起重臂轨道上安装的小车行走实现变幅的，其优点是变幅范围大，载重小车可驶近塔身，能带负荷变幅；缺点是起重臂受力情况复杂，对结构要求高，且起重臂和小车必须处于建筑物上部，塔尖安装高度要比建筑物屋面高出15～20m。

3) 按塔身结构回转方式划分

按塔身结构回转方式，可分为下回转(塔身回转)塔式起重机和上回转(塔身不回转)塔式起重机。

(1) 下回转塔式起重机将回转支承、平衡重主要机构等均设置在下端，其优点是塔式所受弯矩较少，重心低，稳定性好，安装维修方便；缺点是对回转支承要求较高，安装高度受到限制，如图 4-34 所示。

(2) 上回转塔式起重机将回转支承、平衡重主要机构等均设置在上端，其优点是由于塔身不回转，可简化塔身下部结构，顶升加高方便；缺点是当建筑物超过塔身高度时，由于平衡臂的影响，限制起重机的回转，同时重心较高，风力增大，压重增加，使整机总重量增加，如图 4-35 所示。

图 4-34　下回转塔式起重机

图 4-35　上回转塔式起重机

4）按有无塔尖的结构划分

按有无塔尖的结构，可分为平头塔式起重机和尖头塔式起重机。

（1）平头塔式起重机是最近几年发展起来的一种新型塔式起重机，其特点是在原自升塔式起重机的结构上取消了塔尖及其前后拉杆部分，增强了大臂和平衡臂的结构强度，大臂和平衡臂直接相连，如图 4-36 所示。其优点是：整机体积小，安装便捷安全，降低运输和仓储成本；起重臂耐受性能好，受力均匀一致，对结构及连接部分损坏小；部件设计可标准化、模块化，互换性强，减少设备闲置，提高投资效益。其缺点是在同类型塔式起重机中价格稍高。

（2）尖头塔式起重机是在平头塔式起重机的结构上增加了塔尖和前后拉杆部分，其余部分基本一样，不需重复介绍，如图 4-37 所示。

图 4-36　平头塔式起重机

图 4-37　尖头塔式起重机

2. 塔式起重机的性能参数

1) 幅度

幅度是指从塔式起重机回转中心线至吊钩中心线的水平距离，通常称为回转半径或工作半径。对于俯仰变幅的起重臂，其俯仰与水平的夹角在13°～65°，因此变幅范围较小；而小车变幅的起重臂始终是水平的，变幅范围较大，因此小车变幅的起重机在工作幅度上有优势。

2) 起重量

起重量是指吊钩能吊起的重量，包括吊索、吊具及容器的重量。起重量因幅度的改变而改变，因此每台起重机都有自己本身的起重量与起重幅度的对应表，俗称工作曲线表。

起重量包括两个参数，即最大起重量和最大幅度起重量。最大起重量由起重机的设计结构确定，主要包括其钢丝绳、吊钩、臂架、起重机构等。其吊点必须在幅度较小的位置。最大幅度起重量除了与起重机设计结构有关，还与其倾翻力矩有关，是一个很重要的参数。

3) 起重力矩

起重量与相应幅度的乘积为起重力矩，过去的计量单位为 t·m，现行的计量单位为 kN·m，1t·m=10kN·m。

额定起重力矩是塔式起重机最重要的工作参数，它是防止塔式起重机工作时因重心偏移而发生倾翻的关键参数。由于不同幅度的起重力矩不均衡，幅度渐大，力矩渐小，因此常以各点幅度的平均力矩作为塔式起重机的额定力矩。

塔式起重机的起重量随着幅度的增加而相应递减，因此，在各种幅度时都有额定的起重量，将不同的幅度和相应的起重量连接起来，就可绘制出起重机的性能曲线图，操作人员一看便知不同幅度下的额定起重量，以防止超载，如图 4-38 所示。

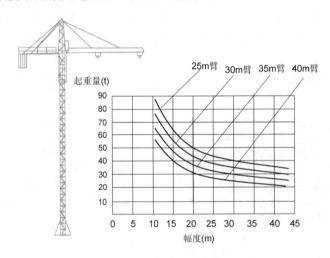

图 4-38 起重力矩

4) 起升高度

起升高度也称吊钩高度，是从塔式起重机的混凝土基础表面(或行走轨道顶面)到吊钩的垂直距离。对小车变幅的塔式起重机，其最大起升高度是不可变的；对于俯仰变幅的塔式起重机，其起升高度随不同幅度而变化，最小幅度时起升高度可比塔尖高几十米，因此俯仰变幅的塔式起重机在起升高度上有优势。

5）工作速度

塔式起重机的工作速度包括起升速度、回转速度、变幅速度和大车行走速度等。在起重作业中，起升速度是最重要的参数，特别是在高层建筑中，提高起升速度就能提高工作效率，同时吊物就位时需要慢速，因此起升速度变化范围大是起吊性能优越的表现。

起升速度不仅与起升机构有关，而且与吊钩滑轮组的倍率有关，2绳的比4绳的快一倍，单绳的比2绳的快一倍。

在起重作业中，回转、变幅、大车行走等的速度都不要求过快，但必须能平稳地启动和制动，能实现无级调速，变频控制是比较理想的。

(三)门座式起重机

门座式起重机是通过两侧支腿支承在地面轨道或地基上的臂架式起重机，如图4-39所示。起重机沿地面轨道运行，下方可通过铁路车辆或其他地面车辆。门座式起重机大多沿地面或建筑物上的起重机轨道运行，进行起重装卸作业。

1.门座式起重机的分类

门座式起重机按用途可分为以下三类。

(1) 装卸用门座式起重机：主要用于港口和露天堆料场，用抓斗或吊钩装卸。其起重量一般不超过25t，且不随幅度变化。

(2) 造船用门座式起重机：主要用于船台、浮船坞和装船现场，进行船体拼接、设备舾装等吊装工作，用吊钩作为吊具。其最大起重量达300t，幅度大时起重量相应减小。

图4-39　门座式起重机

(3) 建筑安装用门座式起重机：主要用在水电站进行大坝浇灌、设备和预制件吊装等，一般用吊钩。

2.门座式起重机的组成

门座式起重机由起升、回转、变幅和运行机构组成。前三种机构装在转动部分上，每一周期内都参加作业。运行机构装在门座下部，用以调整起重机的工作位置。

(四)流动式起重机

流动式起重机是广泛应用于各领域的一种起重设备，它在减轻劳动强度、节省人力、降低建设成本、提高施工质量和加快建设速度等方面起着十分重要的作用。

1.流动式起重机的分类及特点

流动式起重机分为轮胎式起重机和履带起重机两类，其中轮胎式起重机又分为汽车起重机、轮胎起重机和随车起重机三种类型。

1) 汽车起重机

通常把装在通用或专用载重汽车底盘上的起重机称为汽车起重机。汽车起重机的行驶操作在下车的驾驶室里完成，起重操作在上车的操纵室里完成。汽车起重机由于利用汽车底盘，所以具有汽车的行驶通过性能，机动灵活，行驶速度高，可快速转移，转移到作业场地后能迅速投入工作，特别适用于流动性大、不固定的作业场所。

2) 轮胎起重机

将起重作业部分装在专门设计的自行轮盘底盘上所组成的起重机称为轮胎起重机。轮胎起重机下车没有驾驶室，行驶操作和起重操作均集中在上车操纵室内完成。轮胎起重机一般轮距较宽，稳定性好；轴距小，车身短，转弯半径小，适用于狭窄的作业场所。轮胎起重机可360°回转作业，在平坦坚实的地面可不用支腿吊重以及吊重行驶。轮胎起重机的行驶速度较慢，机动性不如汽车起重机，但与履带起重机相比，又具有便于转移和在城市道路上通过的性能。

3) 随车起重机

随车起重机是将起重作业部分装在载重货车上的一种起重机。随车起重机的行驶操作在下车的驾驶室里完成，起重操作则为露天，站在地面上操作。随车起重机的优点是既可起重，又可载货，货物可实现自装卸。其缺点是起重量小，起升高度低，作业幅度小，不能满足大型吊重安装作业的要求，但因其具有既可起重、又可载货的优点，在起重运输行业也占据了一定的市场。

4) 履带起重机

把起重作业部分装在履带底盘上，行走依靠履带装置的起重机称为履带起重机。履带起重机下车没有驾驶室，行驶操作和起重操作集中在上车操纵室内完成。短距离转场时可自己行走，到达场地后由于不需打支腿可马上投入工作。履带起重机的缺点是不能在公路上行驶，必须拆卸运输，到达工作地点后再组装，费时费力。

2. 流动式起重机的选用

了解了流动式起重机各种机型的特点和使用范围，选用时也就比较轻松。用户可根据起重性能、地面情况、工程情况、价格等几个方面来选择合适的流动式起重机。一般来说，几种流动式起重机中全地面起重机价格最高，汽车起重机和轮胎起重机价格相当，履带起重机价格最低。随车起重机具备起重运输功能，但起重性能一般较低，起重不是其主要功能，这里不做价格比较。

大型长期工程要求的起重量、起升高度都很大，地面情况恶劣，不需要长距离转运，因此选择履带起重机比较经济。履带起重机可吊重行走，短距离转运工件比较方便，可省去运输车。应用示例包括大型钢厂、大型火电厂、水电站、大型石化和大型桥梁建设等。

对于长期或短期工程并经常需要长距离转运，路面较好的场合，选择汽车起重机比较经济。汽车起重机机动灵活、价位适中，是大多数建筑安装公司和吊车租赁公司的首选机型。

对于不需要经常长距离转运，路面较好，作业场地狭窄，需要小载荷吊重行走的场合，选择轮胎起重机比较经济。轮胎起重机行驶速度低，转弯半径小，驾驶时视野窄，比较适合在厂区内或需要近距离转场的工地上使用。

对于路面状况较差，需要小载荷吊重行走的场合，选择履带起重机比较合适。履带起重机越野能力强，转弯半径小，非常适合矿山、油田等环境比较恶劣的工作场地。

如果以运输为主，需要自装卸货物，又兼顾小型的起重作业，选择随车起重机比较合适。

以上对流动式起重机的选用作了大致的介绍，实际选用时需根据工程情况、地面情况、起重量、起升高度、作业半径等具体参数选择起重机的类型和吨位。

第三节　堆　垛　机

一、堆垛机概述

堆垛机是物流系统集成项目的核心设备，是立体仓库中的主要起重运输设备，是随立体仓库发展起来的专用起重机械设备。运用这种设备的仓库的高度大多数在 10～25m，最高可达 40m。堆垛机的主要用途是在立体仓库的巷道间来回穿梭运行，将位于巷道口的货物存入货格，或将货格中的货物取出运送到巷道口。这种设备只能在仓库内运行，还需配备其他设备让货物出入库。

(一)堆垛机的特点

堆垛机减轻了工人的劳动强度，提高了仓库的利用率和周转率，具有以下几个方面的特点。

(1) 堆垛机的整机结构高而窄，适合于在巷道内运行。

(2) 堆垛机有特殊的取物装置，如货叉、机械手等。

(3) 堆垛机的电力控制系统具有快速、平稳和准确的特点，以保证能快速、准确、安全地取出和存入货物。

(4) 堆垛机具有一系列的连锁保护措施。由于工作场地窄小，稍不准确就会库毁人亡，所以堆垛机上配有一系列机械的和电气的保护措施。

(二)堆垛机的分类

堆垛机有以下几种分类方式。

(1) 按堆垛机起升高度不同可分为高层型、中层型和低层型。高层型是指起升高度在15m 以上的堆垛机，主要用于一体式的高层货架仓库中；中层型是指起升高度在 5～15m 的堆垛机；低层型是指起升高度在 5m 以下的堆垛机，主要用于分体式高层货架仓库和简易立体仓库中。

(2) 按堆垛机有无轨道可分为有轨堆垛机和无轨堆垛机。有轨堆垛机是指堆垛机工作时沿着巷道内的轨道运行，其工作范围受轨道的限制，须配备出入库设备；而无轨堆垛机是没有轨道的堆垛机，又称高架叉车，没有轨道限制，工作范围较大。

(3) 按堆垛机自动化程度不同可分为手动堆垛机、半自动堆垛机和自动堆垛机。手动堆垛机和半自动堆垛机上带有操作室，由人工操作控制堆垛机；而自动堆垛机可实现无人操作，由计算机自动控制堆垛机的整个操作过程，实现自动寻址，自动完成取出或存入作业。

(4) 按堆垛机的用途不同可分为巷道式堆垛机和桥式堆垛机两种。

视频 4-6　有轨巷道式堆垛机

视频 4-7　自动化立体库堆垛机

视频 4-8　自动化小件仓储堆垛机

视频 4-9　固定巷道堆垛机

(三)堆垛机的功能

堆垛机接受计算机指令后，能在高层货架巷道中来回穿梭，把货物从巷道口出入库货台搬运到指定的货位中，或者把需要的货物从仓库中搬运到巷道口出入库货台，再配以相应的转运、输送设备通过计算机控制实现货物的自动出入库。有轨巷道双立柱堆垛机由于效率高，高度可达到 0～40m，便于实现人员操作，行走稳定，载货量大，噪声小，在目前的立体仓库中得到了广泛应用，如图 4-40 所示。

图 4-40　堆垛机在自动化立体仓库中的位置

1—巷道；2—货架；3—天轨；4—堆垛机；
5—计算机控制台；6—地轨；
7—出入库货台；8—货物单元

二、巷道堆垛机

(一)巷道堆垛机的概念

巷道堆垛机专用于高架仓库，如图 4-41 所示。采用这种起重机的仓库高度可达 45m 左右。起重机在货架之间的巷道内运行，主要用于搬运装在托盘上或货箱内的单元货物；也可开到相应的货格前，由机上人员按出库要求拣选货物出库。巷道堆垛机由起升机构、运行机构、货台司机室和机架等组成。起重量一般在 2t 以下，最大达 10t。起升速度为 15～25m/min，有的可达 50m/min。起重机运行速度为 60～100m/min，最高可达 180m/min。货叉伸缩速度为 5～15m/min，最高已达到 30m/min。

图 4-41 巷道堆垛机

巷道堆垛机按有无轨道可分为有轨巷道堆垛机和无轨巷道堆垛机。

(二)有轨巷道堆垛机

有轨巷道堆垛机是高层货架内存取货物的主要起重运输设备,沿着轨道(单轨)可在水平面内移动,载货台(上有取货货叉)可沿堆垛机立柱垂直移动,取货货叉可向巷道两侧的货格伸缩和微升降。有轨巷道堆垛机现已广泛应用于国内外企业的自动化立体仓库和自动化配送中心。

1. 有轨巷道堆垛机的结构

有轨巷道双立柱堆垛机主要由机架、行走机构、提升机构及载货台、货叉、电气控制和各种安全保护装置构成,如图 4-42 所示。

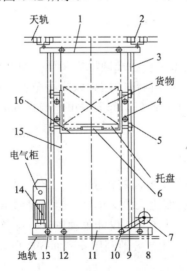

图 4-42 有轨巷道双立柱堆垛机

1—上横梁;2—天轨导向轮;3—立柱;4—载货台顶轮;5—载货台导向轮;6—货叉;
7—传动链轮;8—提升电机;9—传动链条;10—双联链轮;11—下横梁;12—惰链轮;
13—行走轮;14—行走电机;15—提升链条;16—载货台

2．有轨巷道堆垛机的性能参数

不同厂家、不同型号的产品，其性能参数各不相同，在此只是举例说明，如表 4-3 所示。

表 4-3　有轨巷道堆垛机的性能参数

性能参数 ＼ 产品型号	轻型巷道堆垛机	中型巷道堆垛机	重型巷道堆垛机
货物类型	周转箱	货箱单元、托盘单元	托盘单元
起重量	20kg，40kg，50kg，80kg，100kg，200kg	250kg，500kg，750kg，1 000kg，1 500kg	2.0t，2.5t，3.0t
整机高度/m	≤20	≤30	≤15
托盘尺寸/m	0.3×0.4×0.4×0.6，0.6×0.8 或定制	1.0×0.8，1.2×1.0，1.2×1.2 或定制	定制
结构形式	单立柱	单立柱	单立柱，双立柱
货叉类型	单货叉	单货叉、双货叉、多货叉	双货叉、多货叉
水平运行速度/(m/min)	0～240(变频调速)	0～180(变频调速)	0～160(变频调速)
起升速度/(m/min)	0～60(变频调速)	0～50(变频调速)	3.3/20(双速)或0～40(变频调速)
货叉伸缩速度/(m/min)	0～30(满载)/40(空载)	0～20(满载)/40(空载)	0～20(满载)/40(空载)
导电方式	安全滑触线	安全滑触线	安全滑触线
通信方式	远红外通信	远红外通信、载波通信	远红外通信、载波通信
信息传输	现场总线	串口通信、现场总线	串口通信、现场总线

(三)无轨巷道堆垛机

无轨巷道堆垛机，又称高架叉车、三向堆垛叉车，即叉车向运行方向两侧进行堆垛作业时，车体无须做直角转向，而使前部的门架或货叉做直角转向及侧移，这样作业通道就可大大减少，提高了面积利用率；此外，起升高度一般在 6m 左右，最高可达 13m，提高了空间利用率。

1．无轨巷道堆垛机的特点

无轨巷道堆垛机具有以下几个方面的特点。

(1) 采用多节门架，起升高度比一般叉车高，但比普通堆垛机所能达到的高度低很多。

(2) 备有特殊的货叉机构，其货叉不仅能单独侧移、旋转，而且也能侧移与旋转联动，从而大大缩小了仓库巷道宽度，能有效地利用仓库面积。所需巷道宽度比一般叉车窄得多，但比普通堆垛机要求的巷道宽。

(3) 机动性比普通堆垛机好，可以在巷道外作业，一台设备可服务于多个巷道。

(4) 控制方式分为有人操作和无人操作两种，有人操作又分为手动和半自动；无人操作分为自动和远距离集中控制(多数用计算机控制)。

(5) 一般都采用蓄电池作为电源。蓄电池可直接装入车内，但由于耗电量大，蓄电池需要频繁充电。

2. 无轨巷道堆垛机的分类

无轨巷道堆垛机可分为以下两种。

1) 托盘单元型无轨巷道堆垛机

托盘单元型无轨巷道堆垛机由货叉进行托盘货物的堆垛作业。其根据司机室的位置又可分为以下两种情况。

(1) 司机室地面固定型：起升高度较低，视线较差。

(2) 司机室随作业货叉升降型：起升高度较高，视线较好。

2) 拣选型无轨巷道堆垛机

拣选型无轨巷道堆垛机无货车作业机构，司机室和作业平台一起升降，由司机向两侧高层货架内的物料进行拣选作业。

三、桥式堆垛机

桥式堆垛机像起重机一样，有能运行的桥架结构(又称大车)和设置在桥架上能运行的回转小车，桥架在仓库上方的轨道上纵向运行，回转小车在桥架上横向运行，如图4-43所示。桥式堆垛机还像叉车一样，有固定式或可伸缩式的立柱，立柱上装有货叉或其他取物装置，可垂直方向移动。这样，桥式堆垛机可以完成三维空间内的取物工作，同时可以服务于多条巷道。

图4-43 桥式堆垛机

桥式堆垛机安装在仓库的上方，在仓库两侧面的墙壁上装有固定的轨道，要求货架和仓库顶棚之间有一定的空间，以保证桥架的正常运行。另外，桥式堆垛机的堆垛和取货是通过取物装置在立柱上运行来实现的，受立柱高度的限制，桥式堆垛机的作业高度不能太高。所以桥式堆垛机主要适用于 12m 以下中等跨度的仓库，且巷道的宽度要较大，适于笨重和长大件物料的搬运和堆垛。

第四节　连续输送机械

【知识拓展4-8】在开始介绍各种连续输送机械之前，根据以下场景，请分别说出可以通过什么方法完成装卸搬运任务？

场景一
■ 如何将这些散装粮食快速的装车？

场景二
■ 如何把散货船中的粮食快速的装入粮食筒仓？

场景三
■ 如何把散货船中的煤炭高效快速的卸车几公里以外的散煤堆场？

场景四
■ 如何把大量杂乱的包装快速的按门的地进行分拣？

　　根据同学们给出的装卸搬运方案，我们带着问题来学习本节的连续输送机械，看是否能找到更好、效率更高的设备。

一、连续输送机械概述

　　连续输送机械是以连续的方式沿着给定的线路连续均匀的输送散粒物料和成件包装货物的机械装置。此类机械能多用于沿水平、倾斜或者垂直方向上连续搬运大量货物，搬运成本较低，搬运时间容易控制，因此被广泛应用于物流装卸搬运作业中。

　　连续输送机械按传动方式可分为有挠性牵引构件(如胶带、链条)和无挠性牵引构件两类。前者是将物品放在牵引构件上或承载构件内，利用牵引构件的连续运动使物品沿一定方向输送，如带式输送机、刮板输送机、埋刮板输送机、斗式提升机等；后者是利用工作构件的旋转或往复运动输送物料，如螺旋输送机、气力输送装置等。

虽然连续输送机械有可连续作业、效率高、结构简单、经济便捷等优点，但也表现出作业噪音大，通用性较差，大多不能自行取货，需要采用一定的供料设备辅助等缺点。

二、带式输送机

带式输送机又称胶带输送机，是一种摩擦驱动以连续方式运送物料的机械。它既可以进行碎散物料的输送，也可以进行成件物品的输送。按工作需要，带式输送机可制成工作位置不变的固定式和装有轮子的移动式，如图 4-44 和图 4-45 所示。

图 4-44　固定式带式输送机

图 4-45　移动式带式输送机

(一)带式输送机的组成部分和工作原理

带式输送机主要由机架、输送带、托辊、滚筒、张紧装置、传动装置等组成，如图 4-46所示。其中，带动输送带转动的滚筒称为驱动滚筒(传动滚筒)，而另一端用于改变输送带运动方向的滚筒称为改向滚筒。驱动滚筒由电动机通过减速器驱动，输送带依靠驱动滚筒与输送带之间的摩擦力拖动。驱动滚筒一般都装在卸料端，以增大牵引力且利于拖动。物料由喂料端喂入，落在转动的输送带上，依靠输送带运送到卸料端卸出。

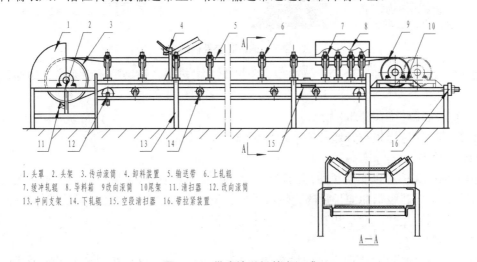

1.头罩　2.头架　3.传动滚筒　4.卸料装置　5.输送带　6.上轧辊
7.缓冲轧辊　8.导料箱　9.改向滚筒　10.尾架　11.清扫器　12.改向滚筒
13.中间支架　14.下轧辊　15.空段清扫器　16.带拉紧装置

图 4-46　带式输送机基本组成

(二)带式输送机的优点和用途

(1) 运行平稳可靠。在许多需要连续搬运物料的生产单位,如发电厂煤的输送,钢铁厂和水泥厂散状物料的输送,以及港口内船舶装卸散货等均采用带式输送机。

(2) 动力消耗低,作业效率高。由于物料与输送带几乎无相对移动,不仅运行阻力小(约为刮板输送机的 1/3～1/5),而且对货物的磨损和破碎都很小,因而有利于降低生产成本。

(3) 输送线路适应性强又灵活,可水平输送也可倾斜输送。线路长度根据需要而定,短则几米,长则可达 10km 以上;可以安装在小型隧道内,也可以架设在地面的上空。

(4) 可以配合生产工艺的要求,形成一条物料输送的主干线或者生产流水线。

根据以上优点,带式输送机被广泛应用于矿山、家电、机械、烟草、邮电、印刷、食品等各行各业,还应用于对物件的组装、检测、调试、包装等作业中。

(三)特殊结构带式输送机

1. 钢绳芯胶带输送机

钢绳芯胶带输送机是以钢绳芯衬垫覆盖橡胶制成的输送带作为牵引和运载构件的带式输送机。该输送机是由芯胶、钢丝绳、覆盖层和边胶构成,广泛用于煤炭、矿山、港口、冶金、电力、化工等领域输送物料,如图 4-47 所示。

图 4-47　钢绳芯胶带输送机

胶带按覆盖胶性能可分为:普通型、阻燃型、耐热型、耐磨型、耐寒型、耐酸碱型、耐油型等品种。

1) 钢绳芯胶带输送机的优点:

钢绳芯胶带输送机与普通带输送机相比较有以下优点。

(1) 强度高。

由于强度高,可以实现长距离的输送,目前国内该输送机长度可达几公里甚至几十公里。另外,钢丝芯胶带的伸长量约为帆布带伸长量的十分之一,因此拉紧装置纵向弹性高,使得张力传播速度快,起动和制动时不会出现浪涌现象。

(2) 成槽性好。

由于钢绳芯是沿着输送带纵向排列的,而且只有一层,可与托辊贴合紧密形成较大的槽角，因而可以增大运量，同时还可以防止输送带的跑偏。

(3) 抗冲击性及抗弯曲疲劳性好，使用寿命长。

(4) 破损后容易修补。

钢绳芯输送带出现破损后，破伤处几乎不再扩大，修补也比较容易。相反，帆布带损伤后，会由于水浸等原因而引起剥离，使得帆布带强度降低。

(5) 接头寿命长。

由于采用硫化胶接技术，输送带接头寿命很长，历史数据表明有的接头使用十余年尚未损坏。

(6) 输送机的滚筒小。

2) 钢绳芯输送带的缺点

钢绳芯输送带也存在以下几个方面的缺点。

(1) 制造工艺要求高

制造工艺必须保证钢绳芯的张力均匀，否则输送带运转过程中容易发生跑偏现象。

(2) 由于输送带内无横向钢绳芯及帆布层，要避免纵向撕裂。

(3) 易断丝。

当滚筒表面与输送带之间卡进物料时，会容易引起钢绳芯断丝，因此需要有可靠的清扫装置。

2. 可伸缩带式输送机

可伸缩带式输送机为了适应作业环境的需要而能够比较灵活的伸长和缩短，其传动原理和普通胶带输送机一样，都是利用胶带与滚筒之间的摩擦力来驱动胶带运行，从而完成输送作业，如图 4-48 所示。

图 4-48　可伸缩带式输送机

从结构上来说，可伸缩带式输送机最大的特点就是有一个贮带仓和一套贮带装置，这套装置起到暂时贮存适量胶带的作用。当移动机尾进行伸缩时，贮带装置可相应地放出或者收贮一定长度的胶带。

3. 大倾角带式输送机

大倾角带式输送机是具有波状挡边和横隔板的输送带，主要用于散装物料的大倾角连续输送，输送倾角为 0～90 度(70 度以下较好)。根据布置结构形式可分为以下几种。

1) 大倾角上运带式输送机

大倾角上运带式输送机输送倾角为上运 25°，采用双滚筒双电机集中驱动，如图 4-49 所示。

图 4-49　大倾角上运带式输送机

2) 大倾角上运花纹带式输送机

大倾角上运花纹带式输送机最大输送倾角为上运 30°，采用单滚筒双电机集中驱动，采用凹花纹钢绳芯输送带。

3) 大倾角下运带式输送机

大倾角下运带式输送机最大输送倾角为下运-20°，采用尾部双滚筒双电机集中驱动。

4. 气垫带式输送机

气垫带式输送机是用薄气膜支承输送带及物料的带式输送机。它将托辊带式输送机的托辊用带孔的气室盘槽代替，当气源向气室内提供具有一定压力和流量的空气后，气室内的空气经盘槽上的小孔逸出，在输送带和盘槽之间形成一层具有一定压力的气膜支承输送带及其上部物料。把按一定间距布置的托辊支承变成了连续的气垫支承，使输送带与托辊之间的滚筒摩擦变成输送带与盘槽间以空气为介质的流体摩擦，减小了运行阻力，带来了很多优点，如图 4-50 所示。

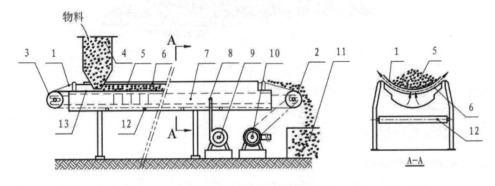

图 4-50　气垫带式输送机

1. 胶带　2. 驱动滚筒　3. 改向滚筒　4. 料斗　5. 物料　6. 盘槽　7. 气箱
8. 气箱进风口　9. 风机　10. 电机　11. 料仓　12. 下托辊　13. 节流孔

与通用带式输送机相比，气垫带式输送机的主要特点有：

(1) 运行平稳，工作可靠，输送量大，不撒料，加料对中时无跑偏现象。

(2) 运行阻力小，输送带张力小，驱动功率消耗减小 10%～20%左右。

(3) 设备投资少，维修费用低。

(4) 便于密闭输送，避免粉尘飞扬。

视频 4-10　气垫带式输送机

视频 4-11　管状带式输送机

5. 圆管带式输送机

圆管带式输送机是在槽形带式输送机基础上发展起来的一类特种带式输送机，采用数个(通常为六个)托辊组成正多边形托辊组以强制输送带形成圆管状，密闭地连续输送各种粉状、粒状和块状等松散物料，如图 4-51 所示。该顺送机广泛应用于电力、建材、化工、冶金、矿山、煤炭、港口、粮食等各行业。

图 4-51　圆管带式输送机

三、链式输送机

链式输送机是用绕过若干链轮的链条作牵引构件，由驱动链轮通过轮齿与链节的啮合将圆周牵引力传递给链条，在链条上或者固定在链条上的工作构件上输送货物。

链式输送机的类型很多，用于港口、货场的主要有链板输送机、刮板输送机、埋刮板输送机和悬挂输送机等。

(一)链板输送机

链板输送机是一种以标准链板为承载面，由马达减速机为动力传动的传送装置。其中带动物料前进的两个主要部分是：链条，利用它的循环往复运动提供牵引力；金属板，作为输送过程中的承载体，如图 4-52 所示。

图 4-52　链板输送机

链板输送机的主要特点有：

(1) 链板输送机的输送面平坦光滑且摩擦力小，物料在输送线之间过渡平稳，可输送各类玻璃瓶、PET 瓶、易拉罐等物料，也可输送各类箱包。

(2) 链板有不锈钢和工程塑料等材质，规格品种繁多，可根据输送物料和工艺要求选用，能满足各行各业不同的需求。

(3) 输送能力大，可承载较大的载荷，如用于电动车、摩托车、发电机等行业；

(4) 链板输送机一般都可以直接用水冲洗或直接浸泡在水中，设备清洁方便，能满足食品、饮料行业对卫生的要求。

(二)刮板输送机

刮板输送机是利用相隔一定间距而固定在牵引链条上的刮板，沿敞开的导槽刮运散货的机械，如图 4-53 所示。刮板输送机适于在水平方向或小倾角方向上输送煤炭、砂子、谷物等粉粒状和块状物料，常用在生产率不大的短距离输送，在港口可用于散货堆场或装车作业。

视频 4-12　刮板输送机

图 4-53　刮板输送机

(三)埋刮板输送机

埋刮板输送机是由刮板输送机发展而来的一种链式输送机，但其工作原理与刮板输送机不同。在埋刮板输送机的机槽中，物料不是一堆一堆地被各个刮板刮运向前输送的，而是以充满机槽整个断面或大部分断面的连续物料流形式进行输送，如图 4-54 所示。

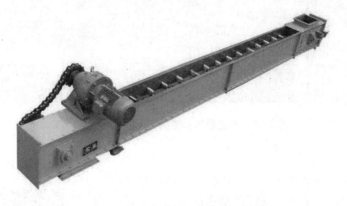

视频 4-13　埋刮板输送机

图 4-54　埋刮板输送机

埋刮板输送机具有以下几个方面的优点。

(1) 应用范围广，可输送多种类型的物料，如粉沫状(水泥、面粉)，颗粒状(谷物、砂)，小块状(煤、碎石)；有毒、腐蚀性强、高温；具有飞扬性、易燃易爆性的各种物料。

(2) 设备简单、体积小，工艺布置灵活，可水平、垂直或者倾斜布置。

(3) 可实现密封输送，特别适用于输送扬灰的、有毒的、易爆的物料，改善劳动条件的同时也防止污染环境。

埋刮板输送机的缺点也比较明显，主要表现在以下几个方面。

(1) 料槽易磨损，链条磨损严重。

(2) 能耗大，输送速度较低 0.08--0.8 m/s，输送量小。

(3) 不宜输送粘性，易结块的物料。

(四)悬挂输送机

悬挂输送机是利用建筑结构将输送机安装在工作区上方，把物料挂在钩子上或其他装置上实现搬运重物的输送设备。悬挂输送主要用于在制品的暂存，物料可以在悬挂输送系统上暂时存放一段时间，直到生产或装运为止。

1. 普通悬挂输送机

是最简单的架空输送机械，它是一条由工字钢型材组成的架空单轨线路。承载滑架上有 对滚轮，承受货物的重量，沿轨道滚动。吊具挂在滑架上，如果货物太重，可以用平衡梁把货物挂到两个或四个滑架上，滑架由链条牵引，如图 4-55 所示。

图 4-55　普通悬挂输送机

2. 推式悬挂输送机

视频 4-14　推式悬挂输送机

推式悬挂输送机可以组成复杂的、自动化程度较高的架空搬运系统。它的特点在于载货小车不固定在牵引链条上，而是由链条上的推头推动载货小车上的推杆实现其运动。推杆伸出时与推头啮合，推杆缩下时与推头脱开，从而可以使载货小车的运动得到控制，如图 4-56 所示。

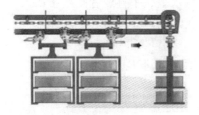

积放式悬挂输送机示意图

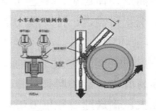

小车在牵引链间传递

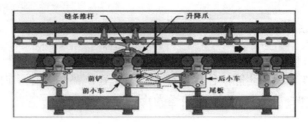

小车积放原理

图 4-56　推式悬挂输送机

四、辊道式输送机

辊道式输送机是一种广泛使用的输送机械，其结构比较简单，由一系列以一定的间距排列的辊子组成，用于输送成件货物或托盘货物，如图 4-57 所示。

图 4-57 辊道式输送机

辊道可以是无动力的，货物由人力推动。辊道也可以布置成一定的坡度，使货物能靠自身的重力从一处自然移动到另一处。

想要达到稳定的运输速度，可以采用动力辊道输送机，其传动方式有链条传动和皮带传动，如图 4-58、4-59 所示。

图 4-58 链条式辊道输送机

图 4-59 皮带式辊道输送机

五、螺旋输送机

螺旋输送机俗称绞龙，其借助原地旋转的螺旋叶片将物料推移向前而进行输送，主要用来输送粉粒状散货，如水泥、谷物、面粉、煤、砂、化肥等。

根据输送物料的特性要求和结构的不同，螺旋输送机有水平螺旋输送机、垂直螺旋输送机、可弯曲螺旋输送机。

(一)水平螺旋输送机

当物料加入固定的机槽内时，由于物料的重力及其与机槽间的摩擦力作用，堆积在机槽下部的物料不随螺旋体旋转，而只在旋转的螺旋叶片推动下向前移动，从而达到输送物料的目的，如图4-60所示。该机便于多点装料与卸料，输送过程中可同时完成混合、搅拌或冷却功能，适用于水平或微倾斜(20°以下)连续均匀输送松散物料，工作环境温度为-20～+40℃，输送距离一般不大于70米。

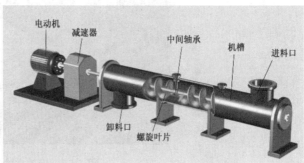

图4-60　水平螺旋输送机

(二)垂直螺旋输送机

该机螺旋体的转速比普通螺旋输送机的要高，加入的物料在离心力的作用下，与机壳间产生的摩擦力使物料随螺旋叶片一起旋转并克服了物料下降的重力，从而实现了物料的垂直输送，如图4-61所示。该机输送量小，输送高度小，转速较高，能耗大。特别适宜输送流动性好的粉粒状物料，主要用于提升物料，提升高度一般不大于8米。

图4-61　垂直螺旋输送机

视频4-15　水平螺旋输送机　　　　　　　　视频4-16　垂直螺旋输送机

视频 4-17　可弯曲螺旋输送机

(三)可弯曲螺旋输送机

该机螺旋体心轴为可挠曲的,因此输送线路可根据需要按空间曲线布置,从而避免物料转载的场合,主要用于同时完成物料的水平和垂直输送,如图 4-62 所示。垂直输送时一般要求转速不能低于 1000 转/分钟。

图 4-62　可弯曲螺旋输送机

六、斗式提升机

斗式提升机是利用一系列固接在牵引链或胶带上的料斗在垂直或接近垂直的方向上运送散料的连续输送机械,如图 4-63 所示。斗式提升机作为一种应用极为广泛的垂直输送设备,已经广泛应用于粮食、饲料及种子加工业。

图 4-63　斗式提升机

斗式提升机的特点主要有以下几个方面。

(1) 斗式提升机使用大容量的料斗密集型布置方式,在运行过程中采用流入式喂料、诱导式卸料系统,使得物料提升时几乎无回料和挖料现象,减少无效功率。

(2) 结构比较简单,横向尺寸小,因而可节约占地面积,并可在全封闭的罩壳内工作,减少灰尘对环境的污染。

视频 4-18　斗式提升机

(3) 斗式提升机提升高度高，运行平稳可靠，无故障时间超过2万小时。

视频4-19　气力输送机

七、气力输送机

气力输送机是利用具有一定能量的空气流，迫使散粒物料沿着一定的管路从一处移动到另一处，并进行卸料的一系列装置的组合，如图4-64所示。该输送机的工作原理是空气速度处于临界范围时物料呈悬浮状态；低于临界范围时物料下降；高于临界范围时则被输送。

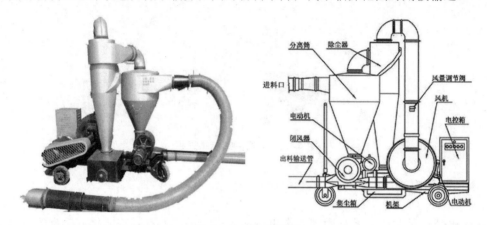

图4-64　气力输送机

气力输送装置的基本类型有三种：吸送式、压送式和混合式。

(一)吸送式气力输送机

吸送式气力输送机是将大气与物料一起吸入管道内，用低气压力的气流进行输送，因而又称为真空吸送，如图4-65所示。

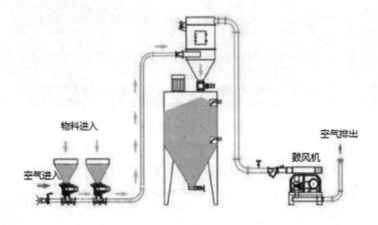

图4-65　吸送式气力输送机

吸送式气力输送机有以下特点。

(1) 供料点可以是一个或几个，可同时将多处供料点的物料输送至卸料点，适用于从多处向一处集中输送。

(2) 在负压作用下，物料很容易被吸入，因此喉管处的供料简单。

(3) 物料在负压下输送，水分易于蒸发，因此对水分较高的物料比压送式易于输送；对加热状态下供给的物料经输送还可起到冷却作用。

(4) 部件要保持密封，分离器、除尘器、闭风器等部件的构造比较复杂。

(5) 风机设在系统末端，要求空气净化程度高。

(二)压送式气力输送机

压送式气力输送机是利用高于大气压力的压缩空气推动物料进行输送的，如图 4-66 所示。空气经鼓风机压缩后进入输送管路，物料由料斗进入，混合后沿管路被吹送，至卸料点经分离器分离，物料由下方排出，空气经除尘、消声排入大气。

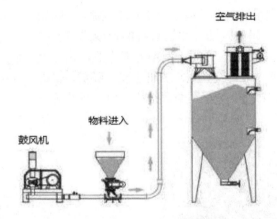

图 4-66　压送式气力输送机

压送式气力输送机有以下特点。

(1) 适用于从一处向几处进行分散输送，即供料点是一个，而卸料点可以是一个或者是几个。

(2) 与吸送式相比，输送距离大为增加，可达 500 米以上，适合较远距离输送。

(3) 在正压情况下，物料易从排料口卸出，因而分离器、除尘器的构造简单，一般不需要闭风器。但是，正压使得物料不易进入输送管，因此供料装置构造比较复杂。

(4) 鼓风机或空气压缩机在系统首端，对空气净化程度要求低。

(三)混合式气力输送机

混合式气力输送机是结合了吸送式气力输送机进料方便、压送式气力输送机长距离输送的优点，应用于卸货地点没有专用装卸设备且输送距离又较长的作业情况。因此，在整个装置中前半部分输送管道处于负压状态，而后半部分处于正压状态，如图 4-67 所示。

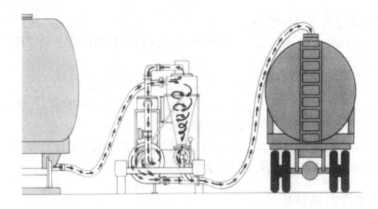

图 4-67　混合式气力输送机

八、气力卸船机

视频 4-20　气力卸船机

气力卸船机是一种利用风机在管道中形成负压气流,将船舱中的散装物料吸出并送入码头及陆域输送系统的连续式卸船机械,又称"负压式卸船机"。它主要用于散粮卸船作业,也有用于煤炭、水泥等散货卸船作业。气吸式卸船机主要由吸嘴、输送管、分离器、除尘器、卸料器、风机、金属结构和电气系统等组成,如图 4-68 所示。

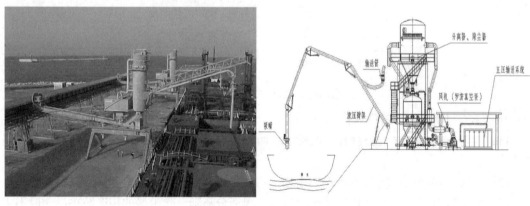

图 4-68　气力卸船机

(一)气力卸船机的优缺点

气力卸船机具有以下几个方面的优点。

(1) 气力卸船机操作灵活方便,整个输送过程处于密封状态,能做到无物料洒落。

(2) 对船舶的适应性强,能均衡卸料,特别是能够清舱,平均生产率高。

(3) 所运物料不会受潮、污损或混入异物,易于实现集中控制和自动化。

气力卸船机具有以下几个方面的缺点。

(1) 单位能耗较高,其能耗系数一般为 $0.021\sim0.038kW\cdot h/t\cdot m$。

(2) 工作时的气动力噪声较大,特别是高真空吸送系统采用大型罗茨风机,噪声高达 110 分贝以上,需采取措施使噪声降到允许值以下。

(3) 对被运送物料的块度、粘度和湿度有所限制,通常块度应小于输送管径的二分之一。

(二)气力卸船机的分类

(1) 按输料管道内真空度的不同可分为高真空气力卸船机(真空度高于 8kPa)和低真空气力卸船机(真空度低于 8kPa)。

(2) 按结构型式可分为岸式和浮式两种。岸式气力卸船机又可分为固定式和移动式,如图 4-69 和图 4-70 所示。

图 4-69　固定式气力卸船机

图 4-70　移动式气力卸船机

(3) 按生产率可分为小型机和大型机两种,小型机的生产率通常为每小时数吨至数十吨,大型机的生产率为100t/h至 1 000t/h。

视频 4-21　移动式气力卸船机

(4) 按风机驱动装置可分为电动机驱动和内燃机驱动两类,电动机驱动使用很广泛,尤其多用于大型卸船机上,而内燃机驱动多用于小型移动式和浮式气力卸船机。

复习思考题

一、名词解释

内燃叉车　　额定起重量　　梁式起重机　　堆垛机　　刮板输送机　　气力输送机

二、选择题

1. 按动力装置,叉车可分为(　　)。
   A. 内燃叉车和蓄电池叉车　　　　　B. 内燃叉车和平衡重式叉车
   C. 蓄电池叉车和平衡重式叉车　　　D. 跨车和侧式叉车
2. 叉车的装卸性能是指车辆(　　)。

  A. 装卸货物的能力   B. 工作范围

  C. 额定起重量和最大起升高度 D. 装卸能力和工作范围

3. 当货物重心在( )范围内，叉车能以最大的起重量进行正常的装卸和作业。

  A. 载荷中心 B. 合成重心   C. 载荷中心距 D. 货叉水平段顶端

4. 集装箱岸边起重机属于( )。

  A. 轻小型类起重机械   B. 桥式类起重机械

  C. 臂架类起重机械   D. 堆垛类起重机械

5. 门式起重机属于( )。

  A. 轻小型类起重机械   B. 桥式类起重机械

  C. 臂架类起重机械   D. 堆垛类起重机械

6. 平衡重式叉车的配重直接影响叉车的( )。

  A. 纵向稳定性 B. 横向稳定性 C. 行驶速度 D. 制动距离

7. 门式起重机在跨度≤( )时选用单梁。

  A. 30   B. 35   C. 55   D. 60

8. 臂架类起重机的起重量随工作幅度的增大而( )。

  A. 增大   B. 减小   C. 不变   D. 不确定

9. 以下哪种带式输送机可以实现密闭且环保输送( )。

  A. 气垫带式输送机   B. 圆管带式输送机

  C. 钢绳芯胶带输送机   D. 大倾角带式输送机

10. 适合输送粉末状、颗粒状且有毒、腐蚀性强的输送机是( )。

  A. 链板输送机   B. 刮板输送机

  C. 埋刮板输送机   D. 气力输送机

11. 管道内气压低于大气压的输送机是( )。

  A. 吸送式气力输送机   B. 压送式气力输送机

  C. 混合式气力输送机

三、问答题

1. 叉车的分类有哪些？

2. 桥式类起重机有哪几种？

3. 臂架类起重机有哪几种？

4. 简述无轨巷道堆垛机的特点和分类。

5. 简述气垫带式输送机的主要特点？

6. 简要说明刮板输送机和埋刮板输送机的区别？

7. 简述混合式气力输送机的输送原理。

第五章

集装箱装卸搬运设备与运用

学习目标

- 掌握集装箱的构造、种类、用途、尺寸、重量参数和相关标识，能够根据货物信息计算所需集装箱的数量并通过软件完成装箱；

- 熟悉集装箱码头的作用和构成，掌握集装箱堆场的管理和业务流程；

- 熟悉各种集装箱装卸搬运设备的功能和用途。

十年来，我国实行更加积极主动的开放战略，构建面向全球的高标准自由贸易区网络，加快推进自由贸易试验区、海南自由贸易港建设，共建"一带一路"成为深受欢迎的国际公共产品和国际合作平台。我国成为一百四十多个国家和地区的主要贸易伙伴，货物贸易总额居世界第一，吸引外资和对外投资居世界前列，形成更大范围、更宽领域、更深层次对外开放格局。

因此，全球经济和贸易的发展为集装箱的发展带来了新的机遇，全球经济的发展为集装箱的发展带来了新的机遇，也对集装箱装卸搬运设备提出了更高的要求。集装箱及其装卸机械出现了越来越多的新技术、新产品，从而为集装箱运输快速、低耗、高效率及高效益的发展奠定了基础。

第一节　集装箱概述

一、集装箱的定义

集装箱(container)，也称货柜，是指海、陆、空不同运输方式进行联运时用以装运货物的一种容器。关于集装箱的定义，国际上不同国家、地区和组织的表述有所不同。按国际标准化组织的定义，集装箱应具备下列条件。

(1) 能长期反复使用，具有足够的强度。

(2) 途中转运不用移动箱内货物，可以直接换装。

(3) 可以进行快速装卸，并可从一种运输工具直接方便地换装到另一种运输工具。

(4) 便于货物的装满和卸空。

(5) 具有 $1m^3$(即 35.32 立方英尺)或以上的容积。

满足上述五个条件的大型装货容器才能称为集装箱。

二、集装箱的分类

(一)按箱内所装货物分类

1. 通用干货集装箱

通用干货集装箱也称为杂货集装箱，用来运输无须控制温度的杂货。这种集装箱通常为封闭式，在一端或侧面设有箱门，如图 5-1 所示。这种集装箱通常用来装运文化用品、化工用品、电子机械、工艺品、医药、日用品、纺织品及仪器零件等，另外，不受温度变化影响的各类固体散货、颗粒或粉末状的货物都可以用这种集装箱装运。通用干货集装箱是平时最常用的集装箱，占集装箱总数的 70%～80%。

2. 保温集装箱

保温集装箱主要用于运输需要冷藏或保温的货物，其所有箱壁都采用导热率低的材料制成。保温集装箱可以分为以下三种。

图 5-1　通用干货集装箱

1) 冷藏集装箱

冷藏集装箱(reefer container)是以运输冷冻食品为主，能保持所定温度的保温集装箱，如图 5-2 所示。它专为运输鱼、肉、新鲜水果、蔬菜等食品而特殊设计。目前国际上采用的冷藏集装箱基本上分为两种：一种是集装箱内带有冷冻机的，称为机械式冷藏集装箱；另一种是箱内没有冷冻机而只有隔热结构，即在集装箱端壁上设有进气孔和出气孔，箱子装在船舱中，由船舶的冷冻装置供应冷气，称为离合式冷藏集装箱。

图 5-2　冷藏集装箱

2) 隔热集装箱

隔热集装箱(insulation container)是为载运水果、蔬菜等货物，需要防止温度上升过大，以保持货物鲜度而具有充分隔热结构的集装箱。它通常用冰作制冷剂，保温时间为 72h 左右。

3) 通风集装箱

通风集装箱(ventilated container)是为装运水果、蔬菜等不需要冷冻而具有呼吸作用的货物，而在端壁和侧壁上设有通风孔的集装箱，如图 5-3 所示。将通风口关闭，同样可以作为杂货集装箱使用。

3. 罐式集装箱

罐式集装箱(tank container)是专门用于装运酒类、油类(如动植物油)、液体食品以及化学品等液体货物的集装箱。它还可以装运其他危险的液体货物。这种集装箱有单罐和多罐之分，罐体四角由支柱、撑杆构成整体框架，如图 5-4 所示。

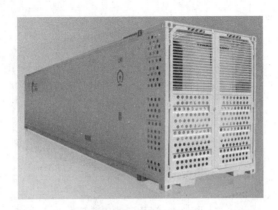

图 5-3　通风集装箱

图 5-4　罐式集装箱

4．散货集装箱

散货集装箱(bulk container)是一种密闭式集装箱，有玻璃钢制和钢制两种。前者由于侧壁强度较大，故一般装载麦芽和化学品等相对密度较大的散货，后者则用于装载相对密度较小的谷物。散货集装箱顶部的装货口应设水密性良好的盖子，以防雨水浸入箱内。散货集装箱，如图 5-5 和图 5-6 所示。

图 5-5　散货集装箱(1)

图 5-6　散货集装箱(2)

5. 框架式集装箱

框架式集装箱(platform based container)是没有箱顶和侧壁，甚至连端壁也去掉而只有底板和四个角柱的集装箱，如图 5-7 所示。这种集装箱可以从前后、左右及上方进行装卸作业，适合装载长大件和重货件，如重型机械、钢材、钢管、木材、钢锭等。框架式集装箱没有密性，怕湿的货物不能装运，或用帆布遮盖装运。

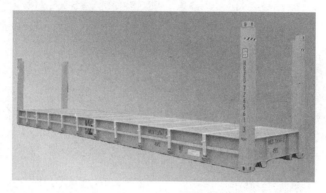

图 5-7　框架式集装箱

6. 平台集装箱

平台集装箱(platform container)是在框架式集装箱的基础上再简化而只保留底板的一种特殊结构集装箱，如图 5-8 所示。平台的长度、宽度与国际标准集装箱的箱底尺寸相同，可使用与其他集装箱相同的紧固件和起吊装置。这一集装箱的采用打破了过去一直认为集装箱必须具有一定容积的概念。

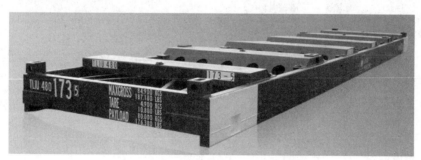

图 5-8　平台集装箱

7. 敞顶集装箱

敞顶集装箱(open top container)是一种没有刚性箱顶的集装箱，但有由可折叠式或可折式顶梁支撑的帆布、塑料布或涂塑布制成的顶篷，其他构件与通用集装箱类似，如图 5-9 所示。这种集装箱适于装载大型货物和重货，如钢铁、木材，特别是像玻璃板等易碎的重货，利用吊车从顶部吊入箱内时不易损坏，而且也便于在箱内固定。

8. 汽车集装箱

汽车集装箱(car container)是一种用于运输小型轿车的专用集装箱，其特点是在简易箱底上装一个钢制框架,通常没有箱壁(包括端壁和侧壁),如图 5-10 和图 5-11 所示。这种集装箱分为单层和双层两种。因为小轿车的高度为 1.35~1.45m,如装在 8ft(英尺)(2.438m)的标准集装箱内,其容积要浪费 2/5 以上,因而出现了双层集装箱,其高度有两种:一种为 10.5ft(3.2m),一种为 8.5ft 高的 2 倍,即 17ft(5.2m),因此汽车集装箱一般不是国际标准集装箱。

图 5-9　敞顶集装箱

图 5-10　汽车集装箱(1)

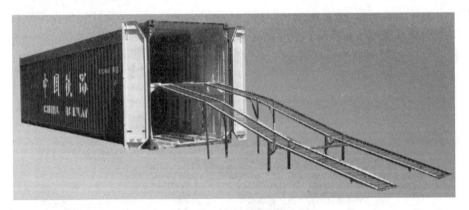

图 5-11　汽车集装箱(2)

9. 牲畜集装箱

牲畜集装箱(pen container 或 live stock container)是一种用于装运鸡、鸭、鹅等活家禽和牛、马、羊、猪等活家畜的集装箱,如图 5-12 所示。为了遮蔽太阳,箱顶采用胶合板覆盖,侧面和端面都有用铝丝网制成的窗,以求有良好的通风。侧壁下方设有清扫口和排水口,并配有上下移动的拉门,可把垃圾清扫出去,此外还装有喂食口。牲畜集装箱在船上一般应装在甲板上,因为甲板上空气流通,便于清扫和照顾。

10. 服装集装箱

服装集装箱(garment container)的特点是,箱内侧梁上装有许多根横杆,每根横杆上垂下若干条皮带扣、尼龙带扣或绳索,成衣利用衣架上的钩可直接挂在带扣或绳索上,如图 5-13

所示。这种服装装载法属于无包装运输，它不仅节约了包装材料和包装费用，而且减少了人工劳动，提高了服装的运输质量。

图 5-12　牲畜集装箱　　　　　　　　图 5-13　服装集装箱

(二)按箱体材料分类

集装箱按其箱体材料可分为以下四类。

1．钢集装箱

钢集装箱的外板采用钢板，结构部件也均采用钢材。这种集装箱的最大优点是强度大，结构牢，焊接性和水密性好，而且价格低廉。但其重量大，易腐蚀生锈。由于自重大，降低了装货量，而且每年一般需要进行两次除锈涂漆，因此使用期限较短，一般为 11～12 年。

2．铝集装箱

我们通常说的铝集装箱并不是由纯铝制成的，而是各主要部件使用了适量的各种轻铝合金(一般采用铝镁合金)，故又称铝合金集装箱。铝合金集装箱的最大优点是重量轻，铝合金的相对密度约为钢的 1/3。20ft(英尺)的铝集装箱的自重为 1 700kg，钢集装箱在 2 220kg 左右，轻 20%～25%，故同一尺寸的铝集装箱可以比钢集装箱装载更多的货物。

铝集装箱不生锈，外表美观，在大气中自然形成氧化膜，可以防止腐蚀，但遇海水则易受腐蚀。若采用纯铝包层，即可对海水起很好的防蚀作用，最适合于海上运输。铝合金集装箱的弹性好，加外力后容易变形，外力除去后一般即可复原，因此最适合于在有箱格结构的全集装箱船上使用。它的使用年限长，一般为 15～16 年。

3．玻璃钢集装箱

玻璃钢集装箱是用玻璃纤维和合成树脂混合在一起制成的薄的加强塑料，再用黏合剂贴在胶合板的表面上形成玻璃钢板而制成的集装箱，如图 5-14 所示。玻璃钢集装箱的优点是强度大、刚性好。玻璃钢的隔热性、防腐性、耐化学性都比较好，能防止箱内产生结露现象，有利于保护箱内货物不遭受湿损。此外，这种集装箱还有不生锈、容易着色的优点，故外表美观。其主要缺点是重量较大，与一般钢集装箱相差无几，价格也较高。

图 5-14　玻璃钢集装箱

4．不锈钢集装箱

不锈钢是一种新的集装箱材料，其强度大，不生锈，外表美观，在整个使用期内无须进行维修保养，故使用率高，耐蚀性能好。其缺点是价格高，初始投资大，材料少，大量制造有困难。目前一般都用作罐式集装箱。

(三)按结构分类

1．内柱式集装箱和外柱式集装箱

这里的"柱"指的是集装箱的端柱和侧柱。内柱式集装箱即侧柱和端柱位于侧壁和端壁之内；反之则是外柱式集装箱。一般玻璃钢集装箱和钢集装箱均没有侧柱和端柱，故内柱式集装箱和外柱式集装箱均指铝集装箱而言。外柱式集装箱的优点是受外力作用时，外力由侧柱或端柱承受，起到了保护外板的作用，使外板不易损坏。

2．折叠式集装箱和固定式集装箱

折叠式集装箱是侧壁、端壁等主要部件能很方便地折叠起来，反复使用时可再次撑开的一种集装箱。反之，各部件永久固定地组合在一起的称为固定式集装箱。折叠式集装箱主要用在货源不平衡的航线上，是为了减少回空时的舱容损失而设计的。空箱运输或储存时将七个重叠堆放，高度为8.6ft(英尺)，并且折叠后还可做平台箱使用，如图5-15所示。

图 5-15　折叠式集装箱

3. 预制骨架式集装箱和薄壳式集装箱

集装箱的骨架由许多预制件组合起来，并由它承受主要载荷，外板和骨架用铆接或焊接的方式连为一体，称为预制骨架式集装箱。预制骨架式集装箱通常是铝制和钢制，外板采用铆接或焊接的方式与骨架连接在一起；而玻璃钢的预制骨架式集装箱的外板用螺栓与骨架连接。薄壳式集装箱则把所有构件结合成一个刚体，优点是重量轻，受扭力作用时不会引起永久变形。

(四)按外部尺寸和重量分类

目前，国际标准集装箱的宽度均为 8ft，高度有 8ft、8ft6in 和小于 8ft 三种；长度有 40ft、30ft、20ft 和 10ft 四种。

重量方面有 30t 集装箱、20t 集装箱、10t 集装箱、5t 集装箱和 2.5t 集装箱等。

三、集装箱的结构与箱体标识

(一)集装箱的结构

通用的干货集装箱是一个六面长方体，由一个框架结构、两个侧壁、一个端面、一个箱顶、一个箱底和一对箱门组成，如图 5-16 所示。

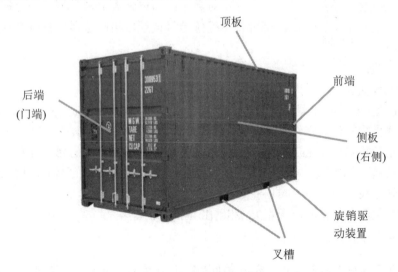

图 5-16　集装箱的结构

(二)集装箱标记

国际标准化组织规定的集装箱标记有必备标记和自选标记两类，每一类标记中，又分识别标记和作业标记两种。每类标记都必须按规定大小标识在集装箱规定的位置上。

1．必备标记

1) 识别标记

(1) 箱主代号，即集装箱所有人代号，它用 3 个大写拉丁字母表示。为防止箱主代号出现重复，所有箱主在使用代号之前应向国际集装箱局(BIC)登记注册。

(2) 设备识别代号，分别为"U""J"和"Z" 3 个字母。"U"表示集装箱，"J"表示集装箱所配置的挂装设备，"Z"表示集装箱专用车和底盘车。

箱主代号和设备识别代号一般为 4 个字母连续排列，如 ABCU，其中箱主代号为 ABC，设备识别代号为 U。

(3) 顺序号，又称箱号，用 6 位阿拉伯数字表示。若有效数字不足 6 位，则在前面加"0"，补足 6 位。如有效数字为 1234，则集装箱号应为 001234。

(4) 核对数字，由 1 位阿拉伯数字表示，列于 6 位箱号之后，置于方框之中。

设置核对数字的目的，是为了防止箱号在记录时发生差错。运营中的集装箱频繁地在各种运输方式之间转换，如从火车到卡车再到船舶等，不断地从这个国家到那个国家，进出车站、码头、堆场、集装箱货运站。每进行一次转换和交接，就要记录一次箱号。在多次记录中，如果偶然发生差错，记错一个字符，就会使该集装箱从此"不知下落"。为不致出现此类"丢失"集装箱及所装货物的事故，在箱号记录中设置了一个自检测系统，即设置 1 位核对数字。在集装箱运行中，每次交接记录箱号时，在将箱主代号与箱号录入计算机时，计算机就会自动按上述原理计算核对数字；当记录人员输入最后一位核对数字与计算机计算得出的数字不符时，计算机就会提醒箱号记录出错。这样，就能有效避免箱号记录出错的事故。

2) 作业标记

作业标记包括以下三项内容。

(1) 额定重量和自定重量标记。额定重量即最大工作总重量(max gross mass)，是空箱质量与箱内装载货物的最大容许重量之和，简称最大总重，以 R 表示。集装箱的自定重量(tare weight)又称空箱重量(tare mass)，以 T 表示。它包括各种集装箱在正常工作状态下应备有的附件和各种设备，如机械式冷藏集装箱的机械制冷装置及其所需的燃油；框架式集装箱两侧的立柱；开顶集装箱上的帆布顶篷等。

国际标准化组织规定应以千克(kg)和磅(lb)同时表示。

课堂思考 5-1：

40ft 标准集装箱在额定重量和容积方面是否是 20ft 标准集装箱的 2 倍？

(2) 空陆水联运集装箱标记。由于该集装箱的强度仅能堆码两层，因而国际标准化组织对该集装箱规定了特殊的标志，该标记为黑色，位于侧壁和端壁的左上角，并规定标记的最小尺寸为：高 127mm，长 355mm，字母标记的字体高度至少为 76mm，如图 5-17 所示。

(3) 登箱顶触电警告标记。该标记为黄色底三角形，一般设在罐式集装箱和位于登顶箱顶的扶梯处，以警告登梯者有触电危险，如图 5-18 所示。

图 5-17 空陆水联运集装箱标记

注：三角标志内的底色为黄色

图 5-18 登箱顶触电警告标记

2. 自选标记

1）识别标记

1984 年的国际标准中，识别标记有国家代码，由 2～3 个拉丁字母组成。1995 年的新国际标准中，取消了国家代码，识别标记主要由尺寸代号与类型代号组成。

（1）尺寸代号以 2 个字符表示。

（2）类型代号可反映集装箱的用途和特征。类型代号原用 2 个阿拉伯数字表示，1995 年改为用 2 个字符表示。

第一个字符为拉丁字母，表示集装箱的类型。如 G(general)表示通用集装箱、V(ventilated)表示通风集装箱、B(bulk)表示散货集装箱、R(reefer)表示保温集装箱中的冷藏集装箱、H(heated)表示集装箱中的隔热集装箱、U(up)表示敞顶集装箱、P(platform)表示平台集装箱、T(tank)表示罐式集装箱、A(air)表示空陆水联运集装箱、S(sample)表示以货物命名的集装箱。

第二个字符为阿拉伯数字，表示某类型集装箱的特征。例如，通用集装箱，一端或两端有箱门且上方有透气罩，类型代表为 G1。

2）作业标记

（1）超高标记。该标记为在黄色底上标出黑色数字和边框。此标记贴在集装箱每侧的左下角，距箱底约 0.6m 处，凡高度超过 2.6m 的集装箱均应贴上此标记。

（2）国际铁路联盟标记 UIC。凡符合《国际铁路联盟条例》规定的集装箱，可以获得此标记。该标记是在欧洲铁路上运输集装箱的必要通行标记。

3. 通行标记

为了使集装箱在运输过程中能顺利过境，集装箱上必须贴有按规定要求的各种通行标志，否则就必须办理烦琐的证明手续，从而会延长集装箱的周转时间。

集装箱上主要的通行标记有安全合格牌照、集装箱批准牌照、防虫处理板、检验合格徽及国际铁路联盟标记等，如图 5-19 所示。

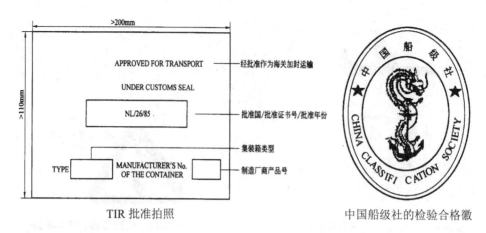

TIR 批准拍照 　　　　　　　　　　　　中国船级社的检验合格徽

图 5-19　通行标记

四、集装箱的规格

集装箱尺寸包括集装箱外尺寸和集装箱内尺寸。

(1) 集装箱外尺寸(container's overall external dimensions)包括集装箱永久性附件在内的集装箱外部最大的长、宽、高尺寸。它是确定集装箱能否在船舶、底盘车、货车、铁路车辆之间进行换装的主要参数，是各运输部门必须掌握的一项重要技术资料。

(2) 集装箱内尺寸(container's internal dimensions)包括集装箱内部的最大长、宽、高尺寸。高度为箱底板面至箱顶板最下面的距离，宽度为两内侧衬板之间的距离，长度为箱门内侧板至端壁内衬板之间的距离。集装箱内尺寸决定集装箱内容积和箱内货物的最大尺寸。

按集装箱内尺寸可以计算出装货容积。同一规格的集装箱，由于结构和制造材料的不同，其内容积略有差异。集装箱内容积是物资部门或其他装箱人必须掌握的重要技术资料。

集装箱规格如表 5-1 所示。

表 5-1　集装箱规格

规　格		干货集装箱						散货集装箱		冷藏集装箱	
		20 英尺			40 英尺			20 英尺		20 英尺	40 英尺
		钢制	钢制高柜	铝制	钢制	钢制高柜	铝制	钢制	钢制高柜	铝制	铝制
外部尺寸	长/mm	6058	6058	6058	12 192	12 192	12 192	6058	6058	6058	12 192
	宽/mm	2438	2438	2438	2438	2438	2438	2438	2438	2438	2438
	高/mm	2438	2591	2591	2591	2896	2591	2438	2591	2438	2591
内部尺寸	长/mm	5917	5902	5925	12 005	12 034	12 045	5887	5824	5477	11 398
	宽/mm	2336	2338	2344	2343	2345	2350	2330	2335	2251	2256
	高/mm	2249	2376	2391	2386	2677	2377	2159	2375	2099	2113
内容积/m³		31	32.84	33.1	67.4	75.9	61.3	29.6	32.3	25.9	52.04
总重/kg		24 000	22 396	21 372	30 480	30 480	30 480	20 320	24 386	20 320	30 848
自重/kg		1860	2275	1794	3100	4080	4763	2530	2351	2520	4519
载重/kg		22 140	20 121	19 578	27 380	26 400	25 717	17 790	22 035	17 800	26 329

　　国际标准集装箱是根据国际标准化组织(ISO)第 104 技术委员会制定的国际标准来建造和使用的国际通用的标准集装箱。该组织自 1961 年成立以来，对集装箱国际标准做过多次补充、增减和修改。到目前为止，国际标准集装箱共有 13 种规格，其宽度都一样，为 8ft；长度有四种，分别为 40ft、30ft、20ft 和 10ft；高度有四种，分别为 9ft6in、8ft6in、8ft 和小于 8ft。

　　目前通用的第一系列集装箱，其外部尺寸可分为以下类别。

1．A 系列集装箱

这类集装箱长度均为 40ft，宽度均为 8ft，由于高度的不同可以分为四种。

1AAA	高度为 9ft6in
1AA	高度为 8ft6in
1A	高度为 8ft
1AX	高度小于 8ft

2．B 系列集装箱

这类集装箱长度均为 30ft，宽度均为 8ft，由于高度不同可以分为四种。

1BBB	高度为 9ft6in
1BB	高度为 8ft6in
1B	高度为 8ft
1BX	高度小于 8ft

3．C 系列集装箱

这类集装箱长度均为 20ft，宽度均为 8 ft，由于高度不同可以分为三种。

1CC	高度为 8ft6in
1C	高度为 8ft
1CX	高度小于 8ft

4．D 系列集装箱

这类集装箱长度均为 10ft，宽度均为 8ft，由于高度不同可以分为两种。

| 1D | 高度为 8ft |
| IDX | 高度小于 8ft |

　　由于在火车、卡车的同一车皮、堆场的同一箱位可装载(堆存)一个 40ft 集装箱的位置上，必须可同时装载(堆存)两个 20ft 集装箱或一个 30ft 与一个 10ft 集装箱，所以，实际上除了 40ft 集装箱的长度允许正好为 40ft 外，30ft，20ft，10ft 的集装箱，其长度均必须小于其公称长度。国际标准规定：其长度之间的间距，必须为 3 in(76 mm)。

　　1A 型：40ft(12 192mm)；1B 型：30ft(9125mm)；1C 型：20ft(6058mm)；1D 型：10ft(2 991mm)；i(间距)=3in(76mm)。

　　各种集装箱箱型之间的尺寸关系如下。

　　1A=1B+1D+i=9 125mm+2 991mm+76mm=12 192mm

　　1B=3D+2i=3×2 991mm+2×76mm=8 973mm+152mm=9 125mm

1C=2D+i=2×2 991mm+76mm=6 058mm

上述 A、B、C、D 四类集装箱中，以 A 类与 C 类(长度分别为 40ft 和 20ft)集装箱最为通用，其总数量也较多。从统计的角度，将一个 C 类集装箱(长度为 20ft)，称为 1 个标准箱(Twenty Equivalent Unit，TEU)；一个 40ft 的集装箱计为 2 个标准箱；一个 30ft 的集装箱计为 1.5 个标准箱；一个 10ft 的集装箱计为 0.5 个标准箱。

根据国际标准集装箱的外部尺寸标准，一些国家均制定了相应的国家标准。1978 年 10 月，我国由国家标准总局发布的国家标准(GB 1413-1978)中，规定了我国集装箱重量系列为 5t、10t、20t、32t 四种，其相应的型号为 5D、10D、1CC 和 1AA。1985 年该标准又作了修改(GB1413-1985)，增加了 1A、1AX、1C、1CX 四种箱型。在国家标准中，1AA、1A、1AX、1CC、1C、1CX 用于国际运输；10D、5D 用于国内运输。

五、集装箱计算单位

TEU，又称 20ft 换算单位，是计算箱数的换算单位，也称国际标准箱。它通常用来表示船舶装载集装箱的能力，也是集装箱和港口吞吐量的重要统计、换算单位。

目前，各国大部分集装箱运输都采用 20ft 和 40ft 长的两种集装箱。为使箱数计算统一化，把 20ft 集装箱作为一个计算单位，40ft 集装箱作为两个计算单位，以便统一计算集装箱的营运量。

在统计集装箱数量时有一个术语：自然箱，也称实物箱。自然箱是不进行换算的实物箱，即不论是 40ft 集装箱、30ft 集装箱、20ft 集装箱或 10ft 集装箱均作为一个集装箱统计。

2021 年全国规模以上港口集装箱吞吐量统计，如表 5-2 所示。

表 5-2　2021 年全国规模以上港口集装箱吞吐量统计

名　次	港　名	2021 年/万 TEU	增速/%
1	上海港	4 703	8.1
2	宁波舟山港	3 108	8.2
3	深圳港	2 877	8.4
4	广州港	2 447	5.6
5	青岛港	2 371	7.8
6	天津港	2 027	10.4
7	厦门港	1 205	5.6
8	苏州港(内河)	811	29.0
9	北部湾港	601	19.0
10	营口港	521	-7.8

数据来源：交通运输部。

六、集装箱装载量的计算

假设使用 20ft 集装箱，内部尺寸为：长 5.92m×宽 2.34m×高 2.41m。同时假设，要向这个集装箱内装入的商品为纸箱包装,纸箱的体积为:长 36cm×宽 28cm×高 12cm。试问集装箱内可以装进多少个包装箱?

(1) 先计算顺装的装箱量。顺装,是指将包装箱的长顺着集装箱的长摆放。计算步骤为

集装箱的长向可以摆放的数量 X=集装箱的长/包装箱的长(去掉余数)

集装箱的宽向可以摆放的数量 Y=集装箱的宽/包装箱的宽(去掉余数)

集装箱的高向可以摆放的数量 Z=集装箱的高/包装箱的高(去掉余数)

总的摆放数量=$X×Y×Z$

根据已知数据得

总的摆放数量=(592/36-0.444)×(234/28-0.357)×(241/12-0.083)=2 560(个)

(2) 同理,计算侧装的装箱量。侧装,是指将包装箱的长顺着集装箱的宽摆放。计算步骤为

集装箱的长向可以摆放的数量 A=集装箱的长/包装箱的宽(去掉余数)

集装箱的宽向可以摆放的数量 B=集装箱的宽/包装箱的长(去掉余数)

集装箱的高向可以摆放的数量 C=集装箱的高/包装箱的高(去掉余数)

总的摆放数量=$A×B×C$

根据已知数据得

总的摆放数量=(592/28-0.142 86)×(234/36-0.5) ×(241/12-0.083 333)=2 520(个)

(3) 最后,比较两种装法,装入最多的方式为最大装箱数量。由于 2 560>2 520,所以这批货物用顺装方式可以最有效地利用集装箱的空间,按每个纸箱内装 20 件商品计算,一个 20ft 集装箱内可装商品 2 560×20=51 200(件)。如果一个集装箱的运费是 1 200 美元,那么,每件商品的运费=1 200/51 200=0.023 4(美元)。

(4) 集装箱装运货物,不但要受其内部容积的限制,还受其配货重量的限制。一个 20ft 集装箱,一般情况下,配货重量不能超过 17.5t。如果所要运输的货物是重货,每立方米的毛重大于 1t,则需要用重量法计算装运数量,即

装运量(件数) = 17.5t/单件包装毛重

【知识拓展 5-1】登录 http://www.zhuangxiang.com/,装箱大师 LoadMaster 能充分利用集装箱有效空间,降低物流运输成本,是一款很好用的装柜软件。其自由设计版软件可以在线或下载的形式观看功能演示,完全免费版软件可直接下载使用。

其功能主要如下。

(1) 智能计算一个货柜最多装多少货物。

(2) 优化计算一个托盘能装多少货物。

(3) 允许同组物品相邻摆放,可以设置不同类物品装柜的交叉深度。

(4) 可以显示集装箱重心位置,确保货柜重心平衡。

(5) 指定货物装载优先级别,满足不同目的地货物拼柜装箱要求。

(6) 可优化设计货物包装箱尺寸,使货物包装箱装载充分利用集装箱空间。

(7) 装柜软件计算装柜方案后,允许在优化方案的基础上手动调整货物,重新设计装柜方案,满足个性化需求。

(8) 与 Excel 电子表格紧密集成是装柜软件的一大特色。

① 批量导入货物数据，快速完成货物初始化工作。日常工作中可以连同装柜数量一并导入，快速建立装箱任务。

② 货物信息保存到数据库以后，可筛选、批量添加货物到装箱任务列表。

③ 可导出 3D 算柜方案到 Excel，增强了算柜软件与打印设备的交互能力。

④ Excel 装箱方案包括装箱步骤分解图、货物装箱明细和集装箱明细等装箱清单，可以编辑打印，方便指导码头装箱。

(9) 手动编辑功能：功能强大，操作简单，业内领先技术。

① 可手动拖拉指定货物，调整货物装柜位置。

② 可按行、列、层对装卸块货物进行分割。

③ 可对装卸块整体旋转或单个货物内部旋转。

④ 可从前后、左右、上下设定货物移动步长。

⑤ 允许货物在不同集装箱之间交换移动。

⑥ 移动货物时实时显示集装箱的重心位置。

(资料来源：装箱大师官网 www.zhuangxiang.com)

第二节　集装箱码头

一、集装箱码头的概念与特点

(一)集装箱码头的概念

集装箱码头是指包括港池、锚地、进港航道、泊位等水域以及货运站、堆场、码头前沿、办公生活区域等陆域范围，能够容纳完整的集装箱装卸作业操作过程的具有明确界限的场所。

集装箱码头是水陆联运的枢纽站，是集装箱货物在转换运输方式时的缓冲地，也是货物的交接点，因此，集装箱码头在整个集装箱运输过程中占有重要地位。

(二)集装箱码头的特点

集装箱码头与普通件杂货码头相比具有以下几个方面的特点。

1. 码头大型化和深水化

随着集装箱运输的发展，件杂货物集装箱化的比例不断提高，集装箱运量不断上升。根据规模经济原理，船舶越大，单位成本越低。因此，为了降低集装箱船舶运输成本，各个集装箱船舶运输公司新投入使用的集装箱船舶越来越大，与此相对应的码头也越来越大。码头前沿水深不断增加，岸线泊位长度延长，堆场及整个码头的区域扩大。

2. 装卸搬运机械化和高效化

由于集装箱船舶越来越大，从航次经济核算分析，允许船舶停留在码头的时间相对较短。通过缩短集装箱船舶在码头的停泊时间可以降低停泊成本，提高集装箱运输船舶的航行效率并充分发挥船舶单位运输成本的优势，降低全程水路运输的成本，提高经济效益。为了保证集装箱船舶在码头以最短的时间装卸完集装箱，现代集装箱专用码头一般都配备了专门化、自动化、高效率化的装卸搬运机械。

文档 5-1　装卸船时间估算

3．管理信息化和现代化

集装箱运输业务的效率来源于管理的现代化，以运输信息传递的便利和高速处理为基础。在集装箱码头，信息的传递来源于两个方面：一是码头、外部客户和有关部门之间的信息联系，二是码头内部的现场指挥与生产指挥中心之间的信息联系。前者采用电子数据交换技术，后者采用现场数据输入仪来降低在整个信息传递过程中的出错率。

现代集装箱码头的有效运作，不仅要求员工具有较高的文化素质和熟练的技术，更重要的是先进的管理手段。国外一些先进的集装箱码头，如新加坡、鹿特丹，已经实现了堆场业务和检查作业的自动化。

4．码头投资巨大

码头大型化，装卸搬运机械自动化、专门化、高速化，管理现代化都需要有较大的投资。另外，集装箱码头堆场的造价也比件杂货码头的造价高很多。这些正是目前许多大型集装箱码头都采用中外合资等形式进行招商融资建造的主要原因之一。

二、集装箱码头的构成

集装箱码头的布局，如图 5-20 所示。根据集装箱码头装卸作业、业务管理的需要，集装箱码头应由以下主要设施构成。

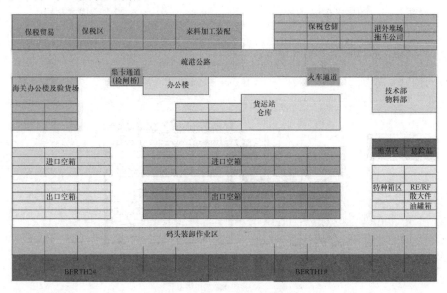

图 5-20　集装箱码头的布局

(一)靠泊设施

靠泊设施(wharf)主要由码头岸线和码头岸壁组成。码头岸线供来港装卸的集装箱船舶停靠使用，长度根据所停靠船舶的主要技术参数及有关安全规定而定；码头岸壁一般是指集装箱船停靠时所需的系船设施，岸壁上设有系船柱，用于船舶停靠码头时通过缆绳将船拴住，岸壁上还应设置防碰撞装置，通常为橡胶材料制作。

集装箱泊位岸线一般长300m以上。由于集装箱船舶日趋大型化，载箱量越来越多，因此，陆域纵深一般为350m以上，有的集装箱码头已高达500m。

集装箱码头泊位的布局形式有三种：顺岸式、突堤式和挖入式。

(1) 顺岸式布局在各国的港口比较常见，即沿着海岸线修建靠舶码头。优良港口在建港时往往容易考虑海岸线比较平缓的地域，使岸线处理的造价减少，缩短集装箱装卸的运输距离，如图5-21所示。

(2) 突堤式布局在海岸深水处建立集装箱码头，堆场与泊位之间有专用的运输通道，如图5-22所示。随着船舶大型化，建设海岸的自然条件优势逐渐消失，一些传统老港选择突堤式布局建造新式的集装箱码头，如上海港的外高桥。

图5-21　顺岸式布局　　　　　　　　　图5-22　突堤式布局

(3) 挖入式布局是将泊位嵌入陆地，将水域向码头延伸。这种布局有利于实现集装箱码头的机械自动化操作。由于这种布局的工程造价比较高，目前只有荷兰阿姆斯特丹港采用了这种布局模式，如图5-23所示。

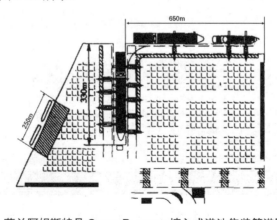

图5-23　荷兰阿姆斯特丹Ceres-Paragon挖入式港池集装箱港区平面布置

【知识拓展 5-2】阿姆斯特丹港挖入式港池集装箱码头两岸的集装箱岸桥能在船两侧同时作业，尤其适合配载 8 000 标准箱以上的集装箱船，一个泊位的生产率可达 300～330 箱/小时（约合 500TEU/h），使船舶靠港时间少于 24h。该码头只设一个泊位，年设计处理能力 95 万标准箱，泊位南岸岸线长 390m，北岸岸线长 330m，两岸共配置 9 台岸吊，码头总占地 60 顷。

(二)码头前沿

码头前沿(frontier)是指沿码头岸壁到集装箱编排场之间的码头面积，设有岸边集装箱起重机及其运行轨道。码头前沿的宽度可根据岸边集装箱起重机的跨距和使用的其他装卸机械种类而定，一般为 40m 左右。

(三)集装箱编排场

集装箱编排场(container marshalling yard)又称前方堆场，是指把准备即将装船的集装箱排列待装以及为即将卸下的集装箱准备好场地和堆放的位置，通常布置在码头前沿与集装箱堆场之间，主要作用是保证船舶装卸作业快速而不间断地进行。通常在集装箱编排场上按集装箱的尺寸预先在场地上用白线或黄线分好方格，即箱位，箱位上编上箱位号，当集装箱装船时，可按照船舶的配载图找到这些待装箱的箱位号，然后有次序地进行装船。

课堂思考 5-2：

集装箱在堆场堆放和装船配载需要考虑哪些因素？

(四)集装箱堆场

集装箱堆场(Container Yard，CY)又称后方堆场，是指进行集装箱交接、保管重箱和安全检查的场所，有的还包括存放底盘车的场地。堆场面积的大小必须适应集装箱吞吐量的要求，应根据船型的装载能力及到港的船舶密度、装卸工艺、在堆场上的排列形式等计算、分析确定。

集装箱在堆场上的排列形式一般有两种：①纵横排列法，即将集装箱按纵向或横向排列，此法应用较多；②人字形排列法，即集装箱在堆场放成"人"字形，适用于底盘车装卸作业方式。

【知识拓展 5-3】集装箱堆场的排列一般由"场、贝、排、层"构成，具体如下。

(1) "场"号称为 Block，堆场可按由北向南或由东向西分成 A、B、C、D、E、F、G、H…每个场从海侧向陆侧可分成若干块，如 01A～01G 场、02A～02H 场、03A～03H 场等，这部分场区由场桥进行作业；空箱堆场如 04I～04J、04S～04T、05I～05J 场由空箱叉车进行作业，如图 5-24 所示。

(2) "贝"号称为 Slot，主堆场的"贝"号由北向南以奇数的形式标注，如 01、03、05 等，每一个位的宽度可放下一个 20 英尺标准箱。而当摆放一个 40 英尺货箱时，其必定占用两个贝，就可使用其所占用的两个位号间的偶数来表示。例如，一个 40 英尺箱占用了 05、

07两个贝，那么就用06贝来表示此箱的位置。

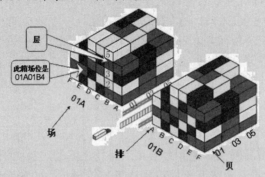

图5-24　集装箱堆场的排列

(3)"排"号称为Row，在主堆场即重箱堆场中，每一贝都有六排，分别是A、B、C、D、E、F排；空箱堆场可达十几排。"排"号的标注方法是靠近车道一侧的排为F排，而靠近拖车道一侧的排为A排。例如，01、02场中间有一条拖车道，因此，两个场向着拖车道的一排为A排。

(4)"层"号称为Tier，是货箱堆垛的层数，由于受设备堆垛能力、安全因素及作业要求的影响，摆箱高度有一定的限制。重箱堆场一般可以堆五层高。

(五)集装箱货运站

集装箱货运站(container freight station，CFS)有的设在码头之内，也有的设在码头之外。货运站是拼箱货物进行拆箱和装箱，并对这些货物进行储存、防护和收发交接的作业场所，主要任务是出口拼箱货的接收、装箱，进口拼箱货的拆箱、交货等。货运站应配备拆装箱及场地堆码用的小型装卸机械及有关设备，货运站的规模应根据拆装箱的数量及不平衡性综合确定。

(六)控制塔

控制塔(control tower)是集装箱码头作业的指挥中心，主要任务是监视和指挥船舶装卸作业及堆场作业。控制塔应设在码头的最高处，以便能清楚看到码头所有集装箱的箱位及全部作业情况。

(七)大门

大门(gate)是集装箱码头的出入口，也是划分集装箱码头与其他部门责任的地方。所有进出集装箱码头的集装箱均在门房进行检查，办理交接手续并制作有关单据。

(八)维修车间

维修车间(maintenance shop)是对集装箱及其专用机械进行检查、修理和保养的场所。维修车间的规模应根据集装箱的损坏率、修理的期限，码头内使用的车辆和装卸机械的种类、数量及检修内容等确定。维修车间应配备维修设备。

(九)集装箱清洗场

集装箱清洗场(container washing station)的主要任务是对集装箱污物进行清扫、冲洗，一般设在后方并配有多种清洗设施。

(十)码头办公楼

集装箱码头办公楼(terminal building)是集装箱码头行政、业务管理的大本营，目前已基本上实现了电子化管理，最终将达到管理的自动化。

【知识拓展5-4】青岛港全自动化集装箱码头由青岛新前湾集装箱码头有限责任公司运营管理，由青岛港自主构建全球领先的智能生产控制系统，采用世界一流的全自动化技术设备，颠覆了传统集装箱码头作业模式、管理模式，实现决策智能化、生产流程化、操作自动化、现场无人化、能源绿色化。该码头位于前湾港区四期5~10泊位，岸线长2088米，纵深784米，前沿水深20米，年通过能力520万TEU，可停靠世界最大的20 000TEU以上的集装箱船舶，首期2个泊位投入运营。在全自动化码头目前两个泊位作业中，后方生产控制中心9个远程操控员承担了传统码头60多人的工作，减少操作人员约85%，提升作业效率约30%，码头设计作业效率可达每小时40自然箱，是当今世界自动化程度最高、装卸效率最快的集装箱码头，也是亚洲首个全自动化集装箱码头。

视频5-1　青岛港全自动化集装箱新码头

视频5-2　厦门远海自动化码头

视频5-3　西门子汉堡港自动化码头

文档5-2　青岛港自动化码头

三、集装箱码头堆场管理和箱务管理

(一)集装箱码头堆场管理

箱务管理的前提和基础就是堆场管理，堆场管理需考虑以下几个方面。

1. 堆场的堆箱规则

堆场的堆箱规则主要取决于装卸工艺,目前我国绝大部分集装箱码头采用的是轮胎式龙门吊装卸工艺系统,与该工艺系统匹配的是 6 列加 1 通道堆箱规则,即每个箱区的宽度为 6 列箱宽再加上 1 条集装箱卡车车道的宽度。堆高层数视龙门吊的作业高度而定,有堆 3 过 4 的,也有堆 4 过 5 或堆 5 过 6 的,国外有的集装箱码头的最大堆高层数已达 9 层。目前我国沿海港口基本采用堆 4 过 5 的堆箱规则。

2. 堆场的分区

(1) 按堆场的前后位置可分为前方堆场和后方堆场。

(2) 按进口和出口业务可分为进口箱区和出口箱区。

(3) 按不同的箱型可分为普通箱区、特种箱区、冷藏箱区和危险品箱区。

(4) 按集装箱是否装载可分为重箱区和空箱区。

(5) 按中转类型可分为国际中转箱区和国内中转箱区。

【知识拓展5-5】前方堆场是指在集装箱码头前方,为加速船舶装卸作业,暂时堆放集装箱的场地。其作用是:当集装箱船到港前,可有计划、有次序地按积载要求将出口集装箱整齐地集中堆放,卸船时将进口集装箱暂时堆放在码头前方,以加速船舶装卸作业。

后方堆场是重箱或空箱进行交接、保管和堆存的场所。有些国家对集装箱堆场并不分前方堆场或后方堆场,统称为堆场。集装箱后方堆场是集装箱装卸区的组成部分,是集装箱运输"场到场"交接方式的整箱货办理交接的场所。

空箱堆场是专门办理空箱收集、保管、堆存或交接的场地,它是专为集装箱装卸区或转运站堆场不足而设立的。这种堆场不办理重箱或货物交接。它可以单独经营,也可以由集装箱装卸区在区外另设。

3. 出口重箱的堆放

集装箱码头通常在装船前三天开始受理出口重箱进场作业,由于货主重箱进场的随机性与船舶稳性及吃水既定性的矛盾,必须科学合理地安排出口重箱进场,提高堆场利用率,减少翻箱率,保证船舶规范要求和船期。出口重箱的堆放一般应满足以下基本要求。

(1) 根据船舶计划的靠泊位置和作业路线,安排出口箱时要尽可能靠近泊位。

(2) 根据船舶稳性、吃水性规范要求和沿线船舶靠港作业要求,将不同卸港、不同吨级、不同箱型和不同尺寸的集装箱分开堆放。

(3) 集装箱码头生产任务繁忙,箱区的安排分配要与船舶泊位、作业路线、作业量以及机械分配等各种因素结合起来,力求最佳的动态平衡点。

4. 进口重箱的堆放

进口重箱自卸船后七天内要求收货人提箱,应满足以下基本要求。

(1) 根据船舶计划的靠泊位置和作业路线选择合适的箱区,提高卸船作业效率。

(2) 不同箱子分开堆放。重箱与空箱分开堆放、不同尺寸箱子分开堆放、不同箱型分开堆放、好箱与坏箱及污箱分开堆放。对大票箱尽量相对集中堆放,以便在货主提货时充分发挥堆场机械发箱作业效率。对空箱还应按不同持箱人堆放，以便空箱发放或调运。

(二)集装箱码头箱务管理

1．空箱管理

1) 空箱进场管理

空箱进入集装箱码头有两条途径，一是空箱进场，包括收货人拆箱后的还空箱和船公司出口调运的空箱；二是进口空箱卸船进场。空箱进场经过码头检查口时，集装箱卡车司机与检查口人员必须共同检验箱体，如实批注或不批注，双方在设备交接单上签字以划分港内外的责任。进口空箱卸船时，码头检箱员必须与外理员共同检验箱体，如有异常，首先分清原残与工残，如为工残则填制设备交接单或残损报告，双方签字确认。空箱进场时，应按不同的箱型、尺寸分开堆放，同时，对拆箱后还空箱的，一般还要按不同持箱人分开堆放，对船公司调运的空箱，一般要按船名航次堆放。

2) 空箱出场管理

空箱出场也分检查口出场和装船出口两条途径，与空箱进场业务一样，空箱出场的交接双方也必须共同检验箱体，并在设备交接单上签字确认。

2．冷藏箱管理

冷藏箱因所装载货物的不同而设有指定的温度，在冷藏箱存放在集装箱码头的整个时间内，必须保证其指定温度要求，从而保证货物不受损坏。

1) 出口冷藏箱管理

出口冷藏箱进入码头检查口时，检查口人员除须认真检查箱体和冷冻机设备进行交接外，还要认真检查冷藏箱设定的温度，包括装箱单指定的温度、冷藏箱设定的温度和冷藏箱记录的温度，这三个温度应一致无误。冷藏箱应堆放于冷藏箱区，并由专人负责，在码头堆放期间应使冷冻机按规定温度处于正常工作状态。

2) 进口冷藏箱管理

卸船前应先检查冷藏箱制冷温度和箱体状况，如一切正常则切断电源，并卷好电源线和插头，进行卸船。冷藏箱进入冷藏箱区后，接通电源启动开关，使冷冻机按规定温度进入工作状态。冷藏箱出场前应检查温度状况后切断电源，并卷好电源线和插头，然后再发箱装车。

3．危险品箱管理

危险品是指《国际海运危险货物规则》中列明的危险货物，集装箱码头装卸危险品箱必须事先取得船公司或船代经海事局核准签发的船舶载运危险货物申报单，码头凭船申报中列明的危险货物的不同类别实施装卸。同时对属于烈性危险货物的(如国际危规中的 1 类爆炸品、2 类压缩气体和液化气体、7 类放射性物品)，通常采取直装直卸的方法。

4．特种箱管理

开顶箱、框架箱、平台箱、集装箱、通风箱等特种箱必须堆放于特种箱区。四超箱(超高、超长、超宽、超重)通常限于堆放一层高,并采用相应的特种箱操作工艺作业,如高排架装卸工艺、钢丝绳底角件吊装工艺、货物拆箱分体装卸工艺等。

第三节 集装箱装卸搬运设备

一、集装箱吊具

视频5-4 各种集装箱装卸设备

集装箱吊具是装卸集装箱的专用吊具,它通过其端部横梁四角的旋锁与集装箱的角配件连接,由司机操作控制旋锁的开闭作业。集装箱吊具的质量与可靠性,直接影响着起重机的整机性能。

(一)集装箱吊具的种类

集装箱吊具按其结构特点,可分为以下四种类型。

1. 固定式吊具

固定式吊具也称整体式吊具,为 20ft 或 40ft 集装箱专用吊具,通过吊具上液压装置的转动旋锁装置直接与角配件连接或松脱,如图 5-25 所示。其结构简单,重量轻,只适用于起吊一定尺寸的集装箱,对不同尺寸的集装箱必须更换吊具。

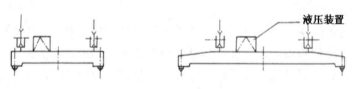

图 5-25 固定式吊具

2. 吊梁式吊具

吊梁式吊具也称换装吊具,将专门制作的吊梁悬挂在起升钢丝绳上,只需更换各种集装箱专用吊具即可起吊各种不同尺寸的集装箱,如图 5-26 所示。这种吊具在其专用吊梁上装有动力系统,用来驱动下面吊具上的旋锁机构。在吊梁下可换装 20ft、40ft 等多种规格集装箱固定吊具。与组合式吊具相比,它自重较轻,但更换吊具花费的时间较长。

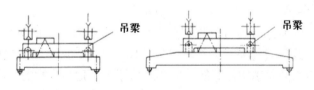

图 5-26 吊梁式吊具

3. 组合式吊具

组合式吊具也称主从式吊具,这种吊具由上下两个吊具组合而成,一般上吊具为 20ft,

下吊具为 40ft。液压旋锁装置装在 20ft 吊具上，起吊不同规格的集装箱时，只要装上或卸下下吊具即可，如图 5-27 所示。与固定式吊具相比，它使用方便，但重量较大。

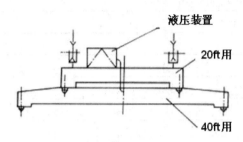

图 5-27　组合式吊具

4．伸缩式吊具

伸缩式吊具通过液压传动驱动伸缩链条或油缸，使吊具通过自动伸缩改变吊具长度，以装卸不同规格的集装箱，如图 5-28 所示。吊具的伸缩由司机操纵，变换时间短，自重大，能实现快装快卸，用途广泛。

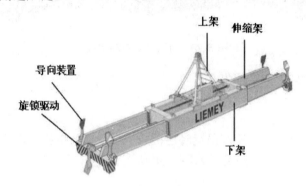

图 5-28　伸缩式吊具

1) 标准吊具

标准伸缩式吊具由钢结构、锁销机构、伸缩机构、导板机构以及前后倾斜机构等组成。

2) 双箱吊具

双箱吊具是一次能同时装卸两个 20ft 集装箱的、不可移动的伸缩式吊具，与单箱吊具相比，大大提高了装卸效率。伸缩式双箱吊具是在标准吊具的基础上，在主框架的中部增加了四套独立的锁销机构及其相应的结构件，从而在保留标准吊具原有全部功能的基础上，增加了同时装卸两个 20ft 集装箱的功能。ZPMC 生产的双箱吊具的技术参数，如表 5-3 所示。

3) 可移动式双箱吊具

可移动式双箱吊具的结构形式与一般双箱吊具基本相同，只是在其基础上增加了一套中间吊点装置的平移机构。该平移机构在吊箱或个吊箱的情况下均可平移，改进了液压系统，电气上增加了可移动式双箱吊具控制器等。它既能装卸单个集装箱，又能装卸两个在一定间距内的 20ft 集装箱，如图 5-29 所示。

表 5-3　ZPMC 生产的双箱吊具的技术参数

吊具形式	20ft/40ft/45ft 和双 20ft 伸缩式吊具				
标准	国际标准协会(ISO)				
额定起重量	65Lt				
规格	8ft×8ft×20ft		8ft× 8ft×40ft		8ft×8ft×45ft
锁销中心距	2 260mm×5 852mm		2 260mm×11 984mm		2 260mm×13 510mm
名称	锁销机构	导板机构	伸缩机构	双箱移动机构	中间升降地空
转角/行程	90°	180°	3829mm	1600mm	～270mm
操作时间/s	～1	5～7	～40	～25	～15

图 5-29　可移动式双箱吊具

(二)集装箱吊具的主要部件

1. 连接装置

连接装置是将吊具与集装箱在吊运时连接成一个整体的机构，常采用旋锁连接装置，该装置可以分为定轴式和浮式两类，如图 5-30 所示。

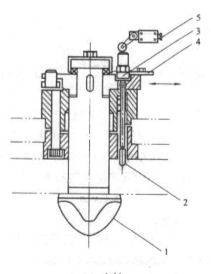

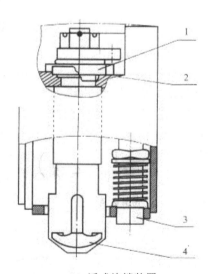

(a) 定轴　　　　　　　　　　　　　　　(b) 浮式旋锁装置

1—旋锁；2—顶杆；3—调整螺栓；4—固定板；5—接触开关　　　1—球凸座；2—球凹座；3—顶杆；4—旋锁

图 5-30　定轴和浮式旋锁装置

(1) 定轴旋锁装置：定轴旋锁在吊具旋转箱内不能摆动，只能转动。

(2) 浮式旋锁装置：浮式旋锁可在旋转箱内摆动，以适应集装箱的制造误差和工作变形。

2．导向装置

导向装置在吊具接近集装箱时起定位作用，常用导向板式，末端用钢板制成可上下转动 180°的锥形包角，不工作时可翻转向上。

3．悬挂及倾斜装置

集装箱船出现纵倾或横倾时，要求吊具也能在前后左右方向允许有±5°的倾斜。这一般通过液压缸伸缩或卷筒钢丝绳的收放来实现。

4．操纵控制装置

操纵装置包括旋锁驱动装置、导向板驱动装置、吊具前后斜装置和吊具伸缩装置，都采用液压传动。

控制装置：吊具的四个角配件处装有指示灯，只有四个角配件同时旋合时，指示灯全亮，才允许吊运集装箱。

二、岸边集装箱起重机

岸边集装箱起重机，简称岸桥，是集装箱船与码头前沿之间装卸集装箱的主要设备，由门架(前后两门框)、桥架和起重小车组成，进行装卸船作业。岸桥的装卸能力和速度直接决定码头作业的生产率，因此岸桥是港口集装箱装卸的主力设备。

(一)岸边集装箱起重机的结构种类

1．按门架结构形式分类

按门架结构形式，岸边集装箱起重机的结构可分为 A 形和 H 形，如图 5-31 所示。

(1) A 形：对船舶上层建筑避性好，整机重量小。

(2) H 形：高度低，制造拼装容易，实际中多用。

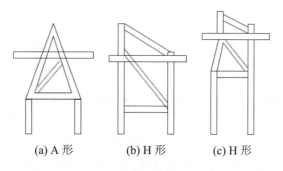

(a) A 形　　　(b) H 形　　　(c) H 形

图 5-31　门架结构

2．按前大梁结构形式分类

按前大梁是否可俯仰或伸缩，以避让船舶或飞行器，岸边集装箱起重机的结构可分为俯仰式、折叠式和伸缩式 3 种，如图 5-32 所示。

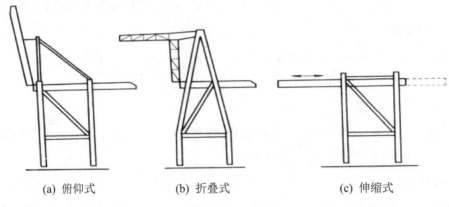

（a）俯仰式　　　　　　　（b）折叠式　　　　　　　（c）伸缩式

图 5-32　前大梁结构

3. 按行走小车牵引方式分类

按行走小车牵引方式的不同，岸边集装箱起重机分为以下四种。

(1) 自行小车式：起升机构与小车行走机构均装在小车架上。

特点：小车可自行，结构较简单，钢丝绳磨损小，驾驶员视野好，前大梁仰起后，小车可继续作业，但小车自重较大。

(2) 全绳索牵引小车式：起升机构和行走机构都设在机器房内，小车行走靠钢丝绳牵引。

特点：小车自重小，牵引性能好，启动加速时不会打滑，但钢丝绳系统较复杂，维修不便。

(3) 半绳索牵引小车式：起升机构在机器房内，行走机构装在小车架上，取消小车牵引钢丝绳系统。

特点：兼有自行小车式和全绳索牵引小车式的优点，缺点是钢丝绳易磨损。

(4) 导杆牵引小车式：起升机构和行走机构都设在机器房内，但小车的行走机构用一套摆动导杆机构驱动。

特点：小车自重小，行走速度高，启动加速性能好，不产生打滑，但结构尺寸大，制造工艺要求高。

(二)主要技术参数的确定

1. 起重量

起重量是指额定起重量与吊具重量之和。额定起重量不包括吊具重量。起重量的计算公式为

$$Q=Q_a+W$$

式中，Q 为集装箱岸桥起重量；Q_a 为额定起重量；W 为吊具重量。

集装箱一般为满箱不满载，40ft 集装箱的最大重量为 30.5t，伸缩式吊具重量取 10t，改进后为 8～8.5t，故起重量大多为 40.5t 和 37.5t。

2．尺寸参数

（1）起升高度：与船舶型深、吃水、潮差、船上集装箱堆装情况有关。一般要求轻载高水位时能装卸三层并能堆高四层集装箱，满载低水位时能取到舱底的集装箱，按 30 000t 级船型 2m 水位差计，取起升高度为轨道面以上 25m，下放深度为 12m。

（2）外伸距：海侧轨道中心到吊具垂直中心线的距离。考虑甲板堆四层集装箱、外倾 3° 能取货，常用外伸距为 35m。

（3）内伸距：陆侧轨道中心向内至吊具垂直中心线间的距离。考虑内伸距对卸船集装箱的缓冲作用和承放舱盖板的要求，常取内伸距为 7～11m。

（4）轨距：主要考虑起重机稳定性和轮压对轨道的影响及码头前沿的装卸工艺要求。一般要求轨道内能放三列集装箱，并允许跨运车通过，轨道取为 16m，宽轨型取 26m。

（5）门架净空高度：取决于门架下通过的流动搬运机械的外形高度，要求能通过跨运车，并留有 0.8～1m 的安全间隙。常取堆码三层或通过两层集装箱跨运车(9m)，门架净空高度取 10m。

（6）基距：同一轨道上两主支承中心线间的距离。应能通过 40ft 集装箱和大型舱盖板，并考虑摆运而留有一定的间隙，多取 16m。

（7）工作速度：工作速度的选用应考虑生产率、电动机容量以及货物摇摆的相互关系来确定。

① 起升速度：有满载和空载两种。空载高于满载起升速度两倍以上。例如，普通岸边集装箱起重满载起升速度取 35～40m/min，则空载速度为 70～90m/min。

② 小车运行速度：行程在 40m 左右。提高小车速度对作业效率影响最大，同时应设有良好的减摇装置和防止司机疲劳，常取 120～150m/min。

③ 大车运行速度：大车运行机构用来调整作业位置，速度一般为 25～45m/min。

④ 臂架俯仰时间：臂架俯仰主要为起吊作业前后让船舶通过，通常一个俯仰工作循环时间取 8～10min。

(三)主要工作机构的特点

1．起升机构

起升机构一般安装在起重机中部或尾部的机房内，采用晶闸管直流恒功率调速系统。由于集装箱吊具多为四点悬挂，起升机构用两个双联卷筒卷绕起升绳，并保持刚性同步。

2．小车运行和减摇装置

小车运行距离和运行速度较大时会引起重物摆动，因此必须加设减摇装置。通常的办法是调整小车架上的起升滑轮与吊具上的滑轮之间的距离，以加大起升绳的夹角，通过张力的变化来吸收摆动能量实现减摆。

3．大车运行机构

大车运行主要是为了对正船上的货舱取货，要求具有调速、微动和制动性能。

4. 驱动和供电方式

各类运行机构一般多采用直流电动机调速系统,各机构采用直流电动机驱动。供电方式有 3 种:交流电动机—直流发电机方式、可控硅整流方式、柴油机—直流发电机供电方式。

(四)集装箱岸桥装卸船的作业过程

集装箱岸桥是沿着与码头岸线平行的轨道行走,完成集装箱船舶的装船与卸船作业,如图 5-33 所示。通常装卸船作业的一个工作循环耗时 120s 左右。装卸船作业步骤如下。

(1) 船靠码头前,将岸桥运行至码头岸线的大致作业位置。

(2) 船靠码头后,将岸桥移动至具体的作业位置。

(3) 按照装卸顺序,将小车移动至待装集装箱的正上方,放下吊具。

(4) 待吊具上的旋锁装置将集装箱锁定后,吊起集装箱。

(5) 小车沿着悬臂向海侧方向移动,将集装箱吊至船上的指定位置。

(6) 松开旋锁装置,吊具与集装箱分离。

(7) 吊具起升,小车向陆侧方向移动,进入下一个操作。

图 5-33　集装箱岸桥装卸船

对集装箱装卸工艺进行科学、合理地制定,使船舶装卸、堆场存取、水平装箱作业流程中生产各环节相互协调,可达到安全、优质、高效、经济的目的,使整个集装箱泊位系统的装卸效率、效益、效能达到最优。目前,国内外集装箱码头根据自身情况,选择的泊位与后方堆场间水平运输装卸工艺多种多样。总体来说,主要有集装箱拖车、跨运车和底盘车等方式。

1) 集装箱拖车方式

集装箱拖车方式,如图 5-34 所示。该工艺是由集装箱拖车完成集装箱在岸边和堆场间的水平移动。集装箱拖车具有车辆在作业过程中调配灵活的行驶特点。一般集装箱拖车固定停放区域不占用堆场，管理方便，且其购置费用相对较低，市场供应充足，可通过增加数量来满足集装箱的水平运输需求。这种方式广泛地运用于国内外集装箱港口。但由于集装箱拖车以燃油作为动力来源，随着油价的上下波动，运行成本将会受到影响。大量拖车运行排放出一些有害物质还会对环境造成一定程度的污染。

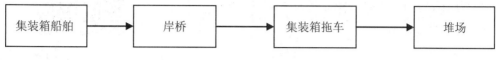

图 5-34　集装箱拖车方式

2) 跨运车方式

跨运车方式，如图 5-35 所示。该工艺由于跨运车可以将集装箱堆放三层高，故较底盘车方式可以节省部分场地。采用跨运车既可以装卸，又可以进行短距离的运输，节省了集装箱拖车作为中间的衔接环节，调配灵活，管理也较为方便。但跨运车本身价格昂贵，维修费用较高，在我国集装箱港口中采用这种方式的较少。

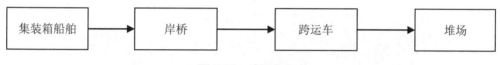

图 5-35　跨运车方式

3) 底盘车方式

底盘车方式，如图 5-36 所示。该工艺的特点是码头上除岸桥外，只使用结构简单的底盘车。底盘车因其故障率低，管理方便，调配灵活，在一些港口得到了应用。但是底盘车系统不能进行叠放，要求在同一平面进行堆放，要求较大面积的堆场空间，因此一般适用于特种集装箱。在国内，采用这种工艺的港口越来越少。除了欧洲少数港口外，其他国家港口一般也都不再采用这种工艺。

图 5-36　底盘车方式

课堂思考 5-3：

分析三种装卸作业方式在效率和成本上有什么差别？

【知识拓展 5-6】韩国新集装箱转运中心 BNCT(Busan New Container Terminal)设有 3 个缓冲区，每个区域的设备是独立运行的，不需要等待之前或之后的设备。第一个缓冲区叫作陆侧转运区(Load Side Transfer Area)，集卡车辆进入堆场后行驶至龙门起重机的下方，由龙门起重机完成集装箱的装卸。第二缓冲区叫作自动堆垛区(Automated Stacking Area)，由全自动堆场起重机完成 7×24 小时的集装箱定位和堆码作业，该区域禁止集卡车辆和人员进入，完全由起重机自行完成作业。第三缓冲区叫作水侧转运区(Water Side Transfer Area)，该区域由跨运车完成集装箱在堆垛区和 QC 区之间的转运作业。最终，集装箱在 QC 区由岸边集装箱起重机完成装船或卸船作业。

整个集装箱转运系统可以实现双倍的循环运转效率，每个设备在同一区域中完成循环作业，既可以装又可以卸，控制中心的快速反应配合高自动化的设备可以使人工错误降到最低，从而使整个港口集装箱运输系统更加快速、顺畅和高效。

视频5-5 BNCT港口集装箱运输系统

视频5-6 双小车岸边集装箱起重机

(五)高效率岸边集装箱起重机

1. 双小车岸边集装箱起重机

上海振华港机(ZPMC)生产并用于常规码头的双小车岸边集装箱起重机的特点是生产率高。它虽然诞生于自动化码头，但也可在常规码头应用，如图5-37所示。

图5-37 ZPMC设计的双小车超巴拿马集装箱起重机在德国汉堡港的应用

1) 双小车岸边起重机的特点

ZPMC吸取了德国汉堡港双小车起重机成功的经验，对该机型又进行了进一步的改进。改进后，用于常规码头的双小车岸边集装箱起重机具有以下几个方面的特点。

(1) 起重机大梁由原来的单箱梁改为双箱梁结构，前小车改为牵引式小车而且将起升机构移到机房内，大大降低了小车自重。后小车为敞开式载重小车。

(2) 集卡装卸区既可以在后伸距下，也可以在门框内；舱盖板既可以放置在起重机门框内，也可以放置在起重机后伸距下。

(3) 采用牵引小车后，优化合理的钢丝绳缠绕形式使吊具和前小车起升滑轮之间起升绳倒三角悬挂，在吊具起升到较高位置时有很好的悬挂刚性，不需要采用电子防摇就可达到很好的防摇效果，特别是具有很好的防扭效果。

(4) 进一步优化了集卡定位系统和后小车自动纠偏系统，使后小车既可以和自动化码头的AGV自动配合，也可和常规码头的集卡车快捷装卸，极大地提高了后小车和地面运输车之间的作业效益。

(5) 前小车司机室既可以按照常规和小车连在一起，也可以分离后独立于小车自行驱动。两种形式任由操作员选择。

【知识拓展 5-7】在现代集装箱码头，每天都有数以千计的集装箱通过岸边集装箱起重机搬运。每次作业都必须定位准确、迅速完成而且不影响其他的集装箱、起重机和运输车辆。ABB 起重机系统依靠整合多项 ABB 专利技术(货物定位、目标定位和装载控制系统)来完成这些作业。它使起重机能够以最短最安全的路径到达目标集装箱，迅速将它吊起并且放置到相应位置，精度可以达到毫米级别。

2007 年，韩国釜山新港 73 台全自动轨道式龙门起重机和 19 台集装箱起重机，包括可以同时操作 2 个集装箱和 2 台货车的双起升集装箱起重机，生产率达到传统起重机系统的 2 倍。

视频 5-7　ABB 集装箱起重机

双小车集装箱起重机作业示意图，如图 5-38 所示。

图 5-38　双小车集装箱起重机作业示意图

2) 双小车集装箱起重机的优势

(1) 双小车起重机解决了常规起重机在超巴拿马时代面临的一系列难题，即当起重机起升高度越来越高时，因小车太高，悬挂太长，装卸集卡时对位困难，严重影响到码头水平运输效率。而双小车起重机因两部小车各司其职，可以很好地解决常规起重机难以解决的这对矛盾。

(2) 同等条件下双小车起重机的作业生产率是常规起重机作业生产率的 1.5 倍以上。

(3) 一个集装箱装卸泊位上用 3 台双小车起重机可以代替 4～5 台同等要求的常规起重机的作业，可使码头前沿有足够大的移动空间。

2. 双 40ft 箱的岸边集装箱起重机

双 40ft 箱的岸边集装箱起重机是 ZPMC 为适应船舶大型化要求快装快卸而开发的产品，在阿联酋迪拜港创造了每小时装卸 104TEU 的世界纪录(常规起重机一般为 30～40TEU/h)，如图 5-39 所示。如果码头装卸工艺再做相应改进，它至少可以进一步提高 50%生产率。

图 5-39　双 40ft 箱吊具

如果两个 40ft 箱超过 80t 时，不能同时进行两个 40ft 箱作业，吊具上架油缸可以快速脱开使两个吊具独立，起升机构可将其中一个吊具升至最高点固定，使用另一套吊具既可实现一个双 20ft 箱或一个单 40ft 或 45ft 箱作业，吊两个 20ft 箱时最大负荷可达 65t，如图 5-40 所示。

图 5-40　在阿联酋迪拜港可一次载四个 20ft 箱的集卡

3. 双 40ft 箱双小车岸边集装箱起重机

ZPMC 综合了双 40ft 箱起重机和双小车起重机的优点，创造出双小车双 40ft 起重机，理论上每小时可卸 80～100 个 40ft 箱，堪称世界上最快的起重机，如图 5-41 所示。

课堂思考 5-4：

根据该起重机的装卸效率大致测算装卸一艘 20 000 标准箱的集装箱船需要多长时间？

图 5-41　双 40ft 箱双小车岸边集装箱起重机

双 40ft 箱双小车岸桥的基本构造和装卸模式与双小车岸桥相似，也是在常规岸桥的基础上，由前小车、中转平台和后小车组成。

它具有如下特点。

(1) 两个小车一高一矮。前小车起升高度在 40m 以上，便于装卸大船。后小车起升高度低于 15m，主要用做中转平台取箱，再装(或卸)于高度只有 1m 多的集卡车或者 AGV 系统上。

(2) 前小车和双 40ft 箱起重机一样，可一次性将两个 40ft 集装箱自船上吊至中转平台上或相反过程。由于船和中转平台上的两个并排 40ft 箱是有规则的排放，因此前小车的两个吊具可以十分方便地进行对位和装卸。前小车卸(或装)箱后即返回进行第二个操作，它的生产率即是起重机的生产率。这基本是半自动化操作，因而司机室可与小车分离。

(3) 后小车配置一个标准吊具，卸(或装)箱点可以在门框内，也可在后伸距之下，视港口的作业工艺而定。它既可针对一个集卡或一个 AGV 进行装卸，也可针对两个集卡同时装卸。由于后小车起升高度矮和特殊的钢丝绳缠绕方式，吊具和货物基本上不再摇摆，装卸对箱容易，作业效率可大大提高。

【知识拓展 5-8】上海振华重工(集团)股份有限公司(ZPMC)是重型装备制造行业的知名企业，为国有控股 A、B 股上市公司，控股方为世界 500 强之一的中国交通建设股份有限公司。公司总部设在上海，于上海本地及南通、江阴等地设有 8 个生产基地，占地总面积 1 万亩，总岸线 10 公里，特别是长江口的长兴基地有深水岸线 5 公里，承重码头 3.7 公里，是全国也是世界上最大的重型装备制造企业。公司拥有 26 艘 6 万～10 万吨级整机运输船，可将大型产品跨海越洋运往全世界。

视频 5-8　振华港机

ZPMC 研制的大型港口集装箱机械和矿石煤炭等散货装卸机械产品，技术一流，耐用可靠，如今已遍布全世界95个国家，港口机械占世界市场82%以上的份额。

ZPMC 具有年产100万吨钢结构的能力，特别是可以制作单件重达2 000吨或者更大的重型钢桥钢梁以及风电基础结构件、厂房模块钢结构、电厂钢结构、码头钢结构等其他类型。振华重工承建美国旧金山新海湾大桥4.5万吨的钢结构，该桥被视为迄今为止世界上最昂贵、抗地震技术含量最高(可抗8级地震)、寿命最长(150年)的桥梁，能确保每天30万辆车通过。

ZPMC 具有强大的海工设备研发制造能力，可提供各种海上工程船舶，如大型起重船、铺管船、挖泥船、大型船厂龙门吊及钻井平台等。2016年5月成功交付世界最大12 000吨自航全回转起重船。

三、集装箱龙门起重机

集装箱龙门起重机，也称场桥，是大型专业化集装箱堆场进行堆码和装卸作业的专用机械，有轮胎式和轨道式两种。

(一)轮胎式集装箱龙门起重机

1. 结构

轮胎式集装箱龙门起重机由前后两片门框和底梁组成门架，橡胶充气轮胎组成行走机构，小车沿门框在横梁上行走，进行堆码作业或装卸底盘车，如图5-42所示。此起动装置多采用内燃机—电力驱动。

图 5-42　轮胎式集装箱龙门起重机

2．减摇装置

轮胎式集装箱龙门起重机目前多采用双向(八绳)新型防摇技术,利用三角形稳定的几何原理,将传统的起升缠绕系统改为四个完全相同的倒三角形的系统,从而提高悬吊系统的刚性,即小车和吊具之间好似刚性连接,当小车启动或制动后,吊具(包括货物)也随之启动和制动,从根本上消除了吊具的摇摆。

3．行走机构

目前场桥的大车驱动均是采用电动机+减速器+开式链条传动的驱动方式。由于重量的增加和突停时的巨大惯性,导致驱动链容易损坏,寿命低下。针对这样的情况,全齿轮驱动采用减速器直接驱动,抛弃了传统的驱动链,使得驱动的故障率大大降低,从而提高了效率。

另外,行走小车位置的变化或吊重的变化、轮胎充气压力的变化等,都会导致车辆两侧轮胎变形量不同,出现走偏或蛇行。这可以通过设置走偏指示杆和行走限位报警器、无线电感应轨迹自动控制装置等予以防止。

4．小车运行机构

小车运行机构采用三合一减速器,左右各一套驱动装置直接驱动车轮。小车从动轮采用车轮制动器。小车行走轮无轮缘,用水平轮在单根轨上导向。

5．转向机构

轮胎式龙门起重机需经常转场,在转场时轮胎要转过 90°,这时轮胎在原地转动,在很大的轮压下(通常大于 25t),轮胎的原地转向不仅加大胎面磨损,也对轮胎内部的密封层和帘布层带来很大的压力,从而导致轮胎的寿命降低。

转向方式可分为以下两种。

(1) 定轴转向:转弯半径大,适用于宽敞、设备台数少、使用不频繁的堆场。

(2) 90°直角转向:在每个支腿下安装一个 90°转向装置。

转向机构运行原理,如图 5-43 所示。

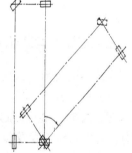

图 5-43　转向机构运行原理

6．主要参数

(1) 起重量,由额定起重量和吊具重量决定。

(2) 跨距,取决于跨下所需堆码的集装箱列数和底盘车的通道宽度。一般有两种布置方式,分别为 6 列箱 1 条通道布置和 3 列箱 1 条通道布置。在多数情况下,按 6 列集装箱和 1 条底盘车考虑,小车行车距离合理、操作视野良好,找箱容易,装卸效率高。根据底盘车居中布置,跨距为 1 350+8 114+4 200+8 114+1 350=23 128(mm),已标准化为 23.5m,如图 5-44 所示。

(3) 起升高度,指吊具底部至地面的垂直距离,取决于起重机下所堆放的集装箱层数和高度。一般按堆放 4 层,通过 3 层考虑,箱高 2 591mm,安全间隙为 500mm,则起升高度为4×2 591+500=10 864(mm)。在高箱情况下，起升高度为4×2 896+600=12 184(mm)，因此，轮胎式龙门起重机的起升高度一般取12m，如图5-45所示。

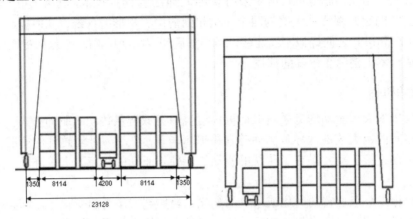

图5-44 跨距下两种堆码布置方式

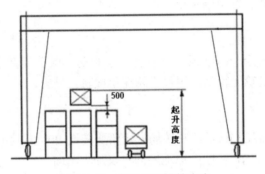

图5-45 起重机下堆放高度

(二)轨道式集装箱龙门起重机

轨道式集装箱门式起重机主要用于集装箱铁路转运场和大型集装箱储运场的集装箱装卸、搬运和堆放。

轨道式集装箱龙门起重机由主梁、刚性和柔性门腿、运行小车、起升机构、大车运行机构、电气系统以及操作驾驶室等组成。根据堆场作业工艺，在单门腿方向或双门腿方向，外伸悬臂称为单悬臂或双悬臂机型，不外伸称为无悬臂机型。

1. 外形尺寸参数

1) 轨距

轨距是指两条轨道中心线之间的距离，它与堆场堆存能力和起重机的工作性能有关。轨距太大，大车行走保持同步难度大，速度会受到限制，起重机小车运行距离也长，装卸效率低；轨距太小，堆放集装箱的排数就有限，场地堆存能力下降。因此，考虑到技术和经济的合理性，轨道式集装箱龙门起重机的轨距一般为40m。

2) 外伸距

外伸距是指小车带载向一侧外伸臂运行，到终点位置时吊具中心线离近侧轨道中心线之间的水平距离。确定轨道场桥外伸距要考虑起重机受力的合理性、车道宽度、外伸距下面集装箱堆放排数等因素。一般轨距为40m则外伸距取10m是比较合理的。

在外伸距范围内,可堆放两排集装箱和布置一条装卸车道。堆放两排集装箱至少需要5m(2.438m×2),轨道与集装箱间距离约为1.5m,集装箱与集卡的安全距离为1m,车道宽度取3.5m(集卡的宽度一般为2.5m),故10m外伸距可以满足要求。

3) 起升高度

起升高度是指吊具被提升到最高工作点位置时,吊具转锁箱下平面离码头堆场平面的垂直距离,它决定了集装箱堆放的层数。层数太多,翻箱的概率就会增加,装卸效率低;层数太少,堆存量减少,场地利用率不高。因此,起升高度一般为满足堆5过6的要求,高度达18.2m。

4) 门框内净宽

门框内净宽是指轨道场桥一侧左右框内侧之间的水平距离,要求能够通过超长集装箱和船舶舱盖板。45ft集装箱的长度为13 716mm,考虑安全距离,场桥门框内净宽为16m。

5) 轨道场桥总宽

轨道场桥同侧两个大车缓冲器在自由状态下端部之间的距离,称为轨道场桥总宽。通常情况下,在大车缓冲器自由状态下,轨道场桥最大宽度应小于等于24m。

2. 速度参数

1) 起升(下降)速度

集装箱吊具提升或下降的线速度称为起升或下降速度,分为额定速度和空载速度。额定速度是指吊着额定起重量的集装箱起升或下降的线速度。空载速度是指空吊具起升或下降的线速度。由于集装箱堆场堆码高度有限,堆5过6,起升运行距离并不长,没有必要采用过高的速度。从经济性和技术性考虑,轨道式集装箱龙门起重机起升(下降)速度为空载50m/min,满载30m/min。

2) 小车运行速度

小车额定运行速度是指小车在规定的作业工况下,带着额定起重量逆风运行时的最高线速度,分为满载运行速度和空载运行速度。小车的运行速度决定装卸效率,速度快,装卸效率也会提高,但速度过快,会增加起重机的振动和集装箱吊具的摇晃程度,使得需要更多的停摆时间,反而降低了装卸效率。因而,小车满载速度为80m/min,空载速度为120m/min。

3) 大车运行速度

大车运行速度是指整机在规定的作业工况下,小车带着额定起重量,整机逆风水平运行时的最高线速度。轨道场桥每天运行频繁,累积行走距离长且满载行走。因此,大车运行速度不能太慢,否则影响装卸效率,一般速度为80m/min。

3. 电气和其他重要参数

1) 供电电源的形式和电压

轨道式龙门起重机的供电方式多采用电缆卷筒供电,可以保证起重机的机动灵活。电源有柴油发电机和高压交流电供电两种类型,我国电源频率为50Hz,电压多采用10kV、6kV、

3.3kV。

2）最大轮压

一个车轮对码头行走轨道的压力称为轮压，单位为 kN 或 t。一般起重机的轮压≤25t。

3）行走距离

集装箱堆场的轨道式龙门起重机的可移动距离是依据堆场长度及场桥数量来决定的，轨道场桥的作业行走范围一般比较大，设定为±150m。

4）额定起重量

轨道式龙门起重机的额定起重量一般为 40.5t。

四、集装箱正面吊运机

集装箱正面吊运机是一种在一定运行范围内垂直起升和水平移动集装箱，用以完成 20ft 和 40ft 标准集装箱装卸、堆码和水平运输作业的集装箱装卸搬运机械，如图 5-46 所示。它具有机动性高、工作平稳可靠、跨箱作业、整机带载行驶、安全保护功能强、驾驶舒适、操作简便等优点，是一种比较理想的货场装卸搬运机械。正面吊适用于高度为 8ft、8ft6in、9ft6in，长度为 20ft 或 40ft 的集装箱满箱的搬运和堆垛，最高可堆 5 层，可跨 3 列作业，因此，适用于港口码头集装箱堆场、集装箱货场中转站、铁路场站的集装箱快速装卸及堆垛。

图 5-46　集装箱正面吊运机

(一)集装箱正面吊运机的结构类型

1. 单臂架集装箱正面吊运机

单臂架集装箱正面吊运机的起重臂为单箱式结构，用两个变幅油缸支撑吊运倾斜的集装箱时，用吊具与臂架间的摆动进行对位，吊具与臂架是单支点连接，吊运装载重心偏移的集装箱时要通过横移吊具保持平衡，如图 5-47 所示。

图 5-47　单臂架集装箱正面吊运机

2．双臂架集装箱正面吊运机

双臂架集装箱正面吊运机采用箱形结构双起重臂，如图 5-48 所示。

图 5-48　双臂架集装箱正面吊运机

(二)集装箱正面吊运机的主要技术参数

1．起重量

起重量根据额定起重量和吊具的重量来确定。额定起重量一般按所吊运的集装箱最大总重量确定，其吊具重量约为 10t。

2．起升高度

起升高度即堆码高度，一般为 4 层箱高，起升高度一般为 13m 左右，要求堆 5 层箱高时，为 15m 左右。

3．工作幅度

集装箱正面吊运机通常能跨箱作业，一般要求在对第一排箱作业时，前轮外沿离集装箱的距离为 700mm 左右，工作幅度最小时吊具的变直中心线应距前轮外沿 2m。在对第二排箱作业时,前轮离第一排集装箱的距离为 500mm 左右,工作幅度最小时距离前轮外沿 4m,如图 5-49 所示。

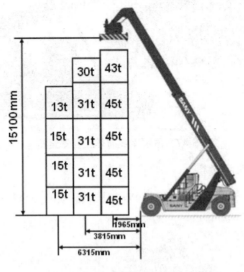

图 5-49 工作幅度

【知识拓展 5-9】工作幅度表示正面吊运机不移位时的工作范围,它包括最大幅度和最小幅度两个参数。对于俯仰变幅的起重臂,当处于接近水平的水平夹角为 13° 时,从起重机回转中心轴线到吊钩中心线的水平距离最大,为最大幅度;当起重臂仰到最大角度时,回转中心轴线到吊钩中心线的距离最小,为最小幅度。

4. 车身外形尺寸

集装箱正面吊运机主要用于货场作业,要求能适应狭小的场地条件,对通过性要求较高,需要控制车身宽度和长度。车体带臂架长度约为 7.5～8m,车宽一般为 3.5～4m。一般要求正面吊运机能在 7.5m 左右的直角通道上转弯,在 9.5m 左右的通道内能 90° 转向。

5. 行走速度

集装箱正面吊运机的运行距离一般在 40～50m 以内较为合理。如距离太远,则在岸边机械与堆场间用拖挂车来做水平运输。集装箱正面吊运机满载时只允许低速行驶,因其自重较大,如果行驶速度过快,则对爬坡、制动、整机稳定性以及发动机功率都有较大影响,故满载时最高速度一般不超过 10km/h。空载时可高速行驶,一般为 25km/h 左右。

五、集装箱跨运车

集装箱跨运车是集装箱装卸设备中的主力机型,通常承担由码头前沿到堆场的水平运输以及堆场的集装箱堆码工作。由于集装箱跨运车以门形车架跨在集装箱上,可堆码两三层高,还可对底盘车上的集装箱进行装卸,具有机动灵活、效率高、稳定性好、轮压低等特点,因而得到了广泛应用。

【知识拓展 5-10】2004 年 12 月，我国拥有自主知识产权的跨运车在振华港机长兴岛基地问世，如图 5-50 所示。该跨运车具有"起吊＋运输"双重功能。采用跨运车后，集装箱岸桥可以直接将集装箱放在码头上，这样整个集装箱码头的作业效率将大大提高。在集装箱岸桥的功能大幅提高后，跨运车的使用将突破集装箱码头作业的瓶颈。

图 5-50　集装箱跨运车

六、集装箱叉车

集装箱叉车是集装箱码头和堆场上常用的一种集装箱专用装卸机械，主要用作堆垛空集装箱等辅助性作业，也可在集装箱吞吐量不大(年低于 3 万标准箱)的综合性码头和堆场进行装卸与短距离搬运。集装箱叉车通常分为空箱堆高叉车、重箱叉车和集装箱正面吊。

集装箱叉车的叉运方式也可分为两种：一种是从集装箱底部叉槽内举起集装箱，如图 5-51 所示；另一种是从门架上装吊具，旋锁连接，从顶部起吊集装箱，如图 5-52 所示。

图 5-51　集装箱叉车——叉取式　　　　图 5-52　集装箱叉车——吊装式

课堂思考 5-5：

对比正面吊和集装箱叉车在堆高和取箱作业上的不同？

七、集装箱牵引车和挂车

(一)集装箱牵引车

集装箱牵引车是专门用于拖带集装箱挂车或半挂车，进行长距离运输集装箱的专用机械。它主要用于完成港口码头、铁路货场和集装箱堆场之间的运输。

牵引车本身具有与普通牵引车相似的牵引、行驶和制动装置，按驾驶室形状不同分为以下两种。

(1) 长头式：发动机在司机座前方，司机舒适感好，碰撞时较安全，检修方便，但车身长度及转弯半径大。

(2) 平头式：发动机在司机座下面，司机舒适感差，但视线好，轴距及车身长度小，转弯半径小，目前使用广泛。

两种集装箱牵引车，如图 5-53 所示。

(a) 长头式集装箱牵引车   (b) 平头式集装箱牵引车

图 5-53　长头式和平头式集装箱牵引车

(二)集装箱挂车

挂车分半挂车和全挂车两种，以半挂车较为常用。

(1) 半挂车：货物重量一部分由牵引车承受，车身短，便于倒车和转向，如图 5-54 所示。

图 5-54　半挂车

(2) 全挂车：通过牵引杆架与牵引车连接，操作难度较大，如图 5-55 所示。

图 5-55　全挂车

(三)集装箱牵引车和挂车的连接方式

牵引车和挂车的连接方式有以下两种。

(1) 挂车的前面一半搭在牵引车后段上面的牵引鞍座上,牵引车后面的桥承受挂车的一部分重量,故称半挂。

(2) 挂车的前端连在牵引车的后端,牵引车只提供向前的拉力,拖着挂车走,但不承受挂车向下的重量,故称全挂。

(四)我国牵引半挂车发展情况

牵引车是重型卡车最大的细分市场,占比超半壁江山,2022 年 1 月牵引车终端实际销量只有 12509 辆,同比下降 74%,创下自 2021 年以来近 13 个月销量新低,说明了今年 1 月的牵引车市场已降至近期"冰点"。TOP10 车企销量排行如表 5-4 所示。

表 5-4　2022 年 1 月国牵引车终端市场销量 TOP10 排行

排名	车企	2022 年 1 月牵引车销量(辆)	2021 年同期销量(辆)	同比增长%	2022 年 1 月市场份额%
1	一汽解放	3 532	13 400	−76.0	25.94
2	中国重汽	2 663	12 100	−78.0	21.24
3	东风汽车	1 761	6 230	−72.0	14.04
4	福田汽车	1 669	5 401	−69.0	13.31
5	陕汽集团	1 332	6 398	−79.0	10.62
6	大运重卡	347	832	−58.0	2.77
7	三一汽车	310	1 318	−76.0	2.47
8	上汽红岩	306	1 284	−76.0	2.44
9	汉马科技	250	195	−28.0	1.99
10	徐工重卡	229	289	−21.0	1.83
	行业	12 509	48 601	−74.0	100.0

数据来源:卡车网

但是，值得关注的是今年 1 月新能源重卡累计销售 2283 辆，同比大涨 1318%，其中新能源牵引车累计销售 1178 辆，同比暴涨 33.65 倍，领涨今年 1 月新能源重卡大盘。

今年 1 月新能源牵引车主流车企中，汉马科技居榜首，徐工重卡增速最猛，TOP10 同比全部增长，新能源牵引车 TOP10 企业销量及同比增长统计见表 5-5。

表 5-5　2022 年 1 月新能源牵引车 TOP10 企业销量

排名	车企	2022 年 1 月销量(辆)	2021 年同期销量(辆)	同比增长%	市场份额%
1	汉马科技	183	15	1120.0	15.53
2	北奔重汽	182	6	2933.0	15.45
3	徐工重卡	173	1	17200.0	14.69
4	福田智蓝	155	0	净增长	13.16
5	上汽红岩	153	0	净增长	12.99
6	一汽解放	95	0	净增长	8.06
7	三一集团	80	0	净增长	6.79
8	中国重汽	45	0	净增长	3.82
9	南京金龙	34	3	1033.0	2.89
10	大运重卡	32	0	净增长	2.72
	行业	1178	34	3365.0	100.0

数据来源：卡车网

【知识拓展 5-11】根据市场对牵引车提出的高速、轻量化需求，多数企业通过技术进步，解决车辆自重大、油耗高的问题。按照权威媒体公布数据：自重每降低 1t，可节省燃油 8%；降低 0.6t，节省燃油 4.8%。如果一辆重卡年行驶里程 100 000km，按照 t·km 运费 0.3 元，百公里油耗 50L，柴油价格 7.0 元/L 来计算的话，则一年可节省燃油费用约 16 800～28 000 元。

复习思考题

一、名词解释

集装箱　　箱主代号　　TEU　　后方堆场　　岸边集装箱起重机　　外伸距

二、选择题

1. 国际集装箱系列尺寸中最常用于国际运输的两种规格是(　　)。
   A. 1A　　　　　　B. 1B　　　　　　C. 1AA　　　　　　D. 1CC
2. 国际标准集装箱 1AA 和 1A 的尺寸区别在(　　)。
   A. 长度　　　　　B. 宽度　　　　　C. 高度

3. 集装箱岸边起重机属于(　　)。
  A. 轻小型类起重机械　　　　　　　　B. 桥式类起重机械
  C. 臂架类起重机械　　　　　　　　　D. 堆垛类起重机械

4. 集装箱龙门起重机跨距下一般放置(　　)列集装箱。
  A. 4　　　　　　　B. 5　　　　　　　C. 6　　　　　　　D. 8

5. 码头用于装卸集装箱船的起重设备是(　　)
  A. 集装箱龙门起重机　　　　　　　　B. 跨运车
  C. 集装箱正面吊运机　　　　　　　　D. 岸边集装箱起重机

三、问答题

1. 集装箱有哪些种类?
2. 集装箱上有哪些重要标识?
3. 简述常用集装箱的规格尺寸。
4. 简述集装箱码头的特点。
5. 集装箱码头由哪些设施构成?
6. 简述集装箱吊具的种类及特点。
7. 高效率的岸边集装箱起重机有哪些?
8. 简述集装箱正面吊的性能特点。

第六章

流通加工设备与应用

学习目标

- 理解流通加工设备的基本概念、各种类型及功用；

- 理解常用包装设备的基本组成和用途；

- 理解包装设备的概念、特点和常用的包装设备；

- 熟悉典型混凝土机械、剪板机、木工锯机、玻璃切割机等设备的基本组成和结构特点。

为了充分体现流通加工对物流服务功能的增强,目前流通加工的种类和设备很多,已经逐渐形成了一种"利润中心"的经营形态,这种类型的流通加工是经营的一环,在满足生产和消费要求的基础上取得利润,同时在市场和利润引导下使流通加工在各个领域都能得到有效的发展。

第一节　流通加工概述

一、流通加工的起源

(一)流通加工的出现与现代生产方式有关

现代生产的发展趋势之一就是生产规模大型化、专业化,依靠单品种、大批量的生产方法降低生产成本获取规模经济效益,这样就出现了生产相对集中的趋势。这种大型化生产的专业化程度越高,生产相对集中的程度也就越高。生产的集中进一步引起产需之间的分离,产需分离的表现首先为人们认识的是空间、时间及人的分离,即生产及消费不在同一个地点,而是有一定的空间距离;生产及消费在时间上不能同步,而是存在着一定的"时间差";生产者及消费者不是处于一个封闭的圈内,某些人生产的产品供给成千上万人消费,而某些人消费的产品又来自于其他许多生产者。弥补上述分离的手段则是运输、储存及交换。

近年来,人们进一步认识到,现代生产引起的产需分离并不局限于上述三个方面,这种分离是深刻而广泛的。第四种重大的分离就是生产及需求在产品功能上分离。尽管"用户第一"等口号成了许多生产者的主导思想,但是,生产毕竟有生产的规律,尤其在强调大生产的工业化社会,大生产的特点之一就是"少品种、大批量、专业化",产品的功能(规格、品种、性能)往往不能和消费需要密切衔接。弥补这一分离的方法,就是流通加工。所以,流通加工的诞生实际是现代生产发展的一种必然结果。

(二)流通加工不仅是大工业的产物,也是网络经济时代服务社会的产物

流通加工的出现与现代社会消费的个性化有关。消费的个性化和产品的标准化之间存在着一定的矛盾,使本来就存在的产需第四种形式的分离变得更加严重。本来,弥补第四种分离可以采取增加一道生产工序或消费单位加工改制的方法,但在个性化问题十分突出之后,采取上述弥补措施将会使生产及生产管理的复杂性及难度增加,按个性化生产的产品难以组织高效率、大批量的流通。所以,在出现了消费个性化的新形势及新观念之后,就为流通加工开辟了道路。

(三)流通加工的出现还与人们对流通作用的观念转变有关

在社会再生产的全过程中,生产过程是典型的加工制造过程,是形成产品价值及使用价值的主要环节,再生产型的消费究其本质来看也和生产过程一样,通过加工制造消费了某些初级产品而生产出深加工产品。历史上再生产不太复杂、生产规模不太大时,所有的

加工制造几乎全部集中于生产及再生产过程中，而流通过程只是实现商品价值及使用价值的转移。

在社会生产向大规模生产、专业化生产转变之后，社会生产越来越复杂，生产的标准化和消费的个性化出现，生产过程中的加工制造常常满足不了消费的要求。而由于流通的复杂化，生产过程中的加工制造也常常不能满足流通的要求。于是，加工活动开始部分地由生产及再生产过程向流通过程转移，在流通过程中形成了某些加工活动，这就是流通加工。

流通加工的出现使流通过程明显地具有了某种"生产性"，改变了长期以来形成的"价值及使用价值转移"的旧观念，这就从理论上明确了：流通过程从价值观念来看是可以主动创造价值及使用价值的，而不单是被动地"保持"和"转移"的过程。因此，人们必须研究流通加工在商品流通过程中创造价值的潜在能力，从而可以进一步提高商品的使用价值。在流通过程从观念到方法的这一巨大变化中，流通加工则应运而生。

(四)效益观念的树立也是促使流通加工形式得以发展的重要原因

20世纪60年代后，效益问题逐渐引起人们的重视，过去人们盲目追求高技术，引起了燃料、材料投入的大幅度上升，结果新技术、新设备虽然采用了，但往往是得不偿失。20世纪70年代初，第一次石油危机的发生证实了效益的重要性，使人们牢牢树立了效益观念。流通加工可以少量的投入获得很大的效果，是一种高效益的加工方式，自然获得了很大的发展。所以，流通加工从技术上来讲，可能不需要采用什么先进技术，但这种方式是现代观念的反映，在现代的社会再生产过程中起着重要作用。

二、流通加工概述

(一)流通加工的定义

流通加工是为了提高物流速度和物品的利用率，在物品进入流通领域后，按照客户的要求进行的加工活动，即在物品从生产者向消费者流动的过程中，为了促进销售、维护商品质量和提高物流效率，对物品进行一定程度的再加工。流通加工通过改变或完善流通对象的形态来实现"桥梁和纽带"的作用，因此流通加工是流通过程中的一种特殊运作形式，如图6-1所示。

(二)流通加工与生产加工的区别

1．加工对象之间存在差别

流通加工的对象是进入流通过程的商品，具有商品的属性，并不是多环节生产加工中的一环。而生产加工的对象实质上不能算是最终产品，而是原材料、零部件或半成品。

2．加工程度之间存在差别

流通加工是简单加工，而不是复杂加工。流通加工对生产加工来说只是一种辅助和补充，绝不是对生产加工的否定或代替。

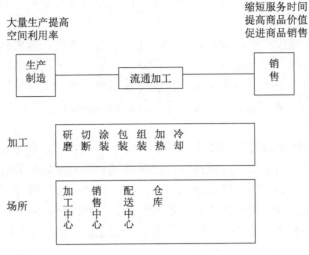

图 6-1 流通加工示意图

3．加工组织者之间存在差别

流通加工的组织者是从事流通工作的人员，他们能根据并结合客户的需求进行加工活动。从加工的承接单位看，流通加工由商业或物资流通企业完成，而生产加工由生产企业完成。

4．加工目的之间存在差别

流通加工有时候是以自身的流通为目的的，纯粹是为流通创造条件，这种专门为流通所进行的加工与直接为消费所进行的加工在目的上有着显著的差别。

生产加工的目的在于创造价值和使用价值，而流通加工的目的则在于完善商品的使用价值并提高其附加值。

三、流通加工的类型

(一)对产品的保护性加工

在物流过程中，直到用户使用前都存在对产品的保护问题，需要防止产品在运输、储存、装卸、搬运、包装等过程中遭受损失，使其使用价值能顺利实现。对产品的保护性加工并不改变进入流通领域的"物"的外形及性质，它主要采取稳固、改装、冷冻、保鲜(见图 6-2)、涂油等方式。

(二)满足需求多样化的服务性加工

有许多产品是按规模化和标准化生产的，用户需求却是多样化和变化的，这就需要进行服务性加工。例如，钢铁厂总是按标准规定的规格生产，以使产品有较强的通用性，以及生产的高效，到用户处后再按用户的要求进行下料、剪板、裁切；伐木场为便利运输，往往只将树木加工到原木，至多加工成板或方材的程度，而满足具体需求的下料、裁切、处理等则由流通加工完成，如图 6-3 所示。

图 6-2　蔬菜流通加工

图 6-3　木材流通加工

(三)为提高物流效率，方便物流的加工

有一些产品因其本身的形态而难以进行物流操作，如鲜鱼的装卸、储存操作困难；过大的设备搬运、装卸困难；气体运输、装卸困难等。对这些产品进行流通加工，可以使物流各环节易于操作，如鲜鱼冷冻(见图 6-4)、过大设备解体、气体液化等。这种加工往往会改变"物"的物理状态，但并不改变其化学特性，并最终仍能使其恢复到原物理状态。

(四)提高原材料利用率的加工

流通加工利用其综合性强、用户多的特点，可以实行合理规划、合理套裁、集中下料的办法，这就能有效提高原材料的利用率，减少损失浪费，如图6-5 所示。

图 6-4　鱼类流通加工

图 6-5　服装流通加工

(五)组织物流合理化的加工

在干线运输及支线运输的节点设置流通加工环节，可以有效解决大批量、低成本的长距离干线运输与多品种、少批量、多批次末端运输之间的衔接问题。在流通加工点与大生产企业间形成大批量、定点运输的渠道，又以流通加工中心为核心，组织对多用户的配送；

也可在流通加工点将运输包装转换为销售包装，从而有效衔接不同目的的运输方式，如图6-6所示。

(六)促销增值性加工

流通加工可以从若干方面起到促进销售的作用。例如，将过大包装或散装物分装成适合一次性销售的小包装的分装加工；将原以保护产品为主的运输包装改换成以促进销售为主的装潢性包装，以起到吸引消费者、指导消费的作用；将零配件组装成用具、车辆以便于直接销售；将蔬菜、肉类洗净切块以满足消费者要求等。这种流通加工可能并不改变"物"的本体，只是进行简单改装的加工，也有许多是组装、分块等加工，如图6-7所示。

图6-6 运输流通加工

图6-7 销售流通加工

【知识拓展6-1】阿迪达斯公司在美国有一家超级市场，设立了组合式鞋店，其中摆放的不是做好的鞋，而是做鞋用的半成品，款式花色多样，有6种鞋跟、8种鞋底，均为塑料制造，鞋面的颜色以黑、白为主，鞋带的颜色有80种，款式有百余种。顾客进来可任意挑选自己所喜欢的各个部位，交给职员当场进行组合。只需10分钟，一双崭新的鞋便唾手可得。这家鞋店昼夜营业，职员技术熟练，鞋子的售价与成批制造的价格差不多，有的还稍便宜些，因此顾客络绎不绝，销售金额比邻近的鞋店约多10倍。

课堂思考6-1：

分析流通加工的地位和作用？

第二节　流通加工设备

一、流通加工设备概述

(一)流通加工设备的概念

流通加工设备是指在流通加工活动中所使用的各种机械设备和工具。流通加工设备的加工对象是进入流通过程的商品，它通过改变或完善流通对象的原有形态来实现生产与消费的"桥梁和纽带"作用。

流通加工是相对于生产加工而言的，它所使用的设备与一般的生产加工设备不同。流通加工设备所进行的一般是简单加工，是对生产加工的辅助和补充。

(二)流通加工设备的分类

从流通加工的任务上看，流通加工大多是对物品进行较为简单的多规格、多用户、小批量的初级加工，其中大部分需要借助机械加工设备。而且由于流通领域物品的种类繁多，因此流通加工设备的类型也很多，主要包括以下两大类。

1. 生活资料的流通加工设备

生活资料的流通加工的类型很多，根据不同的加工方式，需采用不同的流通加工设备，可分为冷冻加工设备、分选加工设备、精制加工设备和分装加工设备。

1) 冷冻加工设备

为了解决鲜肉、鲜鱼在流通中保鲜和装卸搬运的问题，采取低温冻结的加工方式。主要的设备包括冷冻柜、冷藏柜、制冰机和冷冻干燥机等。

2) 分选、精制加工设备

农、牧、副、渔等产品的规格、质量离散情况较大，为获得一定规格的产品，采取人工或机械的方式分选，然后可进行去除无用部分、切分、洗净、分装等精制加工环节。主要的设备包括分选机、脱皮机、圆筛机、取石机、烘干机和金属探测器等。

3) 分装加工设备

为了便于销售，在销售地区按要求重新进行包装，即大包装改小包装，散装改小包装，运输包装改销售包装，以满足消费者对不同包装规格的需求，从而达到促销的目的。主要的设备包括封口机、轧盖机、封尾机、液体定量分装机和液体灌封机等。

2. 生产资料的流通加工设备

生产资料的流通加工类型很多，根据不同的加工对象，需采用不同的流通加工设备。按加工对象可分为金属材料加工设备、水泥流通加工设备、木材加工设备、玻璃加工设备等。

1) 金属材料加工设备

在金属材料流通过程中，需要对金属材料进行剪切、折弯、下料、切削等一系列加工，完成这些加工工序所使用的是金属材料加工设备，主要包括剪切机械、折弯机械和强化机械等。

金属材料加工设备主要用于钢板、圆钢、型钢、线材的集中下料及线材冷拉加工等。集中下料加工是在固定地点设置剪板机进行下料加工，或者装置各种切割设备，将大规格出厂原料裁小或切裁成毛坯，降低销售起点，便利用户。例如，热轧钢带、厚钢板等板材最大交货长度可达 $7\sim12\text{m}$，有的是成卷交货，会给使用钢板的用户带来不便，需要将其加工成用户要求的规格。

2) 水泥流通加工设备

水泥流通加工的主要方式是先将粉状水泥输送到使用地区的流通加工点(集中搅拌混凝土工厂，也称商品混凝土工厂)，在那里搅拌成商品混凝土，然后供给各个工地或小型构件厂使用。它的主要机械设备包括混凝土搅拌机械、混凝土搅拌站、混凝土输送车、混凝土输送泵和车泵等。

3) 木材加工设备

在木材流通过程中，为了方便运输，满足用户需求，需要对木材进行一系列加工，完成这些加工工序所使用的是木材加工设备，主要有磨制、压缩木屑机械及锯木机械。

4) 玻璃加工设备

玻璃加工设备是对玻璃进行切割的专用设备，包括各种各样的切割机。

二、包装设备

(一)包装设备的概念和特点

1. 包装设备的概念

包装设备是指能完成全部或部分产品和商品包装过程的设备。包装过程包括充填、裹包、封口等主要工序，以及与其相关的前后工序，如清洗、堆码和拆卸等，此外还包括计量或在包装件上盖印等工序。使用机械设备包装产品可提高生产率，减轻劳动强度，适应大规模生产的需要，并满足清洁卫生的要求。专业性包装设备如图6-8所示。

真空包装机系列　　封切包装机系列　　拉伸缠绕包装机系列

码垛包装机系列　　收缩包装机系列

图6-8　专业性包装设备

2. 包装设备的主要特点

包装设备的特点概括起来主要有以下几个方面。

(1) 包装设备一般结构复杂，动作精度高。

(2) 包装设备一般设计成自动包装机，能连续自动进行包装。

(3) 包装设备应在标准卫生条件下工作，不能发生有任何污染产品的现象。

(4) 进行包装作业的工艺力度较小，所以包装设备的电动机的功率一般都比较小，一般采取无级变速装置，以调节生产能力，实际工作中的包装设备以机械传动为主要形式。

視頻 6-1　真空包装机　　　视频 6-2　拉伸薄膜缠绕包装机　　　视频 6-3　吸塑热收缩包装机

(二)包装设备的作用

包装是产品进入流通领域的必要条件，而实现包装的主要手段是使用包装设备进行机械包装。随着时代的发展，技术的进步，包装设备在包装领域正起着越来越大的作用，其主要作用有以下几个方面。

1. 可大大提高劳动生产率

机械包装比手工包装快很多，例如糖果包装，手工包糖 1 分钟只能包十几块，而糖果包装机每分钟可包数百块甚至上千块，提高效率数十倍。

2. 能有效地保证包装质量

机械包装可根据包装物品的要求，按照需要的形态、大小，得到规格一致的包装物，而手工包装是无法保证的。这对出口商品尤为重要，只有机械包装，才能达到包装规格化、标准化，符合集合包装的要求。

3. 能实现手工包装无法实现的操作

有些包装操作，如真空包装、充气包装、贴体包装、等压灌装等，都是手工包装无法实现的，只能用机械包装实现。

4. 可降低劳动强度，改善劳动条件

手工包装的劳动强度很大，如用手工包装体积大、重量重的产品，既耗体力，又不安全；而对轻小产品，由于频率较高，动作单调，易使工人得职业病。

5. 有利于工人的劳动保护

对于某些严重影响身体健康的产品，如粉尘严重、有毒的产品，有刺激性、放射性的产品，用手工包装难免危害健康，而机械包装则可避免这种情况，且能有效地保护环境不被污染。

6. 可降低包装成本，节省储运费用

对松散产品，如棉花、烟叶、丝、麻等，采用压缩包装机压缩打包，可大大缩小体积，

从而降低包装成本。同时由于体积大为缩小，可节省仓容，减少保管费用，有利于运输。

7. 能可靠地保证产品卫生

某些产品，如食品、药品的包装，根据卫生法是不允许手工包装的，因为手工操作会污染产品，而机械包装避免了人手直接接触食品、药品，保证了卫生质量。

8. 可促进相关工业的发展

机械包装是一门综合性学科，它涉及材料、工艺、设备、电子、电器、自动控制等多种学科，要求各相关学科同步、协调地发展，任何学科的问题都将影响包装设备的整体性能。因此，包装设备的发展将有力地促进相关学科的进步。另外，为适应包装设备高速包装的需要，其相关的前后工序也势必与之适应，也就推动了相关工序的同步发展。

图 6-9　全自动胶囊充填机

(三)充填机

1. 充填机的定义

充填机是将产品按预定量充填到包装容器内的设备。充填液体产品的设备通常称为灌装机。全自动胶囊充填机如图 6-9 所示。

视频 6-4　全自动胶囊充填机

2. 充填机的功能

采用机械化灌装不仅可以提高劳动生产率，减少产品的损失，保证包装质量，而且可以减少生产环境与被装物料的相互污染。

3. 充填机的分类

充填机的分类如表 6-1 所示。

表 6-1　充填机的分类

序　号	分类方法	具体类型
1	自动化程度	手工灌装机、半自动灌装机、全自动灌装机、灌装压盖联合机
2	结构	直线式灌装机、旋转式灌装机
3	定量装置	容积式充填机、称重式充填机、计数式充填机
4	灌装阀头数	单头灌装机、多头灌装机
5	灌装原理	真空灌装机、常压灌装机、反压灌装机、负压灌装机、加压灌装机
6	供料缸结构	单室供料灌装机、双室供料灌装机、多室供料灌装机
7	包装容器升降结构	滑道式升降灌装机、气动式升降灌装机、滑道气动组合升降灌装机

4．几种具体的充填机

1) 容积式充填机

将产品按预定容量充填到包装容器内的设备称为容积式充填机，它可将精确容积的物料装进每一个容器，而不考虑物料的密度或重量，常用于那些密度相对不变的物料，或用于那些体积要求比质量要求更重要的物料。根据计量原理不同，容积式充填机可分为固定量杯式、螺杆式和计量泵式等。下面重点介绍固定量杯式充填机。

固定量杯式充填机适用于颗粒较小且均匀的物料，计量范围一般在 200ml 以下为宜，如图 6-10 所示。在选用时应注意，若量杯的容量调得不正确，料斗送料太慢或不稳定，料斗的装料面太低，进料管太小，物料流动不畅，进料管和量杯不同心等，都会使量杯装不满；若机器的运转速度过快，料斗落下物料的速度过快，则会引起物料重复循环装料；若量杯伸缩机构调节不当，常会造成过量回流；若容器与进料管不同心，节拍不准，容器太小或物料粘在料管中使送料滞后，就会引起物料的溢损。

视频 6-5　计量式液体充填机

图 6-10　固定量杯式充填机

2) 称量式充填机

将产品按预定质量充填至包装容器内的设备称为称量式充填机。按计量方式不同有杠杆式、簧片式、电阻应变片式、电子秤式和连续式等多种。下面介绍实际中应用较广的连续式称量充填机。

视频 6-6　称量式螺杆充填包装机

连续式称量充填机应用连续称量检测和自动调节技术，确保在连续运转的输送机上得到稳定的质量流率，然后进行等分截取，以得到各个相同的定量。其特点是计量速度高，计量精度较低，多用于粮食、化肥之类的货物，这类货物多采用散装长途运输，到达目的地之后再以袋装方式出售。

图 6-11 所示的连续式称量充填机主要通过测量连续输送过程中散料的流量，并将之等分，从而得出某一时间段内散料的总量。其工作过程如下：散料加入料斗内，通过电子秤进行称重，然后进入拌和机，其流量可通过电磁阀调节，然后进行充填。

3) 计数式充填机

将产品按预订数目充填至包装容器内的设备称为计数式充填机，如图 6-12 所示。按其计数方法不同，多用于被包装物呈规则排列的产品包装。根据其计数原理不同，分为长度式、容积式和堆积式等几种计数形式。

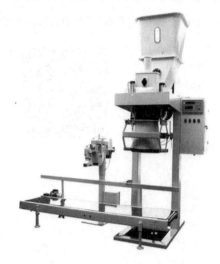 

图 6-11　连续式称量充填机　　　　　图 6-12　计数式充填机

(四)封口机

1．封口机的概念

封口机是指在包装容器盛装产品后，对容器进行封口的设备，如图 6-13 所示。制作包装容器的材料很多，如纸类、塑料、玻璃、陶瓷、金属、复合材料等，而包装容器的形态及物理性能也各不相同，因此所采用的封口形式及封口装置也不一样。

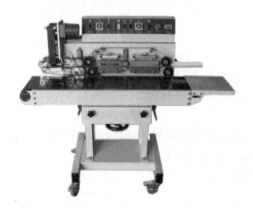

图 6-13　封口机

当装有物品的包装放置在输送带上时，袋的封口部分被自动送入运转中的两根封口带之间，并带入加热区，加热块的热量通过封口带传输到袋的封口部分，使薄膜受热熔软，再通过冷却区，使薄膜表面温度适当下降，然后经过滚花轮(或印字轮)滚压，使封口部分上下塑料薄膜黏合并压制出网状花纹(或印制标志)，再由导向橡胶带与输送带将封好的包装袋送出机外，完成封口作业。

2. 封口机的类型

根据封口方式的不同，封口机可分为以下几种类型。

(1) 热压式封口机：采用加热加压的方式封闭包装容器的设备。常用的加热元件有加热板、加热环带和加热辊等，主要用于各种塑料袋的封口。

(2) 熔焊式封口机：通过加热使包装容器封口处熔化而将包装容器封闭的设备。常用的加热方式有超声波、电磁感应和热辐射等，主要用于封合较厚的包装材料及采用其他热封方法难以封合的材料，如聚酯、聚烯烃和无纺布等。

(3) 缝合式封口机：采用缝纫线作为辅助物来缝合包装袋的设备，主要用于麻袋、布袋、复合编织袋等的封口。

(4) 卷边式封口机：又称封灌机，是一种用滚轮将金属盖与包装容器开口处相互卷曲钩合以封闭包装容器的设备，主要用于罐类容器的封口。

(5) 滚压式封口机：用滚轮滚压金属盖使之变形以封闭包装容器的设备。它生产的罐头密封可靠，能保存较长时间，但开启困难。

(6) 旋合式封口机：在瓶盖和容器封口处制成螺旋，通过旋转封口器材封闭包装容器的设备，主要用于广口玻璃瓶的密封。

(7) 结扎式封口机：使用线绳等结扎材料封闭包装容器的设备，主要用于小包装件的集束封口，如糖果、面包等食品袋袋口的结扎。

视频 6-7　自动缝合机

3. 自动缝合机

自动缝合机是圆盘缝合机的简称，俗称"套口机"，是使用缝线缝合毛衣套口的机器。借助缝合机可以高效、快速完成毛衣的编织工作，大大提高工作效率。自动缝合机主要有超声波花边机、压花机、滚花机、桌布花边机、台布花边机、窗帘花边机、礼品袋花边机、发饰品花边机、反光带花边机、反光带压纹机、内衣花边机、浴帘压花机、服装辅料花边机等。

自动缝合机的外形结构如图 6-14 所示，主要由机头、线挑、机头支架、备用支架、输送带和脚踏开关等部件组成。自动缝合机的输送带速度可以调整，以便与各种包装生产线匹配；底座装有四个轮子，可以自由移动。

视频 6-8　全自动填充封口机

4. 全自动填充封口机

全自动填充封口机主要用于对塑料杯、塑料盒以及塑料瓶进行填料并用复合膜封口产品的生产，如果冻、果汁、牛奶、酸奶、饮料、快餐食品等物料的填充及封口，如图 6-15 所示。它可用于不同黏度的液、浆的充填物，可适应不同形状、容量的包装容器。

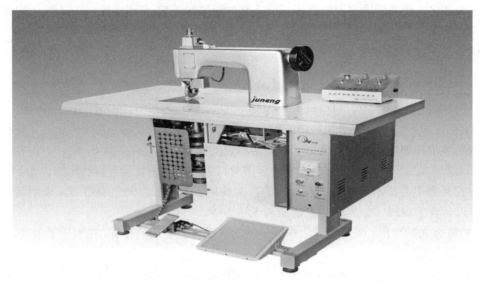

图 6-14　自动缝合机

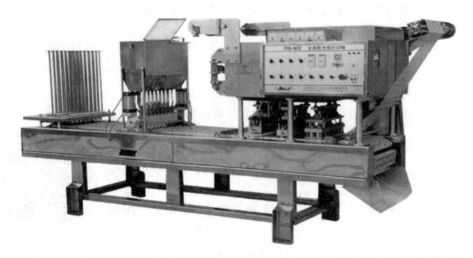

图 6-15　全自动填充封口机

(五)裹包机

视频 6-9　裹包机

裹包机是用薄型挠性材料(如玻璃纸、塑料膜、拉伸膜、收缩膜等)裹包产品的包装设备，广泛应用于食品、烟草、药品、日用化工品及音像制品等领域。裹包机种类繁多，功能各异，按裹包方式可分为折叠式裹包机、接缝式裹包机、覆盖式裹包机、贴体式裹包机、拉伸式裹包机和缠绕式裹包机等。

(六)捆扎机

视频 6-10　捆扎机

捆扎机是利用带状或绳状物料捆扎材料将一个或多个包件紧扎在一起的设备，属于外包装设备。目前，我国生产的捆扎机基本上采用塑料带作为捆扎材料，利用热熔搭接的方法使紧贴包件表面的塑料带两端加压黏合，从而达到捆紧包件的目的。

下面介绍一种机械式自动捆扎机的工作原理。

机械式自动捆扎机采用机械传动和电气控制相结合的方式，无须手工穿带，可连续或单次自动完成捆扎包件，适用于纸箱、木箱、塑料箱、信函及包裹、书刊等多种包件的捆扎。

视频 6-11　装箱机

(七)装箱机与纸箱包装机

对于啤酒、饮料等商品，灌装之后必须进行运输包装，才能进行流通。这个装箱工作，可以选择装箱机，也可以选择纸箱包装机，两者均可达到目的。下面对这两种装箱设备进行说明。

1. 垂直旋转式装箱机

装箱机是通过机械运转、气动和电动控制，将瓶子成组准确、可靠地放入包装箱中的设备。图 6-16 为垂直旋转式装箱机的工作原理图，该设备主要由同步输瓶台、同步输箱台、垂直双凸轮槽导轨和大十字臂式抓头等部件组成。其工作过程如下：瓶子和包装箱分别排列于输瓶台 5 与输箱台 6 上，抓瓶装置 1 在大十字回转架 2 的带动下，沿着导轨 3、4 做有规律的回转运动，抓瓶装置始终处于垂直状态。当抓瓶装置到达瓶子上方时，由于导轨 3、4 的作用，抓头套入瓶颈中，抓牢瓶子，随后离开输瓶台，回转一圈之后，落到输箱台的正上方。此时，抓瓶装置继续下降，将

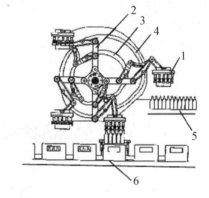

图 6-16　垂直旋转式装箱机的工作原理

1—抓瓶装置；2—大十字回转架；
3、4—导轨；5—输瓶台；6—输箱台

瓶子顺利装入箱子中，抓瓶装置随即离开，再转到输瓶台上方，准备下一个装箱过程。

垂直旋转式装箱机是连续式装箱机，减少了驱动电动机频繁地启动、停止动作，减少了瓶子与箱子的位置校准及缺瓶、缺箱等检测时间，所以效率较高；并且噪声低，动作准确，安全可靠；由于垂直回转，所以占地面积小。

2. 纸板预成型纸箱包装机

纸板预成型纸箱包装机如图 6-17 所示。其工作原理是，在纸板输入式包装机中，纸板预先折合成型再输入，瓶子则由推送机构从另一侧一组一组地送入纸箱内，完成包装封箱。

纸板预成型纸箱包装机的两条输送通道相互平行，推杆机构外置，所以机身厚实，体积较大，机构运行平稳。

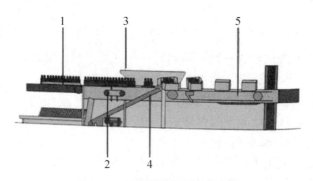

图 6-17　纸板预成型纸箱包装机

1—输送带；2—分屏器；3—推瓶器；4—纸板导轨；5—纸箱成型器

(八)贴标机

1. 贴标机的概念

贴标机(labeler)是以黏合剂把纸或金属箔标签粘贴在规定的包装容器上的设备，如图 6-18 所示。贴标机是现代包装不可缺少的组成部分。目前，我国生产的贴标机种类正在逐步增加，技术水平也有了很大的提高，已从手动、半自动贴标的落后局面，转向自动化高速贴标机占据广大市场的格局。

图 6-18　贴标机

视频 6-12　贴标机　　　　　　视频 6-13　自动贴标机

2. 贴标机的分类

根据实现的贴标功能不同，贴标机可分为平面贴标机、侧面贴标机和圆周贴标机。

（1）平面贴标机实现在工件的上平面、上弧面贴标或贴膜，如盒子、书本、塑胶壳等，有滚贴和吸贴两种方法，主要根据效率、精度和气泡要求进行选型。

（2）侧面贴标机实现在工件的侧平面、侧弧面贴标或贴膜，如化妆品扁瓶、方盒等，可配套圆瓶覆标设备，同时实现圆瓶贴标。

（3）圆周贴标机实现在圆柱形、圆锥形产品的圆周面上贴标或贴膜，如玻璃瓶、塑料瓶等，可实现圆周、半圆周、圆周双面、圆周定位贴标等功能，主要有立式贴标和卧式贴标两种方式。

三、切割设备

切割设备主要用于对生产原材料，如钢板、木材、玻璃等进行分割、集中下料，以提高生产资料的利用率，方便销售和用户的使用，如图 6-19 所示。

视频 6-14　切割机

图 6-19　切割设备

根据加工对象的不同，切割设备可分为剪板机、木工锯机和玻璃切割机等。

(一)剪板机

剪板机在流通领域主要用于钢板或卷钢的剪裁，如图 6-20 所示。其作用主要是使板料在剪板机上、下刀刃作用下受剪切而产生分离与变形。一般剪切时下剪刀固定不动，上剪刀向下运动。

图 6-20　剪板机

常见的剪板机主要有以下几种。

1) 圆盘剪板机

圆盘剪板机是利用两个圆盘状剪刀进行剪裁的,如图 6-21 所示。按其两剪刀轴线相互位置不同及与板料的夹角不同分为直滚剪、圆盘剪和斜滚剪。其中圆盘剪主要用于剪裁条料、圆形坯料和环形坯料。

2) 多功能剪板机

多功能剪板机通常包括床身、悬臂梁、电机、皮带和点轮传动系统,床身上水平安装三根传动轴,悬臂梁上对应安装三根传动轴,采用两个相对转动的滚子为进给器,两个相对转动的圆柱体为剪切刀,两个相对转动、有一定形状、凹凸配合的圆轮为挤压器来剪切、挤压出一定的形状,并一次完成,如图 6-22 所示。它主要用于加工薄板,可以提高工效,广泛应用于薄板加工业。

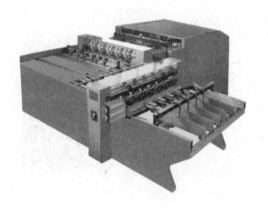

图 6-21 圆盘剪板机

图 6-22 多功能剪板机

3) 摆式剪板机

摆式剪板机又可分为直剪式和直、斜两用式,其中直、斜两用式主要用于剪切 300°夹角焊接坡口断面。摆式剪板机的刀架在剪切时围绕一固定点做摆动运动,剪切断面的表面粗糙度数值较小,尺寸精度高,而且切口与板料平面垂直,如图 6-23 所示。摆式结构主要用于板厚大于 6mm,板宽不大于 4mm 的剪板机。

图 6-23 摆式剪板机

4) 振动剪板机

振动剪板机又称冲型剪板机，其工作原理是通过曲柄连杆机构带动刀杆做高速往复运动，行程次数由每分钟数百次到数千次不等。

振动剪板机是一种万能板料加工设备，它在进行剪切下料时，先在板料上画线，然后刀杆上的上冲头能沿着朔线或样板对被加工的板料进行逐步剪切，如图 6-24 所示。

振动剪板机广泛应用在各种薄板加工业上，它不仅可以加工碳钢、不锈钢、铜、铝等各种金属板板件，也可以加工硬纸板、硬橡皮、塑料等各种非金属板件。振动剪板机可一机多用，既可直线切割，也可以曲线切割，还可以冲孔和切槽，是薄板加工业的理想产品。

5) 机械剪板机

机械剪板机的机床为机械传动，结构合理，重心低，运动平稳；刀架为钢板焊接结构，刚性与强度好，剪切精度高；采用转键离合器控制刀架运行，动作灵敏可靠，使用寿命长。机械剪板机如图 6-25 所示。它广泛应用于冶金、轻工、汽车、电机电器、仪表、五金等行业。

图 6-24　振动剪板机

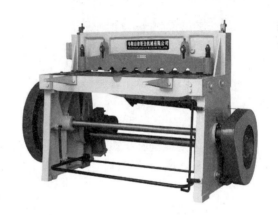

图 6-25　机械剪板机

(二)木工锯机

木工锯机是用有齿锯片、锯条或带齿链条切割木材的设备，用于木材流通过程中对原木和木材初级制品进行加工，如图 6-26 所示。

1. 带锯机

带锯机是依靠带锯条沿一个方向连续运动而实现切割木材的，带锯条呈环状且被张紧在锯轮上。带锯机主要用于纵向剖分木材，如图 6-27 所示。

带锯机的锯条较薄，可减少锯路损失，增加成材出材率。跑车木工带锯机以跑车夹持并送进原木，易于实现看材下锯，能够最充分地锯割出等级较高的成材，有利于成材质量和等级的提高。

2. 框锯机

框锯机主要用于将原木或毛方锯解成方材或板材，如图 6-28 所示。其主要特点是因锯框上安装多片锯条,在一次进给中能锯出较多的木材,自动化程度较高,生产效率较高;锯条刚性好,锯出的板面质量较好,对操作人员的技术要求低。但框锯机较厚,锯路大,原材损失大,出材率不及带锯机;且框锯机的主运动是往复直线运动,有空行程损失,且换向时惯性较大,限制了切削速度的提高。

图 6-26 木工锯机

图 6-27 带锯机

3. 圆锯机

圆锯机可分为纵剖圆锯机、横截面圆锯机和万能圆锯机。其中,纵剖圆锯机主要用于木材的纵向锯截;横截面圆锯机主要用于工件的横向截断。圆锯机如图 6-29 所示。

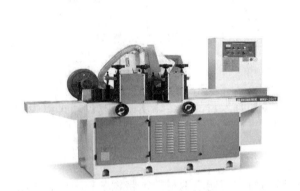

图 6-28 框锯机

图 6-29 圆锯机

4. 多联木工带锯机

多联木工带锯机是由多台单锯条立式带锯机组合而成的新型现代化设备。它通常是在一个进给机构条件下,用多台带锯机同时锯剖木材,既具有普通带锯机锯条薄、锯路窄、出材率较高的优点,同时又具有框锯机可以连续进料、一次能完成多道锯、生产率较高的优点。

(三)玻璃切割机

玻璃切割机是对玻璃进行切割的专用设备,如图 6-30 所示。平板玻璃的"集中套裁、开片供应"是重要的流通加工方式。这种方式是在城镇中心设立若干个玻璃套裁中心,负责按用户提供的图样统一套裁开片,向用户供应成品。在此基础上还可逐渐形成从工厂到套裁中心的稳定的、高效率的、大规模的平板玻璃"干线输送",以及从套裁中心到用户的小批量、多户头的"二次输送"。

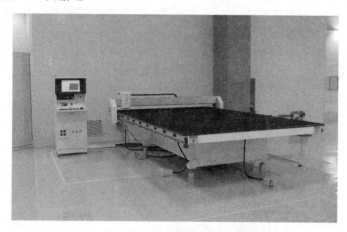

图 6-30 玻璃切割机

四、混凝土机械

混凝土机械泛指将混凝土集中搅拌、分散运输、浇筑的设备。

(一)混凝土搅拌机

混凝土搅拌机是将一定配合比的水泥(胶结材料)、沙、石(骨料)和水(有时还加入一些混合材料或外加剂)拌和成匀质混凝土的设备。同人工拌和混凝土相比,混凝土搅拌机具有生产率高、拌和好、工人劳动强度低等优点,因而成为建筑施工现场、混凝土构件厂及商品混凝土供应站生产混凝土的重要机械设备之一。

(二)混凝土搅拌楼(站)

混凝土搅拌楼(站)是用来集中搅拌混凝土的联合设施。由于它的机械化、自动化程度高,因而生产效率高,并能有效地保证混凝土的质量和节约水泥,所以在大、中型建筑施工现场,大型的水利工程、桥梁工程工地以及混凝土构件厂得到广泛的应用。为推广泵送混凝土施工,实现搅拌、输送、浇筑机械联合作业起着重要的作用。

搅拌站与搅拌楼的区别是:搅拌站生产能力较小,容易拆装,叮用集装箱进行运输,适用于安装在施工现场;搅拌楼体积大、生产率高,只能作为固定式的搅拌装置,适用于产量大的商品混凝土供应站使用。

(三)混凝土搅拌运输车

混凝土搅拌楼(站)所生产的混凝土需要输送到施工现场,并且在输送过程中,混凝土拌和物不得发生分层离析与初凝。混凝土搅拌运输车是适应这一要求的专用机械。随着商品混凝土生产的发展,混凝土搅拌运输车日益增多。

图 6-31 为混凝土搅拌运输车的外形。搅拌运输车由载重汽车底盘与双锥形(梨形)搅拌筒两部分组成。因此,搅拌运输车能按汽车行驶条件运行,并用搅拌筒来满足混凝土在运输过程中的搅拌要求。搅拌运输车是当前国内外广泛使用的混凝土专用运输设备。

图 6-31   混凝土搅拌输送车

1—液压马达;2—水箱;3—支承轴承;4—拌筒;5—两侧支承辊轮;6—进料斗;7—卸料槽

(1) 搅拌装置的工作部分为拌筒,外形为双锥形(梨形),它支撑在不同平面的三个支点上,拌筒轴线对车架(水平线)的倾斜角度为 16°～20°,筒的后部开有斜口,供进料、出料用。因此进料斗、卸料槽均装在料口一端。当拌筒顺时针方向(沿出料端方向看)回转时进行搅拌,拌筒逆时针方向回转时进行卸料。

在拌筒内装有两条螺旋叶片,当拌筒顺时针方向回转时,筒壁和叶片使拌和物处在不断提升与向下翻落的过程中,同时又沿螺旋叶片的螺旋方向(向筒底)运动,而拌筒底部的拌和物因受端部作用又向上做翻滚运动,从而使拌和物受到较强烈的搅拌。

当拌筒反向回转时,螺旋方向向上,螺旋叶片推压混凝土拌和物向上运动,并由料口借助卸料槽卸出筒外。为了便于进料和均匀出料,在料口内安装有导向管,拌和物由导向管内壁进入拌筒,并沿导向管外壁卸出。

(2) 装料与卸料机构安装在拌筒料口的一端,如图 6-32 所示。

图 6-32 中进料斗 1 斗壁的上缘用销轴铰接在支架3 上。进料斗底部的进料口与进料导向管口相贴合,以防止进料时混凝土外溢,进料斗还可以绕铰轴向上

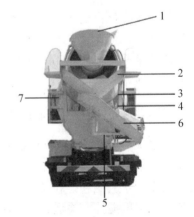

图 6-32   装料与卸料机构

1—进料斗;2—固定卸料槽;
3—支架;4—调节转盘;5—调节杆;
6—活动卸料槽;7—拌筒

翻转，露出拌筒料口，以便清洗拌筒。

在拌筒料口两侧的支架上，安装有固定卸料槽，其下面安装有活动卸料槽。可以通过调节杆 5 改变活动卸料槽的倾斜角。因此，活动卸料槽能适应多种不同卸料位置的要求。

(四)混凝土输送泵车

混凝土输送泵车是在拖式混凝土输送泵的基础上发展起来的一种专用机械设备。混凝土输送泵车是将混凝土的输送和浇筑工序合二为一，节约了时间，节省了劳动力；同时完成水平和垂直运输，省去了起重设备；不需再设混凝土中间转运，保证了混凝土质量；与混凝土搅拌运输车相配合，实现了混凝土输送过程完全机械化，大大提高了运输效率。

混凝土输送泵的泵体多为柱塞式，移动方式分为拖式和自行式两种。自行式又可称为混凝土输送泵车，它的底盘是普通载重汽车，泵体、布料杆、搅拌料斗等都安装在底盘上。搅拌运输车运来的混凝土倾入泵车尾部具有搅拌叶片的承料斗后，经再次搅拌，被分配阀吸入泵体。混凝土在泵压的作用下，经输送管道完成各种复杂工程的直接浇筑作业。如果去掉承料斗下方至布料杆的接管，而接上普通的输送管路，可以进行更远距离的水平输送。

1. 混凝土输送泵车的构造

图 6-33 为混凝土输送泵车的外形。它由载重汽车底盘、柱塞泵、液压折叠臂架、承料斗、布料杆和输料混凝土管道等组成。

图 6-33　混凝土输送泵车外形

混凝土输送泵车上面的布料装置类似一台全液压式的动臂挖掘机。在其臂架上安装着混凝土输送管道，因此，混凝土输送管即可随臂架折叠、变幅和回转。在一定范围内变换浇筑位置、小范围的混凝土摊铺，可直接由人工摆动出口处的橡胶软管来完成。

混凝土泵车上面的布料杆由折叠式臂架、回转盘和输送管路等组成。各臂节间通过空心销轴连接，相邻两节间设驱动双向液压缸，以驱动两节相对转动，而输送管路紧贴臂架安装。

2. 混凝土输送泵车的技术性能及应用

混凝土输送泵车具有三段折叠式臂架，前端装有橡胶软管，上车可以作 360°回转，可在作业范围内的高处、低处和远处进行混凝土的压送与浇筑，其主要技术性能和应用如下。

(1) 可以利用臂架和地面上铺设的管道对高达 110m 的建筑、520m 的水平距离输送混凝土。混凝土排量可达 30m³/min，且操作灵敏，浇筑的混凝土质量好。

(2) 混凝土排量为 85m³/min 时，可满足大规模、多现场施工所需的短时间混凝土浇筑的任务。其发动机具有重荷载、长时间连续运转的耐久性及低速时的持久性。实际上该泵车最大的混凝土排量可达 90m³/min。

(3) 若几台泵车同时使用，可进行大面积的连续浇筑作业，所以它非常适合在混凝土需要量大、质量要求高的工业设备基础、水利堤坝、港湾、隧道、桥梁和高层建筑等各种混凝土浇筑工程上应用。

(五)混凝土喷射机

混凝土喷射机是将混凝土拌和物直接喷向建筑物表面或结构物上，使建筑物表面得到加固或形成新的结构物的一种机械设备。

混凝土喷射技术自 20 世纪 50 年代在地下开拓工程中应用以来，由于它具有机械化程度高、工艺简单、生产效率高等优点，所以在建筑、铁道、矿山等行业的地下、地面的混凝土工程中被广泛采用，并显示出良好的技术性能和经济效益。这种工艺与一般的混凝土浇筑工艺相比，进度快 1～3 倍，节约原材料 40%～50%，工程质量高，成本可降低 30% 以上，可以节约劳动力 60%。当前喷锚支护工艺在地下建筑工程中已成为一种支护形式，尤其是为各种形状的地下、地面混凝土工程提供了一种较为先进的手段，并充分显示出其优越性。

如图 6-34 所示，混凝土喷射机的工作原理：干拌和料从加料斗落下，在电动机 5 的作用下，减速器 2 带动螺旋喂料器空心轴 6 的叶片推动拌和料前进，压缩空气由螺旋叶片空心轴尾部通入，至前端处喷出产生负压，加上锥管 8 输入的压缩空气助吹，将螺旋叶片推来的干拌和料吹出。

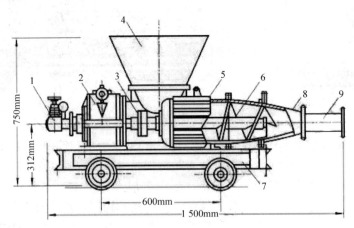

图 6-34　混凝土喷射机

1—主吹风管；2—减速器；3—联轴器；4—加料斗；5—电动机；

6—螺旋喂料器空心轴；7—机架；8—锥管；9—连接管

五、冷链设备

(一)冷链设备的概念及其功用

1．概念

冷链设备就是将生鲜、易腐物品在低温冷藏条件下由产地、捕捞地送至零售卖场、家庭而采用的运输、储存设备的总和。

2．功用

运用冷链设备进行生鲜物品的运输、储存，可以有效控制物品在物流过程中的温度，在保持物品鲜度的同时，还可以减少物品鲜度下降、变色、变质、腐烂等损耗，从而降低经营成本。

(二)常用冷链设备

常用冷链设备有冷库、冷藏车及一些保冷容器(如冷藏箱、保冷背包)等。

1．冷库

冷库一般是指用各种设备制冷并能人为控制和保持稳定低温的设施，如图 6-35 所示。它的基本组成部分是制冷系统、电控装置、有一定隔热性能的库房等。制冷系统主要包括各种制冷设备，它是冷库的心脏，通过其制造冷温保证库房内的冷源供应；电控装置是冷库的大脑，它指挥制冷系统保证冷量供应；具有一定隔热性能的库房是储藏保鲜物品的场所。

图 6-35　冷库

冷库的分类如下。

(1) 按库房容积大小可分为大型、中型和小型。在我国，一般把库容在 1 000t 以上的冷库称为大型库；1 000t 以下、100t 以上的冷库称为中型库；100t 以下的冷库称为小型库。

(2) 按制冷机使用的制冷剂不同,可分为使用氨制冷剂的氨机库和使用氟制冷剂的氟机库。果蔬储藏库一般为氨机库,氨机库又可分为压缩式和吸收式两种。

(3) 按冷库的温度高低可分为低温库和高温库。高温库的最低温度一般在-2℃左右,低温库的温度一般在-18℃以下。一般的,果蔬保鲜库为高温库,水产、肉食类保鲜库为低温库。

(4) 按冷库内冷分配器的形式可分为排管冷库和冷风机冷库。果品蔬菜保鲜一般用冷风机冷库。

(5) 按库房的建筑方式可分为土建冷库、装配冷库和土建装配复合式冷库。

2．冷藏车

冷藏车是在有保温层的封闭式车厢上装有强制冷却装置(即制冷机)的汽车。它能在长时间的运输中使车厢内货物保持一定温度,适用于要求可控低温条件货物的长途运输。

3．冷藏箱

冷藏箱是一种应用广泛的冷链设备,可以在宾馆、医院、汽车、船舶、家庭卧室、客厅等环境中灵活使用。根据制冷机制的不同,冷藏箱有压缩式冷藏箱、半导体式冷藏箱和吸收式冷藏箱三种类型。

(1) 压缩式冷藏箱。压缩式冷藏箱是最常见的种类。它通过压缩机制冷,具有制冷速度较快、耗能较低、品种齐全、制冰能力强等优点,适合家庭使用。

(2) 半导体式冷藏箱。半导体式冷藏箱是利用半导体冷冻晶片进行核心制冷的冷藏箱。它重量轻,既可制冷又可制热,无氟利昂,成本较低,可应用在汽车、船舶等特殊环境中。但由于其制冷、制热效果不理想,有耗能大、使用寿命短的缺陷,目前在市场上还不多见。

(3) 吸收式冷藏箱。吸收式冷藏箱采用吸收式制冷技术,以氨作制冷剂,水作吸收剂,氢或氦作扩散剂,利用热虹吸原理,使制冷系统连续运行,从而达到制冷效果。吸收式冷藏箱适合宾馆、医院、汽车、船舶、家庭卧室等环境和出外旅游时使用。

课堂思考 6-2:

是否可以通过冷链物流建设来解决每年出现的蔬菜瓜果滞销的问题?

复习思考题

一、名词解释

流通加工　　流通加工设备　　包装设备

二、选择题

1. 下列关于流通加工的理解,正确的是(　　　)。

　　A. 流通加工的对象是不进入流通过程的商品,不具有商品的属性,因此流通加工的对象不是最终产品,而是原材料、零配件、半成品

B. 一般来讲，如果必须进行复杂加工才能形成人们所需的商品，那么，这种复杂加工应专设生产加工过程，而流通加工大多是简单加工，不是复杂加工，因此流通加工可以是对生产加工的取消或代替

C. 从价值观点看，生产加工的目的在于创造价值及使用价值，而流通加工则在于完善其使用价值并在不做大改变情况下提高价值

D. 流通加工的组织者是从事流通工作的人，能密切结合流通的需要进行这种加工活动，从加工单位来看，流通加工与生产加工则都由生产企业完成

2. 根据流通加工定义，下列属于流通加工的是(   )。
   A. 某工厂采购布匹、纽扣等材料，加工成时装并在市场上销售
   B. 某运输公司在冷藏车皮中保存水果，使之在运到目的地时更新鲜
   C. 杂货店将购买的西红柿按质量分成每斤1元和每斤2个档次销售
   D. 将马铃薯通过洗涤、破碎、筛分等工艺加工成淀粉

3. 将钢板进行剪板、切裁，钢筋或圆钢裁制成毛坯，木材加工成各种长度及大小的板、方等加工方式是(   )加工。
   A. 生产   B. 来样   C. 来料   D. 流通

4. 下列选项中，不属于实现流通加工合理化的是(   )。
   A. 加工和配套结合   B. 加工和配送分离
   C. 加工和合理运输结合   D. 加工和合理商流向结合

5. 在超市对各类肉末、鸡翅、香肠等上架之前，进行加工，如清洗、贴条形码、包装等，这属于(   )。
   A. 冷冻加工   B. 分选加工   C. 精致加工   D. 分装加工

6. 在使用地区设置集中加工点，将各种煤及一些其他发热物质，按不同配方进行掺配加工，生产出各种不同发热量的燃料，称为(   )。
   A. 除矸加工   B. 煤浆加工   C. 配煤加工   D. 混合加工

7. 我国常用的流通加工形式主要有：剪板加工、集中开木下料、燃料掺配加工、冷冻加工和(   )等。
   A. 产品加工   B. 精制加工   C. 配额加工   D. 库存加工

8. 增值率反映经流通加工后单位产品的增值程度，其计算公式是(   )。
   A. (产品加工后价值−产品加工前价值)/产品加工前价值×100%
   B. 新增利用率=加工后利用率−原利用率
   C. 新增出材率=加工后出材率−原出材率
   D. 品种规格增加率=品种规格增加额/加工前品种规格×100%

9. 在某工作地完成加工的各项任务平均所需经过的时间是指(   )。
   A. 最大流程   B. 平均流程   C. 最大延期量   D. 平均延期量

10. 商品包装根据(   )分为内销包装、出口包装和特殊包装。
    A. 商业经营习惯   B. 包装形状和材料
    C. 防护技术方法   D. 流通领域中的环节

三、问答题

1. 流通加工与普通的生产加工相比有何不同之处?
2. 包装设备在结构上有何特点? 包装设备一般由哪些基本结构组成?
3. 充填机有哪几大类? 各自的计量原理有何不同?
4. 常用的封口机有哪几类? 各适用于什么场合?
5. 不同的木工锯机的共同特点是什么?

第七章

物流信息技术装备

学习目标

- 掌握条码技术、POS 技术、RFID 技术、EDI 技术、GPS 技术;

- 熟悉技术装备的安装、使用及简单维护;

- 了解相关设备的选购方式及常见问题的解决;

- 学会运用所学的基本知识简单操作相关设备。

物流信息技术是现代信息技术在物流各个作业环节中的综合应用，是现代物流区别传统物流的根本标志，也是物流技术中发展最快的领域，尤其是计算机网络技术的广泛应用使物流信息技术达到了较高的应用水平。

根据物流的功能以及特点，物流信息技术包括计算机技术、网络技术、信息分类编码技术、条码技术、RFID(射频识别)技术、EDI(电子数据交换)技术、GPS(全球定位系统技术)、GIS(地理信息系统技术)等。

物流信息技术是物流现代化的重要标志，也是物流技术中发展最快的领域，从数据采集的条码系统，到办公自动化系统中的微机、互联网，各种终端设备等硬件以及计算机软件都在日新月异地发展。同时，我国也加快推进科技自立自强，全社会研发经费支出从一万亿元增加到二万八千亿元，居世界第二位，研发人员总量居世界首位。基础研究和原始创新不断加强，一些关键核心技术实现突破，战略性新兴产业发展壮大，载人航天、探月探火、深海深地探测、超级计算机、卫星导航、量子信息、核电技术、新能源技术、大飞机制造、生物医药等取得重大成果，进入创新型国家行列。

第一节　条 码 技 术

一、条码基础知识

条码技术是随着计算机与信息技术的发展和应用而诞生的，它是集编码、印刷、识别、数据采集和处理于一身的新型技术。

(一)条码的发展史

条码技术最早产生于 20 世纪 20 年代，诞生于威斯汀豪斯(Westinghouse)的实验室里。一位名叫约翰·科芒德(John Kermode)的性格古怪的发明家"异想天开"地想对邮政单据实现自动分拣，那时对电子技术应用方面的每一个设想都使人感到非常新奇。

他的想法是在信封上做条码标记，条码中的信息是收信人的地址，就像今天的邮政编码。为此科芒德发明了最早的条码标识，设计方案非常简单，即一个"条"表示数字"1"，两个"条"表示数字"2"，以此类推。然后，他又发明了由基本的元件组成的条码识读设备：一个扫描器(能够发射光并接收反射光)；一个测定反射信号"条"和"空"的边缘定位线圈；以及测定结果的译码器。

科芒德的扫描器利用当时新发明的光电池来收集反射光。"空"反射回来的是强信号，"条"反射回来的是弱信号。与当今高速度的电子元器件应用不同的是，科芒德利用磁性线圈来测定"条"和空。科芒德采用了一个带铁芯的线圈，在接收到"空"的信号时，线圈吸引一个开关；在接收到"条"的信号时，线圈释放开关并接通电路。因此，最早的条码阅读器噪音很大。开关由一系列的继电器控制，"开"和"关"由打印在信封上"条"的数量决定。通过这种方法，条码符号可直接对信件进行分拣。

直到 1970 年 Interface Mechanisms 公司开发出"二维码"之后，才有了适于销售的二维矩阵条码的打印和识读设备。那时二维矩阵条码用于报社排版过程的自动化。此后不久，随着 LED(发光二极管)、微处理器和激光二极管的不断发展，迎来了新的标识符号(象征学)和其应用的大爆炸，人们称之为"条码工业"。

【**知识拓展 7-1**】条码已经成为当代商业文明最显著的文化标志。1974 年 6 月 26 日，美国俄亥俄州特洛伊市马什超级市场的一位收银员将 10 包黄箭口香糖放在条码扫描器中扫描了一下，收银台自动显示出价格，一个新时代便由此诞生。1996 年 1 月，国家"八五"重点科技攻关项目"交通运输、仓储、物流条码的研究"科技成果鉴定会在北京召开，从此中国的条码技术有了长足的发展。

(二)条码术语

1. 条码的定义

条码是由一组规则排列的"条""空"以及对应的字符组成的标记，"条"指对光线反射率较低的部分，"空"指对光线反射率较高的部分，这些"条"和"空"组成的数据表达一定的信息，并能够用特定的设备识读，转换成与计算机兼容的二进制和十进制信息，如图 7-1 所示。

图 7-1　条码

2. 条码的组成

一个完整的条码一般由左侧空白区(也称静区)、起始符、数据符、中间分隔符(可选)、校验符、终止符、右侧空白区和相应符数据等组成，如图 7-2 所示。

图 7-2　条码组成图

(三)条码的编码原则

对商品进行编码时，应依据以下三个原则。

1. 唯一性

所谓唯一性是指商品项目与其标识代码一一对应，即一个商品项目只有一个代码，一个代码只标识同一商品项目。商品项目代码一旦确定，永不改变，即使该商品停止生产、停止供应，在一段时间内(有些国家规定为 3 年)也不得将该代码分配给其他商品项目。在商品条码系统中，商品及商品价格的差异是靠不同的代码识别的。假如把两种不同价格的商品用同一代码标识，自动识别系统就把它们视为同一种商品，这样不是给顾客造成经济损失，就是给销售商带来经济损失，还会导致销售商和制造商不能准确掌握商品销售信息，使商店自动化系统失去意义。如果同一商品项目有几个代码，自动识别系统将视其为几种不同的商品，这样不仅大大增加数据处理的工作量，而且会造成管理上的混乱。在我国，同一种商品往往由不同的厂家生产，确保相同商品必须有同一代码就显得格外重要。

为此，中国物品编码中心做出规定，凡是获准使用他人注册商标的商品，必须采用商标注册者拥有的厂商代码和商标注册者统一编定的商品项目代码。例如，很多省、市的粮油食品进出口公司经营的罐头食品，均获准使用中国粮油食品进出口公司注册的"长城"牌商标。这些罐头食品不论是哪个厂生产的，都必须使用中国粮油食品进出口公司的厂商代码(1009)和该公司编制的关于罐头食品的商品项目代码。当然这些厂家生产的使用自己注册商标的产品不在其内。唯一的商品项目代码与厂商代码和国别(地区)代码组配在一起(在UPC系统中，商品项目代码与厂商代码和编码系统字符组配使用)，就可保证商品的代码标识在一个国家(地区)乃至世界范围内都是唯一的。唯一性是商品条码编码最重要的一条原则。

2. 无含义

无含义代码是指代码数字本身及其位置不表示商品的任何特定信息。平常说的"流水号"就是一种无含义代码。在EAN(欧洲商品编码)及UPC(通用商品代码)系统中，商品条码编码仅仅是一种识别商品的手段，而不是商品分类的手段。无含义使商品条码编码具有简单、灵活、可靠、充分利用代码容量、生命力强等优点，这种编码方法尤其适合于较大的商品系统。

与无含义代码相对应的是有含义代码，即代码数字本身及其位置能够表示商品特定信息的代码。由于不同种类商品的数量不均衡，而且很难预测新产品的种类与数量，这就给设计有含义代码带来困难，其结果可能是一些商品的代码容量留多了，造成浪费，另一些商品的代码容量留少了，只好占用给其他商品预留的代码。这样一来，有含义代码最终还是变成无含义代码。特别是当企业没有固定的编码人员时，由于对代码含义(如商品分类)理解不同等原因，有含义代码很难长期保持下去。

当然，如果一个企业的产品种类不多，有固定的编码人员和严格的编码制度，有含义代码也是可以使用的，但不提倡。

3. 全数字型代码

文档7-1 条形码

在EAN及UPC系统中，商品条码编码全部采用阿拉伯数字。

(四)条码的分类

1. 按码制分类

1) UPC码

1973年，美国率先在国内的商业系统中应用UPC码之后，加拿大也在商业系统中采用UPC码。UPC码是一种长度固定的连续型数字式码制，其字符集为数字0～9。它采用四种

元素宽度，每个"条"或"空"是 1、2、3 或 4 倍单位元素宽度。UPC 码有两种类型，即 UPC-A 码和 UPC-E 码。

2) EAN 码

1977 年，欧洲经济共同体各国按照 UPC 码的标准制定了 EAN 码，与 UPC 码兼容，而且两者具有相同的符号体系。EAN 码的字符编号结构与 UPC 码相同，也是长度固定的、连续型的数字式码制，其字符集是数字 0~9。它采用四种元素宽度，每个"条"或"空"是 1、2、3 或 4 倍单位元素宽度。EAN 码有两种类型，即 EAN-13 码和 EAN-8 码。

3) 交叉 25 码

交叉 25 码是一种长度可变的连续型自校验数字式码制，其字符集为数字 0~9。它采用两种元素宽度，每个"条"和"空"是宽或窄元素。编码字符个数为偶数，所有奇数位置上的数据以"条"编码，偶数位置上的数据以"空"编码。如果为奇数个数据编码，则在数据前补一位 0，以使数据为偶数个数位。

4) 39 码

39 码是第一个字母数字式码制，1974 年由 Intermec 公司推出。它是长度可比的离散型自校验字母数字式码制。其字符集为数字 0~9、26 个大写字母和 6 个特殊字符("–""。""Space""/""%""￥")，共 42 个字符。每个字符由 9 个元素组成，其中有 5 个"条"(2 个宽条，3 个窄条)和 4 个"空"(1 个宽空，3 个窄空)，是一种离散码。

5) 库德巴码

库德巴码(Code Bar)出现于 1972 年，是一种长度可变的连续型自校验数字式码制。其字符集为数字 0~9 和 6 个特殊字符("–""："""/""。""+""￥")，共 16 个字符。它常用于仓库、血库和航空快递包裹中。

6) 128 码

128 码出现于 1981 年，是一种长度可变的连续型自校验数字式码制。它采用四种元素宽度，每个字符由 3 个"条"和 3 个"空"组成，共 11 个单元元素宽度，又称(11, 3)码。它有 106 个不同的条码字符，每个条码字符有三种含义不同的字符集，分别为 A、B、C。它使用这 3 个交替的字符集可将 128 个 ASCII 码编码。

7) 93 码

93 码是一种长度可变的连续型字母数字式码制，其字符集为数字 0~9、26 个大写字母和 7 个特殊字符("–""。""Space""/""+""%""￥")以及 4 个控制字符。每个字符有 3 个"条"和 3 个"空"，共 9 个元素宽度。

8) 49 码

49 码是一种多行的连续型、长度可变的字母数字式码制，出现于 1987 年，主要用于小物品标签上的符号。它采用多种元素宽度。其字符集为数字 0~9，26 个大写字母和 8 个特殊字符("–""。""Space""/""+""%""￥")、3 个功能键(F1、F2、F3)和 3 个变换字符，共 50 个字符。

2. 按维数分类

1) 一维条码

普通的一维条码自问世以来，很快得到了普及并广泛应用。但是由于一维条码的信息容量很小，如商品上的条码仅能容纳 13 位的阿拉伯数字，更多描述商品的信息只能依赖数据库的支持，离开了预先建立的数据库，这种条码就变成了无源之水，无本之木，因而条码的应用范围受到了一定的限制。

2) 二维条码

除具有普通条码的优点外，二维条码还具有信息容量大、可靠性高、保密防伪性强、易于制作、成本低等优点。美国 Symbol 公司于 1991 年正式推出名为 PDF417 的二维条码，简称为 PDF417 条码，即"便携式数据文件"。PDF417 条码是一种高密度、高信息含量的便携式数据文件，是实现证件及卡片等大容量、高可靠性信息自动存储、携带并可用机器自动识读的条码。

(五)条码的优点

条码是迄今为止最经济、实用的一种自动识别技术。条码技术具有以下几个方面的优点。

(1) 输入速度快。与键盘输入相比，条码输入的速度是键盘输入的 5 倍，并且能实现"即时数据输入"。

(2) 可靠性高。键盘输入数据的出错率为三百分之一，光学字符识别技术的出错率为万分之一，而条码技术的误码率低于百万分之一。

(3) 采集信息量大。利用传统的一维条码一次可采集几十位字符的信息，二维条码更可以携带数千个字符的信息，并有一定的自动纠错能力。

(4) 灵活实用。条码标识既可以作为一种识别手段单独使用，也可以和有关识别设备组成一个系统实现自动化识别，还可以和其他控制设备连接起来实现自动化管理。

另外，条码标签易于制作，对设备和材料没有特殊要求，识别设备操作容易，不需要特殊培训，且设备也相对便宜。

(六)条码的编码方法

条码是利用"条"和"空"构成二进制的"0"和"1"，并以它们的组合来表示某个数字或字符，反映某种信息的，但不同码制的条码在编码方式上却有所不同，一般有以下两种。

1. 宽度调节编码法

宽度调节编码法即条码符号中的"条"和"空"由宽、窄两种单元组成的条码编码方法。按照这种方式编码时，是以窄单元("条"和"空")表示逻辑值"0"，宽单元("条"和"空")表示逻辑值"1"。宽单元通常是窄单元的 2～3 倍。对于两个相邻的二进制数位，由"条"到"空"或由"空"到"条"均存在着明显的印刷界限。39 码、库德巴码及交叉25 码均属宽度调节型条码。下面以交叉 25 码为例，简要介绍宽度调节型条码的编码方法。

交叉 25 码是一种"条""空"均表示信息的连续型、非定长、具有自校验功能的双向条码。它的每一个条码数据符由 5 个单元组成，其中两个是宽单元(表示二进制的"1")，三个窄单元(表示二进制的"0")，如图 7-3 所示。

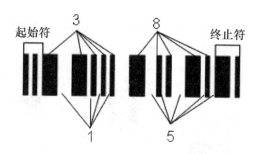

图 7-3　表示 "3185" 的交叉 25 码

2．模块组配编码法

模块组配编码法即条码符号的字符由规定的若干个模块组成的条码编码方法。按照这种方式编码，"条" 与 "空" 是由模块组合而成的。一个模块宽度的 "条" 模块表示二进制的 "1"，而一个模块宽度的 "空" 模块表示二进制的 "0"。

EAN 码、UPC 码均属模块组配型条码。商品条码模块的标准宽度是 0.33mm，它的一个字符由两个 "条" 和两个 "空" 构成，每一个 "条" 或 "空" 由 1～4 个标准宽度的模块组成，每一个条码字符的总模块数为 7。凡是在字符间用间隔(位空)分开的条码，称为非连续型条码。凡是在字符间不存在间隔(位空)的条码，称为连续型条码。

(七)条码的工作原理

1．组成原理

条码是由宽度不同、反射率不同的 "条" 和 "空"，按照一定的编码规则(码制)编制成的，用以表达一组数字或字母符号信息的图形标识符。即条码是一组粗细不同、按照一定的规则安排间距的平行线条图形。常见的条码是由反射率相差很大的黑条(简称 "条")和白条(简称 "空")组成的。

2．条码识别系统的组成及条码的识别原理

由于不同颜色物体反射的可见光的波长不同，如白色物体能反射各种波长的可见光，黑色物体则吸收各种波长的可见光，所以当条形码扫描器光源发出的光经光阑及凸透镜照射到黑白相间的条形码上时，反射光经凸透镜 2 聚焦后，照射到光电转换器上，于是光电转换器接收到与白条和黑条相应的强弱不同的反射光信号，并转换成相应的电信号输出到放大整形电路。白条、黑条的宽度不同，相应的电信号的持续时间长短也不同。但是，由光电转换器输出的与条形码的 "条" 和 "空" 相应的电信号一般仅 10mV 左右，不能直接使用，因而先要将光电转换器输出的电信号用放大器放大。放大后的电信号仍然是一个模拟电信号，为了避免因条码中的疵点和污点导致错误信号，在放大电路后须加一整形电路，把模拟信号转换成数字电信号，以便计算机系统能准确判读，如图 7-4 所示。

整形电路的脉冲数字信号经译码器译成数字、字符信息。它通过识别起始、终止字符来判别出条形码符号的码制及扫描方向；通过测量脉冲数字电信号 0、1 的数目来判别出条和空的数目。通过测量 0、1 信号持续的时间来判别条和空的宽度。这样便得到了被辨读的条形码符号的 "条" 和 "空" 的数目及相应的宽度和所用码制，根据码制所对应的编码规

则，便可将条形符号换成相应的数字、字符信息，通过接口电路送给计算机系统进行数据处理与管理，便完成了条码辨读的全过程。

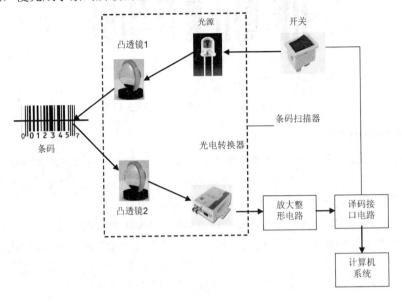

图 7-4　条码识别系统

二、条码识读设备

条码识读设备是用来读取条码信息的设备。它使用一个光学装置将条码的条空信息转换成电平信息，再由专用译码器翻译成相应的数据信息。

(一)条码扫描器

条码扫描器的种类很多，常见的有以下几类。

1. 手持式条码扫描器

手持式条码扫描器(见图 7-5)是 1987 年推出的产品，外形很像超市收款员拿在手上使用的条码扫描器。手持式条码扫描器绝大多数采用 CIS 技术，光学分辨率为 200dpi，有黑白、灰度和彩色多种类型，其中彩色类型一般为 18 位彩色。也有个别高档产品采用 CCD 作为感光器件，可实现 32 位真彩色，扫描效果较好。

2. 小滚筒式条码扫描器

小滚筒式条码扫描器(见图 7-6)是手持式条码扫描器和平台式条码扫描器的中间产品，这种产品绝大多数采用 CIS 技术，光学分辨率为 300dpi，有彩色和灰度两种，彩色类型一般为 24 位彩色。也有少数小滚筒式条码扫描器采用 CCD 技术，其扫描效果明显优于采用 CIS 技术的产品，但由于结构限制，其体积一般明显大于采用 CIS 技术的产品。小滚筒式的设计是将条码扫描器的镜头固定，而移动要扫描的物件通过镜头来扫描，工作时就像打印机那样，要扫描的物件必须穿过机器再送出，因此，被扫描的物体不可以太厚。这种条码扫描器最大的好处就是体积很小，但是使用起来有多种局限，例如，只能扫描薄薄的纸张，范围还不能超过条码扫描器的大小。

图 7-5　手持式条码扫描器

图 7-6　小滚筒式条码扫描器

3．平台式条码扫描器

平台式条码扫描器(见图 7-7)又称平板式条码扫描器、台式条码扫描器。目前，市面上大部分条码扫描器都属于平台式条码扫描器。这类条码扫描器的光学分辨率在 300～8 000dpi，色彩位数从 24 位到 48 位，扫描幅面一般为 A4 或者 A3。平板式产品的好处在于使用时像使用复印机一样，只要把条码扫描器的上盖打开，不管是书本、报纸、杂志、照片底片都可以放上去扫描，相当方便，而且扫描效果也是所有常见类型条码扫描器中最好的。

图 7-7　平台式条码扫描器

4．其他条码扫描器

除以上几种常用的条码扫描器外，还有大幅面扫描用的大幅面条码扫描器、笔式条码扫描器、底片条码扫描器，以及主要用于工业印刷排版领域的滚筒式条码扫描器等。

(二)数据采集器

数据采集器(bar code hand terminal)或称盘点机(见图 7-8)，其具有一体性、机动性、体积小、重量轻、高性能并适于手持等特点。它是将条码扫描装置与数据终端一体化，带有电池可离线操作的终端电脑设备，具备实时采集、自动存储、即时显示、即时反馈、自动处理、自动传输功能，为现场数据的真实性、有效性、实时性、可用性提供了保证。

数据采集器包括中央处理器(CPU)、只读存储器(ROM)、叫读与存储器(RAM)、键盘、屏幕显示器、计算机接口等，配合条码扫描器、电源等配置，手持终端可通过通信座与计算机相连，用于接收或上传数据。运行程序由计算机编辑后下载到手持终端中，可按要求完成相应的功能。

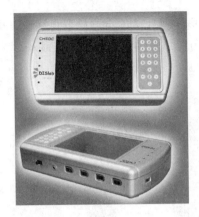

图 7-8　数据采集器

三、二维条码的基本知识

近年来，随着资料自动收集技术的发展，用条码符号表示更多资讯的要求与日俱增，由于二维条码具有高密度、大容量、抗磨损等特点，所以更拓宽了条码的应用领域。

(一)一维条码存在的问题

尽管一维条码有很多优点，如编码简单、信息采集速度快、识别设备简单、成本低廉等，但是也存在一些不足之处，如数据容量较小、只能包含字母和数字、条码尺寸相对较大(空间利用率较低)、条码遭到损坏后便不能阅读、没有纠错能力、保密性差等。

由于受信息容量的限制，传统条码仅仅是对物品的标识，而不是对物品的描述，故传统条码不得不依赖数据库的存在，没有数据库和不便联网的地方，一维条码的使用受到很大的限制，有时甚至变得毫无意义。另外，要用一维条码表示文本信息几乎是不可能的，这在应用文字的场合非常不便，而且效率低。为了解决一维条码的这些问题，从而出现了二维条码。

(二)二维条码的技术特点

1. 二维条码的定义

二维条码最早发明于日本，它是通过某种特定的几何图形按一定规律在平面(二维方向)上分布的黑白相间的图形来记录数据符号信息的；在代码编制上巧妙地利用构成计算机内部逻辑基础的"0""1"比特流的概念，使用若干个与二进制相对应的几何形体来表示文字数值信息，通过图像输入设备或光电扫描设备自动识读以实现信息自动处理。它具有条码技术的一些共性，每种码制有其特定的字符集，每个字符占有一定的宽度，具有一定的校验功能等。它同时还具有对不同行的信息自动识别的功能，以及处理图形旋转变化等特点。

2. 二维条码的种类

二维条码可以分为行排式二维条码和矩阵式二维条码。行排式二维条码在形态上是由多行短一维条码堆叠而成；矩阵式二维条码则以矩阵的形式组成，在矩阵相应元素位置上用"点"表示二进制"1"，用"空"表示二进制"0"，由"点"和"空"的排列组成代码。

1) 行排式二维条码

行排式二维条码，又称堆积式二维条码或层排式二维条码，其编码原理是建立在一维条码基础之上，按需要堆积成两行或多行。它在编码设计、校验原理、识读方式等方面继承了一维条码的一些特点，识读设备与条码印刷与一维条码技术兼容。但由于行数的增加，需要对行进行判定。其译码算法与软件也不完全相同于一维条码。有代表性的行排式二维条码有 Code 49、Code 16K、PDF417 等。其中，Code 49 是 1987 年由 David Allair 博士研制，Intermec 公司推出的第一个二维条码。

2) 矩阵式二维条码

矩阵式二维条码，又称棋盘式二维条码，它是在一个矩形空间通过黑、白像素在矩阵中的不同分布进行编码。在矩阵相应元素位置上，用点(方点、圆点或其他形状)的出现表示二进制"1"，点的不出现表示二进制的"0"，点的排列组合确定了矩阵式二维条码所代表的意义。矩阵式二维条码是建立在计算机图像处理技术、组合编码原理等基础上的一种新型图形符号自动识读处理码制。具有代表性的矩阵式二维条码有 Code One、Maxi Code、QR Code、Data Matrix 等。

在目前几十种二维条码中，常用的码制有 PDF417 二维条码、Data Matrix 二维条码、Maxi Code 二维条码、QR Code、Code 49、Code 16K、Code One 等，除了这些常见的二维条码之外，还有 Vericode 条码、CP 条码、Coda block F 条码、田字码、Ultra code 条码，Aztec 条码。

3. 一维条码与二维条码的差异

一维条码与二维条码的差异可以从资料容量与密度、错误侦测能力及错误纠正能力、垂直方向的资料、主要用途、资料库与网路依赖性、识读设备等项目中看出。

1) 资料容量与密度

一维条码密度低，容量小；二维条码密度高，容量大。

2) 错误侦测能力及错误纠正能力

一维条码可以通过检查码进行错误侦测，但没有错误纠正能力；二维条码有错误检验及错误纠正能力，并可根据实际应用设置不同的安全等级。

3) 垂直方向的资料

一维条码不储存资料，垂直方向的高度是为了识读方便，并弥补印刷缺陷或局部损坏；二维条码携带资料，对印刷缺陷或局部损坏等错误可以纠正并及时恢复资料。

4) 主要用途

一维条码主要用于对物品的标识；二维条码用于对物品的描述。

5) 资料库与网路依赖性

一维条码多数场合须依赖资料库及通信网路的存在；二维条码可不依赖资料库及通信网路的存在而单独应用。

6) 识读设备

一维条码可用线扫描器识读，如光笔、线形 CCD、镭射枪；堆叠式二维条码可用线扫描器的多次扫描，或图像扫描仪识读；矩阵式二维条码则仅能用图像扫描仪识读。

4. 二维条码的应用范围

二维条码具有储存量大、保密性高、追踪性高、抗损性强、备援性大、成本便宜等特性，这些特性特别适用于表单、安全保密、追踪、证照、存货盘点、资料备援等方面。

(1) 表单应用：公文表单、商业表单、进出口报单、舱单等资料的传送交换，减少人工重复输入表单资料，避免人为错误，降低人力成本。

(2) 保密应用：商业情报、经济情报、政治情报、军事情报、私人情报等机密资料的加密及传递。

(3) 追踪应用：公文自动追踪、生产线零件自动追踪、客户服务自动追踪、邮购运送自动追踪、维修记录自动追踪、危险物品自动追踪、后勤补给自动追踪、医疗体检自动追踪、生态研究(动物、鸟类等)自动追踪等。

(4) 证照应用：护照、身份证、挂号证、驾照、会员证、识别证、连锁店会员证等证照的资料登记及自动输入，发挥"随到随读""立即取用"的资讯管理效果。

(5) 盘点应用：物流中心、仓储中心、联勤中心货品及固定资产的自动盘点，发挥"立即盘点、立即决策"的效果。

(6) 备援应用：文件表单的资料若不愿或不能以磁碟、光碟等电子媒体储存时，可利用二维条码来储存备援，携带方便，不怕折叠，保存时间长，又可影印传真，做更多备份。

四、我国物流行业条码应用的现状

当前，条码技术也在局部物流管理领域及部分先进企业获得了较好的应用，作为物流管理的工具，条码的应用主要集中在以下环节。

(一)物料管理

利用条码技术进行物料管理。

(1) 通过将物料编码，并且打印条码标签，不仅便于物料跟踪管理，而且也有助于做到合理的物料库存准备，提高生产效率，便于企业资金的合理运用。对采购的生产物料按照行业及企业规则建立统一的物料编码，从而杜绝因物料无序而导致的损失和混乱。

(2) 对需要进行标识的物料打印其条码标，以便于生产管理中对物料的单件跟踪，从而建立完整的产品档案。

(3) 利用条码技术对仓库进行基本的进、销、存管理，有效地降低库存成本。

(4) 通过产品编码，建立物料质量检验档案，产生质量检验报告，与采购订单挂钩建立对供应商的评价。

(二)生产线物流管理

条码生产线物流管理是产品条码应用的基础，它建立产品识别码。在生产中应用产品识别码监控生产，采集生产测试数据，采集生产质量检查数据，进行产品完工检查，建立产品识别码和产品档案，可有序地安排生产计划，监控生产及流向，提高产品下线合格率。

(1) 制定产品识别码格式，根据企业规则和行业规则确定产品识别码的编码规则，保证产品规则化、唯一化标识。

(2) 建立产品档案，通过产品标识条码在生产线上对产品生产进行跟踪，并采集生产产品的部件、检验等数据作为产品信息，当生产批次计划审核后建立产品档案。

(3) 通过生产线上的信息采集点来控制生产的信息。

(4) 通过产品标识码条码在生产线上采集质量检测数据，以产品质量标准为准绳判定产品是否合格，从而控制产品在生产线上的流向及是否建立产品档案，打印合格证。

(三)分拣运输

铁路运输、航空运输、邮政通信等许多行业都存在货物的分拣搬运问题，大批量的货物需要在很短的时间内准确无误地装到指定的车厢或航班。一个生产厂家如果生产上百个品种的产品，并需要将其分门别类，以送到不同的目的地，那么就必须扩大场地，增加人员，还常常会出现人工错误。解决这些问题的办法就是应用物流标识技术，使包裹或产品自动分拣到不同的运输机上。我们所要做的只是将预先打印好的条码标签贴在发送的物品上，并在每个分拣点装一台条码扫描器。

视频 7-1　自动分拣与条形码应用

(四)仓储保管

在仓储系统，采用条码可以通过应用标识符分辨不同的信息，经过计算机对信息进行处理后，更有利于对商品的采购、保管和销售。

(五)机场通道

当机场的规模达到一个终端要在 2 小时内处理 10 个以上的航班时，就必须实现自动化，否则会因为来不及处理行李导致误机。在自动化系统中，物流标识技术的优势充分体现出来，人们将条码标签按需要打印出来，系在每件行李上。条码标签是一个纸牌，系在行李的手把上。根据国际航空运输协会(IAIA)标准的要求，条码应包含航班号和目的地等信息。当运输系统把行李从登记处运到分拣系统时，一组通道式扫描器(通常由 8 个扫描器组成)包围了运输机的各个侧面：上、下、前、后、左、右。扫描器对准每一个可能放标签的位置，甚至是行李的底部。当扫描器读到条码时，会将数据传输到分拣控制器中，然后根据对照表，行李被自动分拣到目的航班的传送带上。

(六)货物通道

和机场的通道一样，货物通道也是由一组扫描器组成。全方位扫描器能够从所有的方向上识读条码。这些扫描器可以识读任意方向、任意面上的条码，无论包裹有多大，无论运输机的速度有多快，无论包裹间的距离有多小，所有制式的扫描器起作用，决定当前哪些条码需要识读，然后把一个个信息传送给主计算机或控制系统。

货物扫描通道为进一步采集包裹数据提供了极好的机会。新一代的货物通道可以以很高的速度同时采集包裹上的条码标识符、实际的包裹尺寸和包裹的重量信息，且这个过程不需要人工干预。

(七)运动中称量

运动中称量与条码自动识别相结合,把电子秤放在输送机上可以得到包裹的重量而不需中断运输作业或人工处理,使系统能保持很高的通过能力,同时实时提供重量信息,计算净重,检验重量误差,验证重量范围。在高效的物料搬运系统中,运动中称量可以与其他自动化过程,如条码扫描、标签打印及粘贴、包裹分拣、码托盘、库存管理、发运和其他功能集成在一起。

第二节 POS 技术

一、POS 基础知识

随着电子商务的迅速发展,POS 在商业自动化中的地位与作用正在发生巨大的变化。今天的 POS 已不仅用作记账,国外许多用户正在逐渐将它用作客户关系管理、商品促销、多渠道销售等方面的工具。

(一)POS 及 POS 系统的含义

POS(Point Of Sale)是一种多功能终端,把它安装在信用卡的特约商户和受理网点中与计算机连成网络,就能实现电子资金自动转账,它具有支持消费、预授权、余额查询和转账等功能,使用起来安全、快捷、可靠,如图 7-9 所示。

POS 系统即销售时点信息系统,是指通过自动读取设备(如收银机)在销售商品时直接读取商品销售信息(如商品名、单价、销售数量、销售时间、销售店铺、购买顾客等),并通过通信网络和计算机系统传送至有关部门进行分析加工以提高经营效率的系统,如图 7-10 所示。POS 系统最早应用于零售业,以后逐渐扩展至金融、酒店餐饮等服务行业,利用 POS 系统的范围也从企业内部扩展到整个供应链。

图 7-9 POS

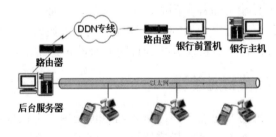

图 7-10 POS 系统

(二)POS 的类型

POS 主要有以下两种类型。

1. 消费 POS

消费 POS 具有消费、预授权、查询支付名单等功能，主要用于特约商户受理银行卡消费。

国内消费 POS 的手续费如下。

(1) 航空售票、加油、大型超市一般扣率为消费金额的 0.5%。

(2) 药店、小超市、批发部、专卖店、诊所等 POS 刷卡消费额不高的商户，一般扣率为消费金额的 1%。

(3) 宾馆、餐饮、娱乐、珠宝首饰、工艺美术类店铺一般扣率为消费金额的 2%。

(4) 房地产、汽车销售类商户一般扣率为固定手续费，按照 POS 消费刷卡笔数扣收，每笔按规定不超过 40 元。

2. 转账 POS

转账 POS 具有财务转账和卡卡转账等功能，主要用于单位财务部门。

(三)POS 结算的步骤

通过 POS 系统结算时应经过下列步骤。

(1) 地方易货代理或特约客户的易货出纳系统，将买方会员的购买或消费金额输入到 POS 终端。

(2) 读卡器(POS 机)读取易货卡上磁条的认证数据、买方会员号码(密码)。

(3) 结算系统将所输入的数据送往中心的监管账户。

(4) 易货出纳系统对处理的结算数据确认后，由买方会员签字。买卖会员及易货代理或特约商户各留一份收据存根，易货代理或特约商户将其收据存根邮寄到易货公司。

(5) 易货公司确认买方已收到商品或服务后，结算中心划拨易换额度，完成结算过程。

(四)POS 系统的网络功能

ECR(Efficient Consumer Response)即"快速客户反应"，它是在商业、物流管理系统中，经销商和供应商为降低甚至消除系统中不必要的成本和费用，给客户带来更大效益，而利用信息传输系统或互联网进行密切合作的一种战略。

实施快速客户反应这一战略思想，需要将条码自动识别技术、POS 系统和 EDI 技术集成起来，在供应链(由生产线直至付款柜台)之间建立一个无纸的信息传输系统，以确保产品能不间断地由供应商流向最终客户。同时，信息流能够在开放的供应链中循环流动，既满足客户对产品和信息的需求，也给客户提供最优质的产品和适时准确的信息，又满足生产者和经销者对消费者消费倾向等市场信息的需求，从而更有效地将生产者、经销者和消费者紧密地联系起来，降低成本，提高效益。

要实施 ECR 战略，目前只有中高档次的机型具备联网功能，由丁 ECR 的硬件环境不具备开放性，而且软件数据量比较小，因此 ECR 一般采用专用网络形式，即通过收款机本身的接口、多用户卡实现与收款机之间或与一台上位机(微机)的连接，完成收款机与收款机之间、收款机与上位机之间的数据传输。

(五)POS 系统实现后的价值

POS 系统节约了原来用于手写、保管各种单据的人工成本和时间成本；简化了操作流程，提高了基层员工的工作效率和积极性；提高了工作人员的正确性，省略了手工核对的工作量；各级主管从繁重的传统式经营管理中解脱出来，并且有更多的时间从事于管理工作，工作重心逐渐转到管理上来，进一步提高了工作效率；采购人员利用查询和报表，更直接、有效地获得商品情况，了解到商品是否畅销和滞销；销售人员根据商品的销售情况进行分析，以进行下一次的销售计划；财务人员能更加清楚地了解库存情况、账款余额、毛利贡献等财务数据，通过更好地控制成本和费用，提高资金周转率；管理者能把握住商品的进销存动态，可对企业各种资源的流转进行更好的控制和发展。

课堂思考 7-2：

POS 系统与条码技术是怎样结合应用的？

二、POS 基本介绍

POS 具有外形小巧，方便布放的特点，并具有显示、键盘输入、磁卡阅读、IC 卡阅读、票据打印等多种输入/输出手段，便于商户操作员掌握使用。

在使用方便的同时，由于 POS 终端及 POS 系统的专有性，POS 又能极大程度地保障持卡人资金安全，具有交易速度快、效率高等特点。

(一)POS 的物理构成

POS 通常由 POS 主机、密码键盘、打印机和电源四个主要部分组成，如图 7-11 所示。

(1) POS 主机：是一台微型电脑。内部由 CPU、存储器、内置的调制解调器和各种接口构成，外部设有磁卡读卡器、键盘、显示器。其主要功能是控制 POS 系统的各个外部设备，并负责与银行主机相连，对各类交易进行处理。

(2) 密码键盘：主要用于持卡人输入其密码和对密码的加密处理。内部有符合 ANSI X9.8 标准的加密模块和自毁存储器。密码键盘和主机通过 RS-232 通信口相连。为适应 IC 卡的使用，一些新出品的密码键盘还安装了 IC 卡和 SAM 卡读写器。

图 7-11 POS

(3) 打印机：用于打印 POS 交易的各种凭证，一般采用 9 针串行点阵式打印机和热敏打印机。

(4) 电源：负责整个系统的电力供应。有内置电源和外置电源两种，通过变压、整流、滤波、稳压、比较、检测等电路，把 220V 交流电变为 POS 机各功能电路的供电电压。

(二)POS 的种类

常见的 POS 分类方式有以下几种。

(1) 按结构，可以分为一体机和分体机两大类。一体机即密码键盘和主机通过电气信号连接，通信线限制在 1～2m 范围内，适合于大型商场、超市等场合；分体机即密码键盘(也称手机)可以拿起也可以放在座机上进行密码、金额输入等操作，不受空间距离的限制，适合于宾馆、酒店、餐厅等场合。

(2) 按通信方式，可以分为无线 POS 和有线 POS。无线 POS 不仅包括将 GSM、GPRS、CDMA 作为接入方式的销售终端，而且包括通过红外和无线局域网(IEEE 802.11)技术组成的母子 POS 系统的终端；而有线 POS 可以根据互联方式分成通过公共交换电话网(Public Switch Telephone Network，PSTN)和通过分组网络的两种类型。

(3) 按工作方式，可以分为在线式和离线式。在线式 POS 又包括简单的读卡器和桌面终端式 POS；离线式 POS 指手持式 POS，具有体积小、灵活性好的特点。

(三)POS 机功能简介

POS 机的交易功能根据其是否需要与收单机构主体或者银联中心联通而分为脱机功能和联机功能，本节只对 POS 机各项功能进行简要介绍。

1. 脱机功能介绍

脱机功能是指 POS 机在不与收单机构主体或者银联中心联通的情况下自身具有的功能，如增加操作员、重新打印票据等。脱机功能因 POS 机种类、型号、供应商提供软件的不同而有所区别。

(1) 查询交易流水功能：该功能可以查询本台 POS 机的交易流水和小记，也可以根据交易流水或卡号进行查询，收银员根据 POS 机界面的功能菜单，选择"查询流水"，再选择按何种方式进行查询即可。

(2) 柜员功能：收银员根据 POS 机界面的功能菜单，选择"增加、删除 POS 操作员、修改密码"等功能，并按照 POS 机屏幕上的操作提示进行操作即可。增加、删除 POS 操作员、修改密码等功能须主管用户才有权进行操作。

(3) 重打印功能：可重打印票据、重打印结算单、打印全部流水等。

2. 联机功能介绍

联机功能是指 POS 机必须在与收单机构主体或者银联中心联通的情况下才可以实现的功能。联机功能又可以按照交易类型的不同分为非金融类交易和金融类交易两种。非金融类交易指不涉及资金的交易，如签到、签退等；金融类交易指与资金及授权有关的交易，如消费、授权、撤销等。

三、POS 机选购指南

现在开办超市、商场、连锁店时，收银系统已经是必不可少的采购设备。那么，要选购什么样的收款机才合适呢？下面介绍选购 POS 机时的一些注意事项。

(一)考虑需求、结构

企业在选择产品的结构时，首先应根据自身业态考虑需求。超级市场应采用摆放灵活的分体 POS 收款机；专卖店、便利店应采用简洁的一体机；百货商场、购物中心可根据空间进行选择。

选择时要考虑所运行的前台软件的系统平台，如果前台软件在 DOS 平台运行，则对收款机的 CPU、内存、硬盘的要求比较低。如果前台软件在 Windows 8、Windows 10 等平台下运行，CPU 主频最好超过 500MHz，外频不低于 100MHz，内存大于 64M，否则可能因成本配置太高而加大无用成本，也可能因配置太低而无法保证前台软件正常运行。同时还应考虑 CPU 的功耗，普通 CPU 的功耗要超过 30W，而低功耗 CPU 的功耗低于 10W。CPU 是收款机中的重要热源，如果温度过高，散热不良，可能造成收款机死机，因此应选择低功耗的 CPU。

(二)考察性能、质量

产品本身的性能和质量是收款机的重要指标，企业购买时应关注的性能指标有：主板的外部总线、外部接口能力，CPU 的主频、功耗，整机功耗和散热设计。

现在收款机的主板有多种，外部总线带宽有 33MHz、66MHz、100MHz、133MHz 等，外部总线带宽越高，收款机运行的速度越快。

目前收款机的主板大部分有四个以上串口，一个或两个并口、与钱箱连接的端口、以太网口、键盘口、鼠标口、USB 口等。由于商业企业的需求会经常变化，常常需要扩展收款机功能，因此应选择外部接口多的产品。

在考虑产品结构时已经涉及 CPU 的主频、功耗，如果不是特殊业务的需要，低功耗的 CPU 就可以满足。

收款机运作最重要的是稳定性，如果死机则会延长顾客的等候时间。因此，应尽量选择整机功耗低的产品，尽可能避免死机的状况发生。同时，要考虑整机的散热设计，特别是在南方高温区。

(三)考核价格、成本

产品的成本通常包括购买成本和使用成本。目前，国内市场上的国际品牌收款机主要有 IBM、NCR、富士通等；国产品牌有桑达、海信、邮通、英泰、川田等，以及台湾地区的品牌拍挡、飞恋、宝获利等。内地品牌机和台湾地区的产品的价格在 9 000～12 000 元，进口机的价格差别比较大，可能在 15 000～30 000 元。应该说，国外名牌的品质要好一些，但差距不是很大。POS 机的故障主要出现在打印机、主板和键盘，现在 POS 机的打印机主流采用 EPSON(爱普生)的产品，品质不存在问题；主板大多采用高可靠的专用 POS 主板，产品具有较高的可靠性。因此，对于资金实力不是很雄厚的企业，性价比较高的国产机是较好的选择。

收款机的打印纸、色带等耗材成本作为每天都在产生的费用，也是在选用收款机时要考虑的问题。另外，从使用成本方面考虑，通常应选用简单易用的设备和软件。因为收款员的流动性较大，经常出现新手，如果所选产品的操作很复杂(包括应用软件)，无形中会增加使用的难度和培训的时间。同时，如果收款机的操作复杂，收款员在收款过程中效率就会降低，顾客的等待时间就会加长，收款员的劳动强度也会随之加大。

任何机械性的产品在达到一定的使用期后都需要进行一定的保养和维护，所以购买产品前一定要考虑维护成本。一般来说，进口品牌的维护成本较高，内地主流厂商产品的维护成本较低。一般产品第二年的维护费用(材料加人工)约占采购价的 8%，第三年约占采购价的 12%，第四年和第五年约占采购价的 15%～20%。按照 5 年的使用时间计算，总的设备维修维护费用应该在采购价格的 0.5 倍以上，进口产品可能会更高。因此，商家在采购收款机时应该充分考虑维护成本。

四、POS 机在物流管理中的应用

随着电子商务的蓬勃发展，物流行业在这几年得到了井喷式发展。物流企业间的竞争也越来越激烈，如今货到付款成为主流，POS 机在物流中的应用也变得越来越多。

在物流管理中，信息系统越来越强化物流企业和货主之间的连接，以实现高品质服务和低成本的运作。电子商务的发展不仅对建立集信息流、商流、资金流和物流于一体的新型物流配送中心提出了更高的要求，而且其在代收款的资金安全性、收款效率以及资金周转率等方面提出了更高的要求。对此，推广手持式数据终端(移动 POS 机)和条形码在流通领域的应用，既可以实现高质量的配送管理，又可对配送中心的货物进行随时动态追踪管理，并可以根据所获知的数据进行市场分析和市场预测等方面的信息支持。

随着物流公司对订单信息处理能力、订单信息的反馈情况、资金周转率和资金安全性等能力提高需求越来越高。在目前物流系统中，订单的录入是通过条形码的录入，以便减小人工误差；订单信息的反馈情况基本通过网点入库反馈，效率不高；取单收费方式主要是通过现金支付，这样资金安全性和资金周转率都不高。手持 POS 机集成刷卡消费、条码扫描订单录入、GPRS 联网等多种功能。

使用手持 POS 机接入物流系统有以下优势。

(1) 丰富了客户的付款方式，由现金支付变成了现金、银行卡和信用卡三种支付方式。

(2) 有刷卡消费可以带来冲动型消费，发掘公司掘潜在客户，给公司带来直接利润。

(3) 使用手持 POS 机可以提高资金的周转率以及资金的安全性。

(4) 手持 POS 机可以通过无线联网将订单消息及时反馈到公司。

(5) 自带条码扫描功能，不仅减小了订单录入中的人工输入步骤，减小录入误差，而且在入库操作中也可以用 POS 机替代录入设备的录入功能，减少购买录入设备的设备开支。

因此，在物流系统中手持 POS 机终端已经成为必不可少的设备，并且在物流系统中发挥越来越大的作用。

同时，手持 POS 机的推广对银行也有十分重要的意义。物流代收款可以产生大量的现金流，例如在 2011 年联昊通物流 COD 交易额就高达 248 亿。对于银行来说，可以大大提高银行的收单利润，银行就针对代收款环节的电子支付以及终端信息采集类服务(如取件、派件、任务下发等)可以收取大笔手续费。还有就是在物流代收款过程中存在广泛的授信需求，由于物流行业的快速发展，物流商户数量众多，这样就可以针对某一区域集中发卡，既扩大了银行的发卡量又满足了客户的授信需求。

第三节　RFID 技术

一、RFID 基础知识

视频 7-2　RFID 技术与应用

RFID 是一种新兴的自动识别技术，其优越的性能特点使其将取代条码，并将在物流领域发挥重要作用。

(一)RFID 概述

1．射频

射频(Radio Frequency，RF)，是指可传播的电磁波。每秒变化小于 1 000 次的交流电称为低频电流，大于 10 000 次的称为高频电流，而射频就是这样一种高频电流。

2．RFID 技术

无线射频识别技术(Radio Frequency Identification，RFID)是一种非接触的自动识别技术，其基本原理是利用射频信号和空间耦合(电感或电磁耦合)或雷达反射的传输特性，实现对被识别物体的自动识别。

3．RFID 系统组成

RFID 系统至少应包括以下部分，一是读写器，二是电子标签(或称射频卡、应答器等)，另外还应包括天线、主机等。在具体的应用过程中，根据不同的应用目的和应用环境，RFID 系统的组成会有所不同。但从 RFID 系统的工作原理来看，系统一般都由信号发射机、信号接收机、编程器和天线等几部分组成，如图 7-12 所示。

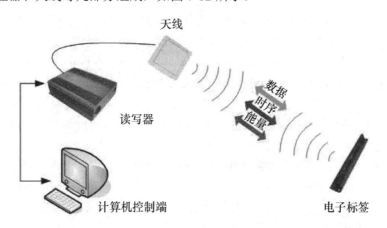

图 7-12　RFID 系统组成

1) 信号发射机

在 RFID 系统中，信号发射机为了不同的应用目的，会以不同的形式存在，典型的形式是标签(tag)。标签相当于条码技术中的条码符号，用来存储需要识别、传输的信息，另外，与条码不同的是，标签必须能够自动或在外力的作用下，把存储的信息主动发射出去。标签一般是带有线圈、天线、存储器与控制系统的弱电集成电路。按照不同的分类标准，标签有许多不同的分类。

(1) 主动式标签与被动式标签。

在实际应用中，必须给标签供电才能工作，虽然它的电能消耗非常低(一般是百万分之一毫瓦级别)。按照标签获取电能的方式不同，可以把标签分成主动式标签与被动式标签。主动式标签内部自带电池进行供电，它的电能充足，工作可靠性高，信号传送的距离远。另外，主动式标签可以通过控制电池的电量来对标签的使用时间或使用次数进行限制，它可以用在需要限制数据传输量或者使用数据有限制的地方。例如，一年内，标签只允许读写有限次。主动式标签的缺点主要是标签的使用寿命受到限制，而且随着标签内电池电力的消耗，数据传输的距离会越来越小，影响系统的正常工作。

被动式标签内部不带电池，要靠外界提供能量才能正常工作。被动式标签典型的产生电能的装置是天线与线圈，当标签进入系统的工作区域，天线接收到特定的电磁波，线圈就会产生感应电流，再经过整流电路给标签供电。被动式标签具有永久的使用期，常常用在标签信息需要每天读写或频繁读写多次的地方，而且被动式标签支持长时间的数据传输和永久性的数据存储。被动式标签的缺点主要是数据传输的距离要比主动式标签小。因为被动式标签依靠外部的电磁感应而供电，电能比较弱，数据传输的距离和信号强度因此会受到限制，需要敏感性比较高的信号接收器(阅读器)才能可靠识读。

(2) 只读标签与可读可写标签。

根据内部使用存储器类型的不同，标签可以分成只读标签与可读可写标签。只读标签内部只有只读存储器 ROM(Read Only Memory) 和随机存储器 RAM(Random Access Memory)。ROM 用于存储发射器操作系统说明和安全性要求较高的数据，它与内部的处理器或逻辑处理单元完成内部的操作控制功能，如响应延迟时间控制、数据流控制、电源开关控制等。另外，只读标签的 ROM 中还存储有标签的标识信息。这些信息可以在标签制造过程中由制造商写入 ROM 中，也可以在标签开始使用时由使用者根据特定的应用目的写入特殊的编码信息。这种信息可以只简单地代表二进制中的"0"或者"1"，也可以像二维条码那样，包含复杂的相当丰富的信息。但这种信息只能是一次写入，多次读出。只读标签中的 RAM 用于存储标签反应和数据传输过程中临时产生的数据。另外，只读标签中除了 ROM 和 RAM 外，一般还有缓冲存储器，用于暂时存储调制后等待天线发送的信息。

可读可写标签内部的存储器除了 ROM、RAM 和缓冲存储器之外，还有非活动可编程记忆存储器。这种存储器除了用于存储数据外，还具有在适当的条件下允许多次写入数据的功能。非活动可编程记忆存储器有许多种，EEPROM(电可擦除可编程只读存储器)是比较常见的一种，这种存储器在加电的情况下，可以实现对原有数据的擦除以及数据的重新写入。

(3) 标识标签与便携式数据文件。

根据标签中存储器数据存储能力的不同，可以把标签分成仅用于标识目的的标识标签与便携式数据文件两种。对于标识标签来说，为了识别的目的或者是进入信息管理系统中的数据库，把一个或多个数字字母字符串存储在标签中，条码技术中标准码制的号码，如

EAN/UPC 码，或者混合编码，或者标签使用者按照特别的方法编的号码，都可以存储在标识标签中。标识标签中存储的只是标识号码，用于对特定的标识项目，如人、物、地点进行标识，关于被标识项目的详细特定的信息，只能在与系统相连接的数据库中进行查找。

便携式数据文件可在标签中存储的数据非常大，可以看作是一个数据文件。这种标签一般都是用户可编程的，标签中除了存储标识码外，还存储有大量的被标识项目的其他相关信息，如包装说明、工艺过程说明等。在实际应用中，关于被标识项目的所有信息都是存储在标签中的，读标签就可以得到关于被标识项目的所有信息，而不用再连接到数据库进行信息读取。另外，随着标签存储能力的提高，可以提供组织数据的能力，在读标签的过程中，可以根据特定的应用目的控制数据的读出，实现在不同的情况下读出的数据部分不同。

2) 信号接收机

在 RFID 系统中，信号接收机一般被称为阅读器。根据支持的标签类型不同与完成的功能不同，阅读器的复杂程度是显著不同的。阅读器基本的功能就是提供与标签进行数据传输的途径。另外，阅读器还提供相当复杂的信号状态控制、奇偶错误校验与更正功能等。标签中除了存储需要传输的信息外，还必须含有一定的附加信息，如错误校验信息等。识别数据信息和附加信息按照一定的结构编制在一起，并按照特定的顺序向外发送。阅读器通过接收到的附加信息来控制数据流的发送。一旦到达阅读器的信息被正确地接收和译解后，阅读器通过特定的算法决定是否需要发射机对发送的信号重发一次，或者直到发射机停止发信号，这就是"命令响应协议"。使用这种协议，即便在很短的时间、很小的空间阅读多个标签，也可以有效地防止"欺骗问题"的产生。

3) 编程器

只有可读可写标签系统才需要编程器。编程器是向标签写入数据的装置。编程器写入数据一般来说是离线(Off-Line)完成的，也就是预先在标签中写入数据，等到开始应用时直接把标签粘附在被标识项目上。也有一些 RFID 应用系统，写数据是在线(On-Line)完成的，尤其是在生产环境中作为交互式便携数据文件来处理时。

4) 天线

天线是标签与阅读器之间传输数据的发射、接收装置。在实际应用中，除了系统功率，天线的形状和相对位置也会影响数据的发射和接收，需要专业人员对系统的天线进行设计、安装。

4. RFID 技术的优势和劣势

1) 优势

(1) 快速扫描：条码识别一次只能有一个条码受到扫描；而 RFID 辨识器可同时辨识、读取数个 RFID 标签。

(2) 体积小型化、形状多样化：RFID 在读取上并不受尺寸大小与形状限制，不需为了读取精确度而配合纸张的固定尺寸和印刷品质。此外，RFID 标签更可往小型化与多样形态发展，以应用于不同产品。

(3) 抗污染能力和耐久性：传统条码的载体是纸张，因此容易受到污染，但 RFID 对水、油和化学药品等物质具有很强的抵抗性。此外，由于条码是附于塑料袋或外包装纸箱上的，所以特别容易受到折损；RFID 卷标是将数据存在芯片中，因此可以免受污损。

(4) 可重复使用：现今的条码印刷上去之后就无法更改，RFID 标签则可以重复地新增、修改、删除 RFID 卷标内储存的数据，方便信息的更新。

(5) 穿透性和无屏障阅读：在被覆盖的情况下，RFID 能够穿透纸张、木材和塑料等非金属或非透明的材质，并能够进行穿透性通信。而条码扫描机必须在近距离而且没有物体阻挡的情况下，才可以辨读条码。

(6) 数据的记忆容量大：一维条码的容量是 50 字符，二维条码最多可储存 2~3 000 字符(bytes)，RFID 最大的容量则有数兆字节。随着记忆载体的发展，数据容量还有不断扩大的趋势。未来物品所需携带的资料量会越来越大，对卷标所能扩充容量的需求也相应增加。

(7) 安全性：由于 RFID 承载的是电子式信息，其数据内容可经由密码保护，使其内容不易被伪造及变造。近年来，RFID 因其所具备的远距离读取、高储存量等特性而备受瞩目。它不仅可以帮助企业大幅提高货物、信息管理的效率，还可以让销售企业和制造企业互联，从而更加准确地接收反馈信息，控制需求信息，优化整个供应链。

2) 劣势

(1) 技术上尚未完全成熟。根据自动 ID 中心所做的一项调查显示，即使贴上双重卷标，RFID 卷标牌仍有 3%无法判读；只贴一个标签的吊牌则只有 78%正确判读。此外，射频识别标签与读取机具有方向性及射频识别信号容易被物体所阻断，亦为射频辨识技术未来发展的一大挑战。

(2) 国际标准的制定与推行问题。标准化是推动产品广泛获得市场接受的必要措施，但射频识别读取机与标签的技术仍未见统一，因此无法一体适用。而不同制造商所开发的卷标通信协议适用于不同的频率，且封包格式不一。就目前来看，现在普遍使用的低频 134kHz 和高频 13.56MHz 因传输距离不够长而限制了阅读器和 RFID 标签间的传输距离，使得若干标签不能有效地被读取，而跨越 UHF 频段的最大问题是现有的绝大多数 RFID 系统和卷标供货商以及设备无法支持 UHF 频段。

(3) 成本问题。RFID 系统不论是卷标、读取器和天线可望随着各大企业的应用而使制造成本大幅降低，但著名顾问公司麦肯锡分析指出，因为这项技术还需进行企业资源规划(ERP)软件升级，而这部分可能花费不薄。

(4) RFID 的大规模应用还涉及工人失业、隐私保护以及安全问题。正因为如此，目前的 RFID 技术要想在对信息有保密要求的领域展开应用还存在着障碍。

5. RFID 的应用领域

(1) 物流：物流过程中的货物追踪、信息自动采集、仓储应用、港口应用、邮政、快递。

(2) 零售：商品的销售数据实时统计、补货、防盗。

(3) 制造业：生产数据的实时监控、质量追踪、自动化生产。

(4) 服装业：自动化生产、仓储管理、品牌管理、单品管理、渠道管理。

(5) 医疗：医疗器械管理、病人身份识别、婴儿防盗。

视频 7-3　无线射频识别母婴配对系统

(6) 身份识别：电子护照、身份证、学生证等各种电子证件。

(7) 防伪：贵重物品(烟、酒、药品)的防伪、票证的防伪等。

(8) 资产管理：各类资产(贵重的或数量大、相似性高的或危险品等)。

(9) 交通：高速不停车、出租车管理、公交车枢纽管理、铁路机车识别等。

(10) 食品：水果、蔬菜、生鲜、食品等保鲜度管理。

(11) 动物识别：驯养动物、畜牧牲口、宠物等识别管理。

(12) 图书馆：书店、图书馆、出版社等应用。

(13) 汽车：制造、防盗、定位、车钥匙。

(14) 航空：制造、旅客机票、行李包裹追踪。

(15) 军事：弹药、枪支、物资、人员、卡车等识别与追踪。

【知识拓展 7-2】我国铁路的车辆调度系统是应用 RFID 最成功的案例。铁道部在中国铁路车号自动识别系统建设中，推出了完全拥有自主知识产权的远距离自动识别系统。在 20 世纪 90 年代中期，国内有多家研究机构参与了该项技术的研究，在多种实现方案中最终确定了 RFID 技术为解决"货车自动抄车号"的最佳方案。铁道部在采用 RFID 技术以后，实现了统计的实时化、自动化，降低了管理成本，提高了资源利用率。据统计，每年的直接经济效益可以达到 3 亿多元。这是国内采用 RFID 唯一的一个全国性网络，但是美中不足的是，这个系统目前还是封闭的，无法和其他系统相连接。如果这个系统开放，将有利于推动整个物流行业的信息化和标准化，有利于像 RFID 这样的技术得到更有效的应用，有利于物流的整合。

(资料来源：RFID 世界网，www.iotworld.com.cn)

课堂思考 7-3：

选择一个 RFID 的应用领域，分析使用 RFID 技术后能够带来的变化？

(二)RFID 识读原理

在 RFID 系统的基本模型中，电子标签又称为射频标签、应答器、数据载体；阅读器又称为读出装置、扫描器、通信器、读写器(取决于电子标签是否可以无线改写数据)。电子标签与阅读器之间通过耦合元件实现射频信号的空间(无接触)耦合，在耦合通道内，根据时序关系，实现能量的传递、数据的交换。

发生在阅读器和电子标签之间的射频信号的耦合类型有两种。

(1) 电感耦合：为变压器模型，通过空间高频交变磁场实现耦合，依据的是电磁感应定律。电感耦合方式一般适合于中、低频工作的近距离射频识别系统。典型的工作频率有 125kHz、225kHz 和 13.56MHz。识别作用距离小于 1m，典型作用距离为 10～20cm。电磁反向散射耦合方式一般适合于高频、微波工作的远距离射频识别系统。典型的工作频率有 433MHz、915MHz、2.45GHz、5.8GHz。识别作用距离大于 1m，典型作用距离为 3～10m。

(2) 电磁反向散射耦合：为雷达原理模型，发射出去的电磁波碰到目标后反射，同时携带回目标信息，依据的是电磁波的空间传播规律。

(三)RFID 工作频率的分类

不同频段的 RFID 产品会有不同的特性,下面详细介绍无源的感应器在不同工作频率下的特性以及主要的应用。

目前定义 RFID 产品的工作频率有低频、高频和甚高频。不同频段的 RFID 产品会有不同的特性。

1. 低频(工作频率为 125~134kHz)

RFID 技术首先是在低频得到广泛应用和推广的。该频率下主要是通过电感耦合的方式进行工作,也就是在读写器线圈和感应器线圈间存在着变压器耦合作用。通过读写器交变场的作用在感应器天线中感应的电压被整流,可作供电电压使用。

其主要应用如下。

(1) 畜牧业的管理系统。

(2) 汽车防盗和无钥匙开门系统。

(3) 马拉松赛跑系统。

(4) 自动停车场收费和车辆管理系统。

(5) 自动加油系统。

(6) 酒店门锁系统。

(7) 门禁和安全管理系统。

2. 高频(工作频率为 13.56MHz)

在高频下,感应器不再需要线圈进行绕制,可以通过腐蚀或者印刷的方式制作天线。感应器一般通过负载调制的方式进行工作。也就是通过感应器上的负载电阻的接通和断开促使读写器天线上的电压发生变化,实现用远距离感应器对天线电压进行振幅调制。如果人们通过数据控制负载电压的接通和断开,那么这些数据就能够从感应器传输到读写器。

其主要应用如下。

(1) 图书管理系统。

(2) 瓦斯钢瓶的管理。

(3) 服装生产线和物流系统的管理。

(4) 三表预收费系统。

(5) 酒店门锁的管理。

(6) 大型会议人员通道系统。

(7) 固定资产的管理系统。

(8) 医药物流系统的管理。

(9) 智能货架的管理。

3. 超高频(工作频率为 860~960MHz)

超高频系统通过电场来传输能量。电场的能量下降得不是很快,但是读取的区域不是很好进行定义。该频段读取距离比较远,无源可达 10m 左右,主要是通过电容耦合的方式实现。

其主要应用如下。

(1) 供应链上的管理。

(2) 生产线自动化的管理。

(3) 航空包裹的管理。

(4) 集装箱的管理。

(5) 铁路包裹的管理。

(6) 后勤管理系统。

二、RFID 设备选购指南

购买 RFID 设备的企业除了要了解所使用的 RFID 系统对读写器的要求,还要了解通用读写器的特点。每个企业都要根据自己在供应链中所处的位置,以及安装 RFID 读写器的目的和位置来确定读写器的型号。

(一)成本预算

企业必须计算需要投入的所有成本,除了设备费用外,天线、天线电缆和网络电缆的费用都应该计入安装费中。另外,许多用户为了向读写器供电,还要安装电源。当然,还需要购买对读写器起监控作用的软件。

(二)选用智能读写器还是傻瓜读写器

首先,用户应该在智能读写器和傻瓜读写器之间做出选择,智能读写器可以读取不同频率的标签信息,同时具有过滤数据和执行指令的功能;而傻瓜读写器的功能较少但价格便宜。在具体操作中,有时需要多个读写器读取单一型号的标签信息,例如,读取传送装置上的标签信息,这时可以选用功能较简单的读写器。但是如果零售商的产品来自不同的供货商,这时就需要使用智能读写器获取不同标签中的货物信息。

随着处理数据的增多,终端用户使用智能读写器的数量也在增加,有些智能读写器不但可以过滤数据而且还可以储存数据。有些智能读写器具有先进的过滤能力,它将数据处理以后,保留有用的信息。例如,贴有标签的托盘通过读写器时,由于现场拥挤,必须不止一次地让读写器读取标签信息,但读写器向库存管理系统输入标签 ID 号的次数只有一次。

还有些智能读写器具有通过运行应用软件执行过滤命令的功能,例如,有些零售商在收货区装有具有声光报警的读写器,如果读写器读到刚购进的货物上的标签信息,但是这些货物并不在销售货架上,那么读写器就会报警,店员听到报警后就会马上将货物放到销售货架上。

在购买读写器前,必须进行多方面的考虑。毫无疑问,购买傻瓜读写器会节约不少成本,但是随着应用软件的升级,傻瓜读写器却不能满足多功能的需要,在购买读写器前,还应考虑读写器需要采集哪些数据,考虑所在的供应链上的其他用户采用的 RFID 技术。此外,还要考虑何时购进配有 RFID 标签的货物以及所用的标签采用的是哪一种协议。

(三)频率

超高频 UHF 标签的工作频率是 860～960MHz，由于其阅读距离较长，所以在供应链中得到广泛的应用。但是由于高频 HF 标签(工作频率是 13.56MHz)在短距离内工作性能较好，水和金属对它的影响也较小，所以非营利性组织 EPCglobal 不但为 UHF 制定了标准，同时还制定了 HF 标签的标准。这样，在购买读写器时还要考虑是否需要购买混合频率的读写器。

如果既要读取 HF 标签的信息又要读取 UHF 标签的信息，那么就需要考虑是既要购买 HF 读写器又要购买 UHF 读写器呢，还是只购买一种混合频率读写器？尽管很多读写器生产商只生产 UHF 读写器，但是也不难买到混合频率读写器。由于大多数的供应链应用软件都工作在 UHF 频率下，所以购买读写器要以 UHF 读写器为主，必要时再购买 HF 读写器。这样做是因为购买单频率读写器要比购买混合频率读写器便宜。

(四)不同结构形式的读写器

当在智能读写器和傻瓜读写器之间做出了选择，也在单一频率读写器和混合频率读写器之间做出了选择以后，下一步就应该考虑是选择固定式读写器还是手持式读写器了。

固定读写器一般安装在货物流通量较大的地方，许多固定读写器都装在金属盒子里，可以安装在墙上，这些读写器要么是内部有天线，要么是内部没有天线但有供外部天线接入的插口。为防止受损，固定天线一般由塑料或金属制品封装起来。

装在盒子里的读写器和天线可以免受叉车的损害和灰尘的污染，读写器制造商还生产了一种专门用在叉车上的读写器。毫无疑问，各种各样的读写器扩大了 RFID 的应用范围。

RFID 给人们带来的最大利益是减少了从事标签扫描工作的人员数量。一般来讲，用户多使用手持式读写器，因为手持式读写器比较便宜，例如，沃尔玛的工作人员就主要使用手持式读写器在仓库中寻找货箱。

手持式读写器主要有两种形式：一种是带条码扫描器的 RFID 读写器，这种读写器既可以扫描条码也可以读取 RFID 标签；另一种是安装在 PC 卡上的 RFID 读写器，PC 卡嵌入在手提电脑或掌上电脑中。

(五)天线

选购时需要考虑在固定读写器上安装什么型号的天线以及安装天线的数量。固定读写器上要么具有内部天线，要么具有供安装外部天线的多个天线接口。具有内部天线的固定读写器的优点是容易安装，另外，信号在从读写器到天线的传输过程中的衰减也较少。在相同的情况下，使用内部天线读写器的数量要多于使用外部天线读写器的数量。

(六)网路的选择

读写器一般通过以太网或 Wi-Fi 与局域网或广域网相连接。无线连接降低了安装难度，同时也节省了安装费用，因为这样不用铺设大量的电缆。手持式读写器需要通过有线或无线方式将数据下载到 PC 上。

三、RFID 在物流管理中的应用

射频技术 RF(Radio Frequency)的基本原理是电磁理论。射频系统的优点是不局限于视线，识别距离比光学系统远，射频识别卡可具有读写能力，可携带大量数据，难以伪造，且有智能化功能。RFID 适用于物料跟踪、运载工具和货架识别等数据的采集和交换的场合，而且射频标签具有很强的可读写能力，对于需要频繁改变数据内容的场合尤为适用。

(一)射频技术在军事物流中的应用

美国和北大西洋公约组织(NATO)在波斯尼亚的"联合作战行动"中，不但建成了战争史上最复杂的通信网，而且完善了识别和跟踪军用物资的新型后勤系统，这是吸取了"沙漠风暴"军事行动中大量物资无法跟踪造成重复运输的教训。无论物资是在定购之中、运输途中，还是在某个仓库存储着，通过该系统各级指挥人员都可以实时掌握所有的信息。该系统途中运输监控的功能就是依靠贴在集装箱和装备上的射频识别标签实现的。射频接收转发装置通常安装在运输线路上的仓库、车站、码头、机场和一些检查点(如门柱上、桥墩旁)等关键节点；接收装置收到射频标签信息后，联通接收地的位置信息，上传至通信卫星，再由卫星传送给运输调度中心并送入中心信息数据库中。

(二)射频识别技术在智能运输系统中的应用

智能运输系统是 RFID 最成功的应用，它实现了车辆高速通过收费站的同时自动完成缴费工作。它充分体现了非接触式识别的优势，解决了交通瓶颈问题，避免了拥堵现象的发生，同时也防止了现金结算过程中的乱收费问题。

(三)射频识别技术在生产线的自动化控制中的应用

RFID 在生产线上的应用，可实现生产流程中的自动控制及对产品质量的监控，从而有助于企业改进生产方式，提高生产率。例如，在汽车装配生产线上，国外许多品牌的轿车可以按照客户要求进行定制生产，即从流水线上下来的每辆车都是依照装配工艺选项来满足不同客户的不同需求，很大程度应用了智能化射频识别技术来完成物料的管理和零部件的装配。

(四)射频识别技术在货物跟踪及监控中的应用

像运钞车辆、易燃易爆危险品等特殊货物的运送，需要实时准确地知道它的位置，通过沿途安装的 RFID 设备可以实现对运输全过程的跟踪及对货物现场状态的确定。商场中使用 RFID 可以对贵重物品进行实时监控，以防被盗。

第四节　EDI 技术

一、EDI 基础知识

EDI 最初由美国企业应用在企业间的订货业务活动中，其后 EDI 的应用范围从订货业务向其他的业务扩展，如 POS 销售信息传送业务、库存管理业务、发货送货信息和支付信息的传送业务等。近年来，EDI 在物流中广泛应用，被称为物流 EDI。

视频 7-4　EDI 介绍

(一)EDI 的概念

EDI 是英文 Electronic Data Interchange 的缩写，中文可译为"电子数据交换"，港、澳及海外华人地区称作"电子资料联通"。它是一种在公司之间传输订单、发票等作业文件的电子化手段。它通过计算机通信网络将贸易、运输、保险、银行和海关等行业信息，用一种国际公认的标准格式，实现各有关部门或公司与企业之间的数据交换与处理，并完成以贸易为中心的全部过程。它是 20 世纪 80 年代发展起来的一种新颖的电子化贸易工具，是计算机、通信和现代管理技术相结合的产物。国际标准化组织(ISO)将 EDI 描述成"将贸易(商业)或行政事务处理按照一个公认的标准变成结构化的事务处理或信息数据格式，从计算机到计算机的电子传输"。又由于使用 EDI 可以减少甚至消除贸易过程中的纸面文件，因此 EDI 又被人们通俗地称为"无纸贸易"。

从上述的 EDI 定义中不难看出，EDI 包含了计算机应用、通信网络和数据标准化几方面的内容。其中，计算机应用是 EDI 的条件，通信环境是 EDI 应用的基础，标准化是 EDI 的特征。这三方面相互衔接、相互依存，构成 EDI 的基础框架。EDI 系统模型如图 7-13 所示。

图 7-13　EDI 系统模型

(二)EDI 的分类

根据功能的不同，EDI 可分为以下四类。

(1) 订货信息系统，这是最基本的也是最知名的 EDI 系统。它又称为贸易数据互换系统(Trade Data Interchange，TDI)，采用电子数据文件来传输订单、发货票和各类通知。

(2) 电子金融汇兑系统(Electronic Fund Transfer，EFT)，即在银行和其他组织之间实行电子费用汇兑。EFT 已使用多年，但它仍在不断地改进中。最大的改进是同订货系统联系起来，形成一个自动化水平更高的系统。

(3) 交互式应答系统(interactive query response)，它可应用在旅行社或航空公司作为机票预定系统。这种 EDI 在应用时要询问到达某一目的地的航班，要求显示航班的时间、票价或其他信息，然后根据旅客的要求确定所要的航班，打印机票。

(4) 带有图形资料自动传输的 EDI，最常见的是计算机辅助设计(Computer Aided Design，CAD)图形的自动传输。例如，设计公司完成一个厂房的平面布置图，并将其传输给厂房的主人，请主人提出修改意见。一旦该设计被认可，系统将自动输出订单，发出购买建筑材料的报告。在收到这些建筑材料后，自动开出收据。例如，美国一个厨房用品制造公司——Kraft Maid 公司，在 PC 机上用 CAD 软件设计厨房的平面布置图，再用 EDI 传输设计图纸、订货、收据等。

(三)EDI 的特点

EDI 具有以下几个方面的特点。

(1) EDI 的使用对象是不同的组织之间，EDI 传输的企业间的报文是企业间信息交流的一种方式。

(2) EDI 所传送的资料是一般业务资料，如发票、订单等，而不是指一般性的通知。

(3) EDI 传输的报文是格式化的，是符合国际标准的，这是计算机能够自动处理报文的基本前提。

(4) EDI 使用的数据通信网络一般是增值网、专用网。数据传输由收送双方的计算机系统直接完成，不需要人工介入操作。

(5) EDI 与传真或电子邮件的区别是：传真与电子邮件需要人工的阅读判断处理才能进入计算机系统，人工将资料重复输入计算机系统中既浪费人力资源，也容易发生错误；而EDI 不需要再将有关资料人工重复输入系统。

(四)EDI 的优势

EDI 具有以下几个方面的优势。
(1) 降低纸张使用成本。
(2) 提高工作效率。
(3) 节省库存费用。
(4) 减少错误数据处理。
(5) 节省人员费用。

(五)EDI 的应用

一个传统企业简单的购货贸易过程如下：买方向卖方提出订单；卖方得到订单后，进行内部的纸张文字票据处理，准备发货，纸张票据中包括发货票等；买方在收到货和发货票之后，开出支票，寄给卖方；卖方持支票至银行兑现；银行再开出一个票据，确认这笔款项的汇兑。

而一个生产企业的 EDI 系统，就是要把上述买卖双方在贸易处理过程中的所有纸面单证由 EDI 通信网来传送，并由计算机自动完成全部(或大部分)处理过程。具体为：企业收到一份 EDI 订单，则系统会自动处理该订单，检查订单是否符合要求；然后通知企业内部管理系统安排生产；向零配件供销商订购零配件等；有关部门申请进出口许可证；通知银行并给订货方开出 EDI 发票；向保险公司申请保险单等。从而使整个商贸活动过程在最短时间内准确地完成。一个真正的 EDI 系统是将订单、发货、报关、商检和银行结算合成一体，从而大大加速了贸易的全过程。因此，EDI 对企业文化、业务流程和组织机构的影响是巨大的。

【知识拓展 7-3】美国副食流通行业是比较早实施 EDI 的行业，而且是比较成功的典范。副食流通行业最基本的特点就是产品种类丰富繁多，价值并不一定很大，这就造成了人工业务操作和单证的缮制工作非常耗时，而且成本相对较高。在采用了 EDI 系统后，在人工业务操作方面不但节省了人力，而且带来了费用的节省和业务操作效率的提高。

二、EDI 工作原理

当今世界通用的 EDI 通信网络，是建立在 MHS 数据通信平台上的信箱系统，其通信机制是信箱间信息的存储和转发。具体实现方法是在数据通信网上加挂大容量信息处理计算机，在计算机上建立信箱系统，通信双方需申请各自的信箱，其通信过程就是把文件传到对方的信箱中。文件交换由计算机自动完成，在发送文件时，用户只需进入自己的信箱系统。

文档 7-2　EDI 工作原理实例

通信流程中各功能模块说明如下。

(一)映射——生成 EDI 平面文件

EDI 平面文件(flat file)是通过应用系统将用户的应用文件，如单证、票据，或数据库中的数据，映射形成的一种标准的中间文件。这一过程称为映射(mapping)。

平面文件是用户通过应用系统直接编辑、修改和操作的单证和票据文件，它可直接阅读、显示和打印输出。

(二)翻译——生成 EDI 标准格式文件

翻译的功能是将平面文件通过翻译软件(translation software)生成 EDI 标准格式文件。EDI 标准格式文件，就是所谓的 EDI 电子单证，或称电子票据。它是 EDI 用户之间进行贸易和业务往来的依据。EDI 标准格式文件是一种只有计算机才能阅读的 ASCII 文件。它是按照 EDI 数据交换标准(即 EDI 标准)的要求，将单证文件(平面文件)中的目录项，加上特定的分割符、控制符和其他信息，而生成的一种包括控制符、代码和单证信息在内的 ASCII 码文件。

(三)通信

这一步由计算机通信软件完成。用户通过通信网络，接入 EDI 信箱系统，将 EDI 电子单证投递到对方的信箱中。EDI 信箱系统则自动完成投递和转接，并按照 X.400(或 X.435)通信协议的要求，为电子单证加上信封、信头、信尾、投送地址、安全要求及其他辅助信息。

(四)EDI 文件的接收和处理

接收和处理过程是发送过程的逆过程。首先需要接收用户通过通信网络接入 EDI 信箱系统，打开自己的信箱，将来函接收到自己的计算机中，经格式校验、翻译、映射还原成应用文件，最后对应用文件进行编辑、处理和回复。

在实际操作过程中，EDI 系统为用户提供的 EDI 应用软件包包括了应用系统、映射、翻译、格式校验和通信连接等全部功能。用户可将其处理过程看作是一个"黑匣子"，完全不必关心里面具体的过程。

三、EDI 数据交换系统功能模型

在 EDI 中，EDI 参与者所交换的信息客体称为邮包。在交换过程中，如果接收者从发送者所得到的全部信息包括在所交换的邮包中，则认为语义完整，并称该邮包为完整语义单元(CSU)。CSU 的生产者和消费者统称为 EDI 的终端用户。在 EDI 工作过程中，所交换的报文都是结构化的数据，整个过程都是由 EDI 系统完成的，如图 7-14 所示。

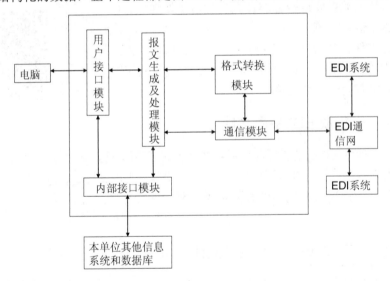

图 7-14　EDI 系统结构

(一)用户接口模块

业务管理人员可通过用户接口模块进行输入、查询、统计、中断、打印等，及时地了解市场变化，调整策略。

(二)内部接口模块

内部接口模块是 EDI 系统和本单位内部其他信息系统及数据库的接口。一份来自外部的 EDI 报文，经过 EDI 系统处理之后，大部分相关内容都需要经内部接口模块送往其他信息系统，或查询其他信息系统之后才能给对方 EDI 报文以确认的答复。

(三)报文生成及处理模块

报文生成及处理模块有以下两个功能。

(1) 接收来自用户接口模块和内部接口模块的命令和信息，按照 EDI 标准生成订单、发票等各种 EDI 报文和单证，经格式转换模块处理之后，由通信模块经 EDI 网络发给其他 EDI 用户。

(2) 自动处理由其他 EDI 系统发来的报文。在处理过程中要与本单位信息系统相连，获取必要信息并给其他 EDI 系统答复，同时将有关信息送给本单位其他信息系统。

如因特殊情况不能满足对方的要求，经双方 EDI 系统多次交涉后不能妥善解决的，则应把这一类事件提交用户接口模块，由人工干预决策。

(四)格式转换模块

所有的 EDI 单证都必须转换成标准的交换格式，转换过程包括语法上的压缩、嵌套、代码的替换以及必要的 EDI 语法控制字符。在格式转换过程中要进行语法检查，对于语法出错的 EDI 报文应拒收并通知对方重发。

(五)通信模块

通信模块是 EDI 系统与 EDI 通信网络的接口，具有执行呼叫、自动重发、合法性和完整性检查、出错报警、自动应答、通信记录、报文拼装和拆卸等功能。

四、EDI 的物流应用

所谓物流 EDI 是指货主、承运业主以及其他相关的单位之间，通过 EDI 系统进行物流数据交换，并以此为基础实施物流作业活动的方法。物流 EDI 参与单位有发送货物业主(生产厂家、贸易商、批发商、零售商等)、承运业主(独立的物流承运企业等)、实际运送货物的交通运输企业(铁路企业、水运企业、航空企业、公路运输企业等)、协助单位(政府有关部门、金融企业等)和其他的物流相关单位。

这个物流模型的主要步骤如下。

(1) 发送货物业主(如生产厂家)在接到订货后制订货物运送计划，并把运送货物的清单及运送时间安排等信息通过 EDI 发送给物流运输业主和接收货物业主(如零售商)，以便物流运输业主预先制订车辆调配计划和接收货物业主制订货物接收计划。

(2) 发送货物业主依据顾客订货的要求和货物运送计划下达发货指令，分拣配货，打印出物流条形码的货物标签(即 SCM 标签，Shipping Carton Marking)并贴在货物包装箱上，同时把运送货物品种、数量、包装等信息通过 EDI 发送给物流运输业主和接收货物业主依据请示下达车辆调配指令。

(3) 物流运输业主在向发送货物业主取运货物时，利用车载扫描读数仪读取货物标签的物流条码，并与先前收到的货物运输数据进行核对，确认运送货物。

(4) 物流运输业主在物流中心对货物进行整理、集装，做成送货清单并通过 EDI 向接收货物业主发送发货信息。在货物运送的同时进行货物跟踪管理，并在货物交纳给接收货物业主之后，通过 EDI 向发送货物业主发送完成运送业务信息和运费请示信息。

(5) 接收货物业主在货物到达时，利用扫描读数仪读取货物标签的条码，并与先前收到的货物运输数据进行核对确认，开出收货发票，货物入库。同时通过 EDI 向物流运输业主和发送货物业主发送收货确认信息。

物流 EDI 的优点在于供应链组成各方基于标准化的信息格式和处理方法通过 EDI 共同分享信息、提高流通效率、降低物流成本。

第五节　GPS 技术

一、GPS 基础知识

GPS 技术最初是由美国军方研制并用于提供精确定位的技术，随着时代的发展和技术的不断进步，目前已经广泛应用于很多行业，如交通运输导航、工程测量、航空测量、海洋测绘和环境遥感监测等。

视频 7-5　GPS 技术

(一)GPS 的定义

全球定位系统(Global Positioning System，GPS)是利用空间卫星星座(通信卫星)、地面控制部分及信号接收机对地球上任何地方的用户都能进行全方位导航和定位的系统，也称为全球卫星定位系统。

目前全球有两个公开的 GPS 系统可以利用，NAVSTAR 系统由美国研制，GLONASS 系统由俄罗斯所拥有。

(二)GPS 的主要应用

GPS 应用主要在以下几个方面。

(1) 陆地应用，主要包括车辆导航、应急反应、大气物理观测、地球物理资源勘探、工程测量、变形监测、地壳运动监测、市政规划控制等。

(2) 海洋应用，包括远洋船最佳航程航线测定、船只实时调度与导航、海洋救援、海洋探宝、水文地质测量以及海洋平台定位、海平面升降监测等。

(3) 航空航天应用，包括飞机导航、航空遥感姿态控制、低轨卫星定轨、导弹制导、航空救援和载人航天器防护探测等。

(三)GPS 的主要特点

GPS 导航定位以其高精度、全天候、高效率、多功能、操作简便、应用广泛等特点著称，具体表现在以下几个方面。

(1) 定位精度高。在 300～1 500m 工程精密定位中，1 小时以上观测的平面位置误差小于 1mm。

(2) 观测时间短。快速静态相对定位测量时，当每个流动站与基准站相距在 15km 以内时，流动站观测时间只需 1～2 分钟，然后可随时定位，每站观测只需几秒钟。

(3) 测站间无须通视。GPS 测量不要求测站之间互相通视，只需测站上空开阔即可，因此可节省大量的造价费用。由于无须点间通视，点位位置根据需要可稀可密，使选点工作甚为灵活。

(4) 可提供三维坐标。GPS 可同时精确测定测站点的三维坐标。

(5) 操作简便。随着 GPS 接收机不断改进，自动化程度越来越高，有的已达"傻瓜化"的程度。接收机的体积越来越小，重量越来越轻，极大地减轻了测量工作者的工作紧张程度和劳动强度。

(6) 全天候作业。目前 GPS 观测可在一天 24 小时内的任何时间进行，不受阴天黑夜、起雾刮风、下雨下雪等气候的影响。

(7) 功能多、应用广。GPS 系统不仅可用于测量、导航，还可用于测速、测时。测速的精度可达 0.1m/s，测时的精度可达几十毫微秒。

二、GPS 构成

GPS 由空间部分、地面控制系统和用户设备部分组成。

(一)空间部分

GPS 的空间部分是由 24 颗卫星组成(21 颗工作卫星，3 颗备用卫星)，它们位于距地表 20 200km 的上空，均匀分布在 6 个轨道面上(每个轨道面 4 颗)，轨道倾角为 55°。卫星的分布使得在全球任何地方、任何时间都可观测到 4 颗以上的卫星，并能在卫星中预存导航信息。GPS 的卫星因为大气摩擦等问题，随着时间的推移，导航精度会逐渐降低。GPS 卫星星座，如图 7-15 所示。

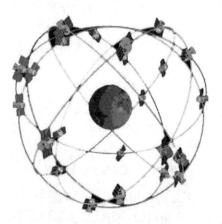

图 7-15　GPS 卫星星座

(二)地面控制系统

地面控制系统由监测站(Monitor Station)、主控制站(Master Monitor Station)、地面天线(Ground Antenna)所组成,主控制站位于美国科罗拉多州春田市(Colorado Spring)。地面天线站负责收集由卫星传回的信息,并计算卫星星历、相对距离,大气校正等数据。

(三)用户设备部分

用户设备部分即 GPS 信号接收机,其主要功能是捕获按一定卫星截止角所选择的待测卫星,并跟踪这些卫星的运行。当接收机捕获到跟踪的卫星信号后,就可测量出接收天线至卫星的伪距离和距离的变化率,解调出卫星轨道参数等数据。根据这些数据,接收机中的微处理计算机就可按定位解算方法进行定位计算,计算出用户所在地理位置的经纬度、高度、速度、时间等信息。接收机硬件和机内软件以及 GPS 数据的后处理软件包构成完整的 GPS 用户设备。GPS 接收机的结构分为天线单元和接收单元两部分。接收机一般采用机内和机外两种直流电源。设置机内电源的目的在于更换外电源时不中断连续观测。在用机外电源时,机内电池自动充电。关机后机内电池为 RAM 存储器供电,以防止数据丢失。目前各种类型的接收机的体积越来越小,重量越来越轻,便于野外观测使用。接收机现有单频与双频两种,但由于价格因素,一般使用者所购买的多为单频接收机。

三、GPS 工作原理

GPS 的基本原理是测量出已知位置的卫星到用户接收机之间的距离,然后综合多颗卫星的数据就可知道接收机的具体位置。要达到这一目的,卫星的位置可以根据星载时钟所记录的时间在卫星星历中查出。而用户到卫星的距离则通过记录卫星信号传播到用户所经历的时间,再将其乘以光速得到。GPS 工作原理,如图 7-16 所示。

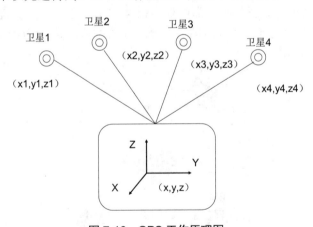

图 7-16　GPS 工作原理图

可见,GPS 导航系统卫星部分的作用就是不断地发射导航电文。然而,由于用户接收机使用的时钟与星载时钟不可能总是同步,所以除了用户的三维坐标 x、y、z 外,还要引进

一个 Δt，即卫星与接收机之间的时间差作为未知数，然后用 4 个方程将这 4 个未知数解出来。所以如果想知道接收机所处的位置，至少要能接收到 4 个卫星的信号。

四、GPS 应用

由于 GPS 技术具有全天候、高精度和自动测量的特点，因此，作为先进的测量手段和新的生产力，GPS 已经融入了国民经济建设、国防建设和社会发展的各个应用领域。

(一)GPS 在道路工程中的应用

GPS 在道路工程中主要是用于建立各种道路工程控制网及测定航测外控点等。高等级公路的迅速发展对勘测技术提出了更高的要求，由于线路长，已知点少，用常规测量手段不仅布网困难，而且难以满足高精度的要求。目前，国内已逐步采用 GPS 技术建立线路首级高精度控制网，然后用常规方法布设导线加密。实践证明，在几十公里范围内的点位误差只有 2cm 左右，达到了常规方法难以实现的精度，同时也大大提前了工期。GPS 技术也同样应用于特大桥梁的控制测量中，它无须通视，可构成较强的网形，提高点位精度，同时对检测常规测量的支点也非常有效。此外，GPS 技术在隧道测量中也具有广泛的应用前景，GPS 测量无须通视，减少了常规方法的中间环节，速度快，精度高，具有明显的经济和社会效益。

(二)GPS 在汽车导航和交通管理中的应用

三维导航是 GPS 的首要功能，飞机、轮船、地面车辆以及步行者都可以利用 GPS 导航器进行导航。汽车导航系统是在 GPS 基础上发展起来的一门新型技术。汽车导航系统由 GPS 导航、自律导航、微处理机、车速传感器、陀螺传感器、CD-ROM 驱动器、LCD 显示器组成。GPS 与电子地图、无线电通信网络、计算机车辆管理信息系统相结合，可以实现车辆跟踪和交通管理等许多功能。

1. 车辆跟踪

通过车载 GPS 接收机，驾驶员能够随时知道自己的具体位置。通过车载电台将 GPS 定位信息发送给调度指挥中心，调度指挥中心便可随目标移动，及时掌握各车辆的具体位置，并在大屏幕电子地图上显示出来，还能实现多窗口、多车辆、多屏幕同时跟踪。利用该功能可对重要车辆及货物进行跟踪运输，能促进交通管理及物流事业的快速发展。

【知识拓展 7-4】最新的汽车反劫防盗系统是在汽车上装配一台能发出信号的 GPS 终端设备，一旦汽车被盗或出现异常，指挥中心可立即通过 GPS 全球卫星定位系统接收终端设备信号，确定汽车实时地理位置和多方面的信息，配合各方面力量及网络优势追回汽车，同时能熄灭发动机，使汽车不能行驶。

2. 话务指挥

指挥中心能够监测区域内车辆运行状况，对被监控车辆进行合理调度。指挥中心还能随时与被跟踪目标通话，进行实时管理。

3. 紧急援助

通过 GPS 定位及监控管理系统能够对发生事故或遇有险情的车辆进行紧急援助。监控台的电子地图显示报警目标和求助信息，规划最优援助方案，并以报警声光提醒值班人员进行应急处理。

4. 信息查询

GPS 可为用户提供主要物标，如旅游景点、宾馆、医院等的数据库，用户可以在电子地图上根据需要进行查询。查询的资料能以文字、语言和图像的形式显示，并在电子地图上显示其位置。同时，监测中心能够利用监测控制台对区域内的任意目标所在位置进行查询，车辆信息将以数字形式在控制中心的电子地图上显示出来。

5. 提供出行路线规划和导航

提供出行路线规划是汽车导航系统的一项重要辅助功能，它包括人工线路设计和自动线路规划。人工线路设计是由驾驶者根据自己的目的地设计起点、终点和途经点等，自动建立线路库。自动线路规划是由驾驶者确定起点和目的地，由计算机软件按要求自动设计最佳行驶路线，包括最快的路线、最简单的路线、通过高速公路路段次数最少的路线等。线路规划完毕后，显示器可在电子地图上显示设计线路，并同时显示汽车运行路径与运行方法。

五、GPS 在物流中的应用

目前，GPS 技术在物流领域的作用越来越明显，尤其在货物配送领域中，主要的应用功能如下。

1. 用于汽车自定位、跟踪调度

随着企业规模及业绩的不断扩大，配送及运营所需的车辆逐渐增多，跑私活、干私事、外出车辆的风险管控、超速控制、区域报警等相关功能越来越受到企业管理者的关注，GPS 企业应用能够很好地帮助企业管理对于运营车辆的远程监控，杜绝跑私、干私事等额外增加企业运营成本的不良行为。

GPS 系统应用在交通管理方面，可以将道路网上的车辆实时位置、运行轨迹准确地反映在控制中心的电子地图上，犹如给道路交通管理者增添了一双千里眼，实时监视着道路网上的车辆流向、流量、流速、密度、路网负荷程度等各种交通信息。GPS 系统与城市交通信号控制系统、交通地理信息系统、交通情报信息系统相连接可以进行实时的交通信号控制，交通诱导和交通流组织优化，从而达到充分利用路网、缩短车辆旅行时间、降低行车延误、减少车辆空驶、保障行车安全、提高道路通行能力的目的。

2. 用于铁路运输管理

我国铁路开发的基于 GPS 的计算机管理信息系统，可以通过 GPS 和计算机网络实时收集全路列车、机车、车辆、集装箱及所运货物的动态信息，可实现列车、货物追踪管理。只要知道货车的车种、车型、车号，就可以立即从 10 万公里的铁路网上流动着的几十万辆货车中找到该货车，还能得知这辆货车现在何处运行或停在何处，以及所有的车载货物发货信息。铁路部门运用这项技术可大大提高其路网及其运营的透明度，为货主提供更高质量的服务。

3. 用于军事物流

全球卫星定位系统首先是因为军事目的而建立的，在军事物流中，如后勤装备的保障等方面应用相当普遍，尤其美国在世界各地驻扎的大量军队无论是在战时还是在平时都对后勤补给提出很高的需求。在战争中，如果不依赖 GPS，美军的后勤补给就会变得一团糟。美军在 20 世纪末的地区冲突中依靠 GPS 和其他顶尖技术，以强有力的、可见的后勤保障，为"保卫美国的利益"做出了贡献。

第六节　北斗导航定位卫星技术

中国北斗卫星导航系统(BeiDou Navigation Satellite System，BDS)是中国自行研制的全球卫星导航系统，是继美国全球定位系统(GPS)、俄罗斯格洛纳斯卫星导航系统(GLONASS)之后第三个成熟的卫星导航系统。北斗卫星导航系统(BDS)和美国 GPS、俄罗斯 GLONASS、欧盟 GALILEO，是联合国卫星导航委员会已认定的供应商。其标志如图 7-17 所示。

视频 7-6　中国北斗卫星导航系统

北斗卫星导航系统由空间段、地面段和用户段三部分组成，可在全球范围内全天候、全天时为各类用户提供高精度、高可靠定位、导航、授时服务，并具短报文通信能力，已经初步具备区域导航、定位和授时能力，定位精度 10 米，测速精度 0.2 米/秒，授时精度 10 纳秒。2012 年 12 月 27 日，北斗系统空间信号接口控制文件正式版 1.0 正式公布，北斗导航业务正式对亚太地区提供无源定位、导航、授时服务。2013 年 12 月 27 日，北斗卫星导航系统正式提供区域服务一周年新闻发布会在国务院新闻办公室新闻发布厅召开，正式发布了《北斗系统公开服务性能规范(1.0 版)》和《北

图 7-17　北斗卫星导航系统标志

斗系统空间信号接口控制文件(2.0 版)》两个系统文件。2014 年 11 月 23 日，国际海事组织海上安全委员会审议通过了对北斗卫星导航系统认可的航行安全通函，这标志着北斗卫星导航系统正式成为全球无线电导航系统的组成部分，取得面向海事应用的国际合法地位。

一、建设目标和原则

北斗卫星导航系统建设目标是：建成独立自主、开放兼容、技术先进、稳定可靠的覆盖全球的北斗卫星导航系统，促进卫星导航产业链形成，形成完善的国家卫星导航应用产业支撑、推广和保障体系，推动卫星导航在国民经济社会各行业的广泛应用。

在系统的建设过程中强调不仅要建成系统，更要用好系统，强调质量、安全、应用、效益，遵循以下建设原则。

(一)开放性

北斗卫星导航系统的建设、发展和应用将对全世界开放，为全球用户提供高质量的免费服务，积极与世界各国开展广泛而深入的交流与合作，促进各卫星导航系统间的兼容与互操作，推动卫星导航技术与产业的发展。

(二)自主性

我国将自主建设和运行北斗卫星导航系统，北斗卫星导航系统可独立为全球用户提供服务。

(三)兼容性

在全球卫星导航系统国际委员会(ICG)和国际电联(ITU)框架下，使北斗卫星导航系统与世界各卫星导航系统实现兼容与互操作，使所有用户都能享受到卫星导航发展的成果。

(四)渐进性

我国将积极稳妥地推进北斗卫星导航系统的建设与发展，不断完善服务质量，并实现各阶段的无缝衔接。

二、北斗卫星导航系统的发展历程

(一)早期研究

20世纪70年代，我国开始研究卫星导航系统的技术和方案，但之后这项名为"灯塔"的研究计划被取消。

1983年，我国航天专家陈芳允提出使用两颗静止轨道卫星实现区域性的导航功能，1989年，我国使用通信卫星进行试验，验证了其可行性，之后的北斗卫星导航试验系统即基于此方案。

(二)试验系统

1994年，我国正式开始北斗卫星导航试验系统(北斗一号)

视频7-7　北斗的发展历程

的研制，并在 2000 年发射了两颗静止轨道卫星，区域性的导航功能得以实现。2003 年又发射了一颗备份卫星，完成了北斗卫星导航试验系统的组建。

(三)中国加入欧盟伽利略计划

2003 年 9 月，中国打算加入欧盟的伽利略定位系统计划，并在接下来的几年中投入了 2.3 亿欧元的资金，并且中国与欧盟在 2004 年 10 月 9 日正式签署伽利略计划技术合作协议。但是经过几年的发展，因中国不满其在伽利略计划中的配角地位，最终于 2008 年结束合作并计划推出北斗二代与伽利略定位系统在亚洲市场竞争。

(四)正式系统

2004 年，中国启动了具有全球导航能力的北斗卫星导航系统的建设(北斗二号)，并在 2007 年发射一颗中地球轨道卫星，进行了大量试验。2009 年起，后续卫星持续发射，并在 2011 年开始对中国和周边地区提供测试服务，2012 年完成了对亚太大部分地区的覆盖并正式提供卫星导航服务。

中国为北斗卫星导航系统制定了"三步走"发展规划，从 1994 年开始发展的试验系统(第一代系统)为第一步，2004 年开始发展的正式系统(第二代系统)又分为两个阶段，即第二步与第三步。至 2012 年，此战略的前两步已经完成。根据计划，北斗卫星导航系统将在 2020 年完成，届时将实现全球的卫星导航功能。

三、北斗卫星导航系统的构成与功能

(一)系统构成

北斗卫星导航系统由空间段、地面段和用户段三部分组成：空间段包括 5 颗静止轨道卫星和 30 颗非静止轨道卫星；地面段包括主控站、注入站和监测站等若干个地面站；用户段包括北斗用户终端以及与其他卫星导航系统兼容的终端。

(二)系统功能

1. 短报文通信功能

北斗系统用户终端具有双向报文通信功能，用户可以一次传送多达 120 个汉字的短报文信息，此功能在远洋航行中有重要的应用价值。另外，短报文通信功能也是 GPS 系统所不具备的功能，GPS 只能用作导航却无法实现通信功能。

文档7-3　北斗与GPS的区别

2. 精密功能

(1) 精密授时：北斗系统具有精密授时功能，可向用户提供 20～100ns 时间同步精度。

(2) 定位精度：水平精度 100 米(1σ)，设立标校站之后为 20 米(类似差分状态)。

(3) 工作频率：2 491.75MHz。

(4) 系统容纳的最大用户数：540 000 户/小时。

3. 军用功能

北斗卫星导航定位系统的军事功能与 GPS 类似，例如：运动目标的定位导航；为缩短反应时间的武器载具发射位置的快速定位；人员搜救、水上排雷的定位需求等。

这项功能用在军事上意味着可主动进行各级部队的定位，除了可供自身定位导航外，高层指挥部也可随时通过北斗系统掌握部队位置，并传递相关命令，对任务的执行有相当大的帮助，完全可以实现部队指挥与管制以及战场管理。

4. 民用功能

1) 个人位置服务

当你进入陌生的地方时，你可以使用装有北斗卫星导航接收芯片的手机或车载卫星导航装置找到你要走的路线。

2) 气象应用

北斗导航卫星气象应用的开展可以促进中国天气分析和数值天气预报、气候变化监测和预测，也可以提高空间天气预警业务水平，提升中国气象防灾减灾的能力。

3) 道路交通管理

卫星导航将有利于减缓交通阻塞，提升道路交通管理水平。通过在车辆上安装卫星导航接收机和数据发射机，车辆的位置信息就能在几秒钟内自动转发到中心站，这些位置信息可用于道路交通管理。

4) 铁路智能交通

卫星导航将促进传统运输方式实现升级与转型。例如，在铁路运输领域，通过安装卫星导航终端设备，可极大缩短列车行驶间隔时间，降低运输成本，有效提高运输效率。未来，北斗卫星导航系统将提供高可靠、高精度的定位、测速、授时服务，促进铁路交通的现代化，实现传统调度向智能交通管理的转型。

5) 海运和水运

海运和水运是全世界最广泛的运输方式之一，也是卫星导航最早应用的领域之一。在世界各大洋和江河湖泊行驶的各类船舶大多安装了卫星导航终端设备，使海上和水路运输更为高效和安全。北斗卫星导航系统将在任何天气条件下，为水上航行船舶提供导航定位和安全保障。同时，北斗卫星导航系统特有的短报文通信功能将支持各种新型服务的开发。

6) 航空运输

当飞机在机场跑道着陆时，最基本的要求是确保飞机相互间的安全距离。利用卫星导航精确定位与测速的优势，可实时确定飞机的瞬时位置，有效保障飞机之间的安全距离，甚至在大雾天气情况下，可以实现自动盲降，极大提高飞行安全和机场运营效率。

7) 应急救援

卫星导航已广泛用于沙漠、山区、海洋等人烟稀少地区的搜索救援。在发生地震、洪灾等重大灾害时，救援成功的关键在于能及时了解灾情并迅速到达救援地点。北斗卫星导航系统除导航定位外，还具备短报文通信功能，通过卫星导航终端设备可及时报告所处位置和受灾情况，有效缩短救援搜寻时间，提高抢险救灾时效，大大减少人民生命财产损失。

8）指导放牧

2014年10月，北斗系统开始在青海省牧区试点建设北斗卫星放牧信息化指导系统，主要依靠牧区放牧智能指导系统管理平台、牧民专用北斗智能终端和牧场数据采集自动站，实现数据信息传输，并通过北斗地面站及北斗星群中转、中继处理，实现草场牧草、牛羊的动态监控。

课堂思考 7-4：

对比北斗导航系统与 GPS 系统在技术上的优劣，并分析北斗导航系统大规模普及应用存在哪些问题？

四、北斗卫星导航系统在物流中应用

传统的物流行业，增加北斗系统的高科技之后可以用如虎添翼来形容这种变化。北斗作为提供时间、位置定位、导航，以及信息通信的基础技术，实现了物流过程透明化管理的需求，对传统的物流行业产生了巨大作用和深远影响。

第一，北斗系统的应用将保障运输安全。例如，在危险品运输领域的应用，通过北斗技术定位危险品运输车辆的行驶线路和途经区域，避免车辆行驶在路况差、能见度低、弯道、坡道过多的线路上，保证运输安全。第二，保障运输时效。例如，在快递行业的应用，把运输车辆途径各个站点的时间截取下来，并与企业规定时间对比，以做出车辆是否延误的判断，帮助企业保障运输时效。第三，提升运输品质。例如，在冷链运输企业的应用，通过北斗技术，再配合温度采集设备，实施全程冷链运输。第四，管控运输成本。例如，在公路干线企业应用，通过北斗技术，再配合车辆油量采集设备，实现对运输过程的全程油耗监控，降低企业成本。

例如，在京东网上购物下单后，随时跟踪订单状态是消费者的重要需求，而保障物流信息实时透明的"幕后英雄"就是北斗导航系统。从2013年9月开始，京东在运输车辆上替换安装北斗导航设备，包含货车、挂车等多个车型，结合自身的物流大数据，进行了北斗导航系统电商化运用。例如，通过对车辆速度和路线的实时监控，保障驾驶安全；结合北斗导航系统的地理位置数据，进行数据分析和挖掘，定制了仓储和站点急需上门接货的位置信息，定制服务线路，提高物流效率，管控成本，也让信息更透明。

2015年8月，京东的第三方配送大件订单轨迹功能上线，依托北斗导航GIS技术，手机APP及POS机可以实现每30秒采集一次GPS位置信息，每2分钟上传一次服务器，消费者可以直观明了地看到订单的实时位置。截至2020年7月，全国已有超过660万道路营运车辆、5.1万辆邮政快递运输车辆、1356艘部系统公务船舶、8600座水上助导航设施、109座沿海地基增强站、300架通用航空器应用了北斗系统。

如今，北斗市场国际化和服务全球化已经实现，北斗应用深度和广度都将得到大幅度提升，市场潜力将得到极大的释放，产业竞争能力将有质的提升。

复习思考题

一、名词解释

POS 系统　　RFID　　EDI　　GPS　北斗卫星导航系统

二、选择题

1. 根据射频标签的工作方式不同，射频标签可分为(　　)和被动式两种类型。
   A. 主动式　　　B. 只读式　　　C. 一次性编程只读式　　　D. 可重复编程只读式
2. 下列选项中，属于目前国际流行的 EDI 标准的是(　　)。
   A. ISO　　　　　B. EDSD　　　　　C. EDMD　　　　　D. EDIFACT
3. 下列码制中，属于二维条码的是(　　)。
   A. UPC-A 码　　　B. 交叉 25 码　　　C. EAN-128 码　　　D. PDF417 码
4. 全球定位系统的简称是(　　)。
   A. GIS　　　　　B. GPS　　　　　C. POS　　　　　D. EDI
5. 北斗卫星导航系统的组成包括地面段、用户段及(　　)。
   A. 空间部分　　B. 地面监控部分　C. 信号发射机　　D. 天线
6. 在射频识别系统中，标签与阅读器之间传输数据的发射接收装置，称为(　　)。
   A. 信号发射机　　B. 信号接收机　　C. 读写器　　　D. 天线
7. EAN-13 码中 13 位数字的结构意义是(　　)。
   A. 前缀码由 4 位构成　　　　　　B. 制造厂商代码由 3 位构成
   C. 商品代码由 5 位构成　　　　　D. 校验码是 1 位数字
8. 常见的 POS 按工作方式可分为在线式和(　　)两种。
   A. 无线 POS　　B. 一体机　　　C. 有线 POS　　　D. 离线式
9. EDI 的软件可分为转换软件、翻译软件和(　　)。
   A. 系统软件　　B. 通信软件　　C. 应用软件　　　D. 输送软件
10. 条码扫描译码过程为(　　)。
    A. 光信号—数字信号—模拟电信号　B. 光信号—模拟电信号—数字信号
    C. 模拟电信号—光信号—数字信号　D. 数字信号—光信号—模拟电信号

三、问答题

1. 简述二维条码和一维条码的区别。
2. 简述选购 POS 设备时要注意的问题。
3. 什么是 RFID？简述 RFID 的组成及功能。
4. 什么是 EDI？EDI 有哪些类型？简述其工作原理。
5. 简述 GPS 卫星的主要作用。
6. 简述北斗卫星导航系统的发展历程。

参 考 文 献

[1] 肖生苓. 现代物流设施与设备[M]. 北京：科学出版社，2017.

[2] 赵智锋. 物流设施设备运用[M]. 上海：上海财经大学出版社，2017.

[3] 蒋祖星. 物流设施与设备[M]. 北京：机械工业出版社，2016.

[4] 于英. 交通运输工程学[M]. 北京：北京大学出版社，2017.

[5] 郑少锋. 现代物流信息管理与技术[M]. 北京：机械工业出版社，2016.

[6] 谢金龙. 条码技术及应用[M]. 北京：电子工业出版社，2014.

[7] 邹安全. 现代物流信息技术与应用[M]. 武汉：华中科技大学出版社，2017.

[8] 王丰，姜大立. 现代物流装备[M]. 北京：首都经贸大学出版社，2016.

[9] 周全申. 现代物流工程技术与装备[M]. 北京：中国物资出版社，2016.

[10] 缪兴锋. 现代物流技术与装备实务[M]. 武汉：华中理工大学出版社，2014.

[11] 殷勇，鲁工圆. 交通运输设备[M]. 成都：西南交大出版社，2014.

[12] 孙丽萍. 船舶知识[M]. 哈尔滨：哈尔滨工程大学出版社，2016.

[13] 周兴建. 现代仓储管理与实务[M]. 北京：北京大学出版社，2017.

[14] 董达善. 港口起重机[M]. 上海：上海交通大学出版社，2014.

[15] 章正伟. 港口起重输送机械[M]. 北京：人民交通出版社，2014.

[16] 焦维新. 北斗卫星导航系统[M]. 北京：知识产权出版社，2015.